卓越学术文库

新中国初期高校思想政治理论课研究

XINZHONGGUO CHUQI GAOXIAO SIXIANG ZHENGZHI LILUNKE YANJIU

河南省高等学校哲学社会科学优秀著作资助项目

贺 平 著

郑州大学出版社

郑 州

图书在版编目(CIP)数据

新中国初期高校思想政治理论课研究/贺平著. —郑州：郑州大学出版社,2018.12

(卓越学术文库)

ISBN 978-7-5645-5863-5

Ⅰ.①新… Ⅱ.①贺… Ⅲ.①高等学校-思想政治教育-教学研究-中国 Ⅳ.①G641

中国版本图书馆 CIP 数据核字（2018）第 228157 号

郑州大学出版社出版发行	
郑州市大学路 40 号	邮政编码:450052
出版人:张功员	发行电话:0371-66966070
全国新华书店经销	
河南文华印务有限公司印制	
开本:710 mm×1 010 mm 1/16	
印张:13.25	
字数:253 千字	
版次:2018 年 12 月第 1 版	印次:2018 年 12 月第 1 次印刷
书号:ISBN 978-7-5645-5863-5	定价:59.00 元

本书如有印装质量问题,请向本社调换

目录

绪论 …………………………………………………………………… 1
  一、研究新中国成立初期高校思想政治理论课的意义 ………… 1
  二、国内外学者研究成果梳理 …………………………………… 3
  三、本书几个概念的界定 ………………………………………… 21
  四、本书研究方法、基本框架及创新之处 ……………………… 26

第一章 新中国成立初期高校思想政治理论课设置探源 ……… 29
第一节 新中国成立初期高校思想政治理论课开设的理论依据 … 29
  一、教育为无产阶级服务 ………………………………………… 30
  二、"灌输"理论 …………………………………………………… 32
  三、政治工作是"生命线" ………………………………………… 34
第二节 新中国成立初期高校思想政治理论课开设的现实境遇 … 36
  一、确立马列主义指导地位 ……………………………………… 37
  二、改造旧高等教育 ……………………………………………… 42
  三、培养新人 ……………………………………………………… 45
第三节 新中国成立初期高校思想政治理论课开设的经验借鉴 … 50
  一、新民主主义革命时期党在学校开设政治理论课的经验 …… 50
  二、苏联高校思想政治理论课的经验 …………………………… 57

第二章 新中国成立初期高校思想政治理论课方案的制定 …… 64
第一节 新中国成立初期高校思想政治理论课开设的方针政策 … 64
  一、新民主主义的教育方针 ……………………………………… 64
  二、《共同纲领》中的文教政策 …………………………………… 65
第二节 新中国成立初期高校思想政治理论课方案的制定过程 … 69
  一、部分大学的课程改革 ………………………………………… 69

二、文教部门领导下的课程改革 …………………………… 71
　第三节　新中国成立初期高校思想政治理论课方案出台的理念分析
　　　　　　……………………………………………………………… 79
　　一、深入了解实情 ……………………………………………… 79
　　二、重视师生利益 ……………………………………………… 80
　　三、引导各方参与 ……………………………………………… 81

第三章　新中国成立初期高校思想政治理论课的组织机构和师资
　　　　队伍 ………………………………………………………… 84
　第一节　新中国成立初期高校思想政治理论课的组织机构 ……… 84
　　一、各大区政治课总教学委员会 ……………………………… 85
　　二、高校政治课教学委员会 …………………………………… 87
　　三、政治课各科目教研组(室) ………………………………… 90
　　四、管理体制特征 ……………………………………………… 94
　第二节　新中国成立初期高校思想政治理论课的师资队伍 ……… 97
　　一、师资队伍面临的困难 ……………………………………… 98
　　二、扩大师资队伍的措施 ……………………………………… 99
　　三、提高师资水平的方法 ……………………………………… 107
　　四、师资建设取得的成效 ……………………………………… 110

第四章　新中国成立初期高校思想政治理论课的教学内容与教材
　　　　　………………………………………………………………… 121
　第一节　新中国成立初期高校思想政治理论课的教学内容 ……… 121
　　一、课程体系设置 ……………………………………………… 122
　　二、课程内容简介 ……………………………………………… 128
　　三、课程内容特征 ……………………………………………… 131
　第二节　新中国成立初期高校思想政治理论课的教材 …………… 134
　　一、教学大纲的制定 …………………………………………… 134
　　二、讲义讲稿的编写 …………………………………………… 139

第五章　新中国成立初期高校思想政治理论课的教学方法与教学
　　　　手段 ………………………………………………………… 145
　第一节　新中国成立初期高校思想政治理论课的教学方法 ……… 145
　　一、理论讲授法 ………………………………………………… 146
　　二、"习明纳尔" ………………………………………………… 148
　　三、实践教育法 ………………………………………………… 153
　第二节　新中国成立初期高校思想政治理论课的教学手段 ……… 156
　　一、采用传统教学手段 ………………………………………… 156

二、重视直观教具 ………………………………………… 160
　　三、使用电化教具 ………………………………………… 162

第六章　新中国成立初期高校思想政治理论课的成效、不足及经验
　　……………………………………………………………… 164
　第一节　新中国成立初期高校思想政治理论课的成效 ……… 164
　　一、赢得了高校学生对新政权的拥护与支持 …………… 164
　　二、明确了思想政治理论课在高校的地位 ……………… 167
　　三、建立了一个相对完善的课程体系 …………………… 168
　　四、形成了基本的教学管理模式 ………………………… 170
　第二节　新中国成立初期高校思想政治理论课建设的不足之处
　　……………………………………………………………… 172
　　一、课程建设机械照搬 …………………………………… 173
　　二、教育内容有所偏颇 …………………………………… 175
　　三、教育方法简单生硬 …………………………………… 175
　第三节　新中国成立初期高校思想政治理论课建设的经验 … 177
　　一、党和政府高度重视是课程建设的关键 ……………… 177
　　二、建章立制是课程建设的重要条件 …………………… 179
　　三、领导干部上讲台增强课程认同力 …………………… 180
　　四、重视基层经验是课程建设的活力之源 ……………… 183

结语 ………………………………………………………………… 186
　　一、确保主渠道地位 ……………………………………… 186
　　二、注重政策的落实 ……………………………………… 187
　　三、增强课程吸引力 ……………………………………… 188
　　四、重视教师思想素质 …………………………………… 190

参考文献 …………………………………………………………… 193
后记 ………………………………………………………………… 203

绪 论

一、研究新中国成立初期高校思想政治理论课的意义

新中国成立之初,党和政府在高校开设思想政治理论课,对大学生进行系统的马克思主义理论教育,开启了课程建设新征程,奠定了高校思想政治理论课的基本面貌。但目前学术界对这一时期高校思想政治理论课研究还没有给以足够重视,成果寥寥无几。因而,选取新中国成立初期高校思想政治理论课作为研究对象,弄清其是如何成为高校必修课,又是怎样运行的;这一时期的高校思想政治理论课曾经发挥过怎样的作用,应当汲取的经验教训;等等;对于今天搞好高校思想政治理论教育教学有重要意义。

(一) 学术意义

一是有利于加强对高校思想政治理论课的研究。高校思想政治理论课作为党和国家一门重要战略课程,是社会主义大学的本质特征之一,在我国高等教育中占有重要地位。它在引导大学生树立正确的世界观、人生观和价值观方面,发挥着主渠道、主阵地、主课堂的作用。改革开放以来,在专家学者的努力下,高校思想政治理论课研究已取得了丰硕成果,但仔细梳理这些研究成果不难发现,很多研究大都停留在对老问题(比如思想政治理论课课程建设史、新时期高校思想政治理论课的教学方法、新课改、教学手段、新媒体的使用等)的重复研究和不断探讨中,而关于新中国成立初期高校思想政治理论课的研究则少有问津。弄清新中国成立初期高校思想政治理论课设立的渊源、运行情况和经验教训,客观上帮助我们认识高校思想政治理论课建设规律,有利于改善和加强当前高校思想政治理论课建设。

二是加强学科自身建设的需要。学科支撑是提高高校思想政治理论课水平的重要因素。进入新世纪以来,面对国内外复杂的意识形态斗争,党和

政府认为要把思想政治理论课建设成大学生终身受益的优秀课程,必须重视并加强学科建设。为此,2005年中宣部、教育部颁发了《关于进一步加强和改进高等学校思想政治理论课的意见》,强调"思想政治理论课是我国特有的一门政治性、科学性和时间性很强的学科,只能加强,不能削弱"①,明确提出"设立马克思主义一级学科",推进高等学校思想政治理论课建设。同年底,国务院学位委员会和教育部联合下发文件《关于调整增设马克思主义理论一级学科及所属二级学科的通知》,正式增设马克思主义理论学科。同时国家要求在学科建设上注意总结以往经验教训,2012年国务院学位办在《关于进一步加强高校马克思主义理论学科建设的意见》中指出,要"着眼时代特征,立足不断发展的实践,认真总结马克思主义理论学科建设的经验"②。与新中国几乎同步的高校思想政治理论课经过60多年的发展,为马克思主义理论学科提供了丰富的实践经验,对其进行归纳总结,特别是对具有奠基作用的新中国成立初期的思想政治理论课进行系统梳理,对促进学科建设不言而喻。胡乔木曾指出:"要全面地、系统地、正确地解决问题,要提出有说服力的意见,就必须从历史上来观察和分析问题。我们在处理任何问题时,都不可不首先弄清楚那个问题的历史。"③只有弄清历史才能向历史这位最好的老师学习。通过对史料整理,了解和把握在20世纪50年代复杂的国内外背景下,党和政府怎样使马克思主义理论在高校取得领导地位;思想政治理论课的组织机构是什么、如何运行的;其教学体系、教学方法、教材是什么;教师队伍如何建设起来的……对这些具体而基本的问题进行系统研究,使人们对新中国成立初期高校思想政治理论课有一个清晰认识和全面了解,为马克思主义理论学科建设打下坚实基础。

三是可以深化对中国共产党思想政治教育史的研究。1949年到1956年,中国共产党领导全国人民从新民主主义革命向社会主义革命和社会主义社会过渡。这段历史时期虽然不长,但在中国共产党思想政治教育史的发展中,起着承上启下的作用。它既是对党领导的长达几十年的新民主主义教育的继承,又是对旧中国高等教育的全面改造,有力配合了新中国成立初期全面进行的政治和经济工作,取得了积极成果。在高校开设思想政治

---

① 《普通高校思想政治理论课文献选编(1949—2008)》,中国人民大学出版社2008年版,第215页。
② 《关于进一步加强高校马克思主义理论学科建设的意见》(学位[2012]17号),中华人民共和国教育部网站,http://www.moe.edu.cn/publicfiles/business/htmlfiles/moe/A22_zcwj/201206/xxgk_138058.html。
③ 《胡乔木文集》第3卷,人民出版社2012年版,第113页。

理论课对青年学生进行思想政治教育,是中国共产党对社会资源动员和整合的一个重要组成部分。目前专门研究中国共产党思想政治教育史的专家学者,对这一特定时空和特定对象的关注度不够。因而,这一论题的研究,能深化中国共产党的思想政治教育史。同时,也从一个侧面丰富中国高等教育史和国史的研究。

(二)现实意义

在高校开设思想政治理论课,对大学生进行系统的马克思主义理论教育,是新中国成立初期中国共产党改造旧教育、建设新教育的重要措施,也解决了培养什么人、如何培养人的根本问题。作为中国共产党的政治优势和根本特点,思想政治理论课着重对大学生进行系统的思想政治理论教育,这是社会主义事业兴旺发达、不断取得胜利的根本保证。然而,冷战结束之后,世界社会主义力量极大削弱,中国社会主义现代化建设进程也异常艰难复杂,"既有从传统走向现代化所不可避免的冲突和阵痛,又有社会主义现代化和资本主义现代化之间的斗争和抉择,"①而大学生受市场经济的冲击,其就业方式、生活方式和交往方式发生了重要变化,相当一部分学生对学习马克思主义理论不感兴趣,对思想政治理论课轻视甚至冷漠。如何把思想政治理论课建设成为大学生喜爱并终身受益的课程,不仅是党和政府的希望,也是广大专家学者研究的目标所在。本选题把高校思想政治理论课研究置于1949年至1956年这一特定时空背景下,这是中国社会急剧转型期,也是高校思想政治理论课最初确立运行期。通过系统考察新中国成立初期高校思想政治理论课如何赢得师生拥护,如何促使师生思想观念、价值判断发生变化,揭示出特定时期高校思想政治理论课运行的实际效果和历史贡献,对于提高和改善社会转型期高校思想政治理论教育的实效性和针对性具有重要意义。

二、国内外学者研究成果梳理

(一)国内研究

1.已有研究成果

目前国内对新中国成立初期高校思想政治理论课的研究,还没有专著问世。但在一些相关的思想政治教育史、党建理论、教育史的著作中有所涉及。现将有关研究成果介绍如下。

---

① 侯惠勤主编:《正确世界观人生观的磨砺——马克思主义著作精要研究》,南京大学出版社2002年版,第54页。

(1) 整理出版了不少文献、资料

新中国成立以来教育的发展和研究,为本论题写作提供的历史文献资料较多。类型包括文件汇编、校史、报刊、统计、年鉴、辞典、档案等。在本文研究过程中所查阅和借鉴的文献资料主要有:《教学与研究》(1953—1956)、《高等教育通讯》(1953—1955)、《人民教育》(1950—1956)、《人民日报》(1949—1956)等。这些报纸杂志刊载的文章,对笔者了解教育背景和高校思想政治理论课具体动态有很大帮助;而《北京师范大学校史1902—1982》《河南大学校史》《厦大校史资料》第三辑、《清华大学史料选编》(第五、六卷)等,又使笔者对高等院校这一时期的工作重点、思想政治教育活动和师生的具体行动有了深刻认识;对高等教育部办公厅编的《高等教育文献法令汇编(1949—1952)》《高等教育文献法令汇编》第一辑、第二辑、第三辑和第四辑;教育部社会科学司组编《普通高校思想政治理论课文献选编(1949—2008)》;段忠桥编的《建国以来普通高校马克思主义理论课和思想品德教育课课程设置及教学内容历史沿革资料汇编》;何东昌主编的《中华人民共和国重要教育文献(1949—1975)》;陈大白主编的《北京高等教育文献资料选编(1949—1976)》;中国共产党北京市委党史研究室、中央档案馆编的《北平的和平接管》;中共中央文献研究室编《建国以来重要文献选编》等的研读,有助于笔者从宏观上把握国家的方针政策及时代背景。在上海市档案馆和北京师范大学档案馆查阅的有关思政课的教学日记、教育主管部门的一些总结报告、学生的答题试卷等档案,又为笔者研究本论题提供了真实可靠的原始资料;党和国家领导人的经典著作方面,笔者参考的主要有《毛泽东文集(1—7卷)》《毛泽东选集(1—4卷)》《邓小平文选(1—3卷)》《刘少奇论教育》《周恩来教育文选》《成仿吾教育文选》《彭真文选》等。从党和国家领导人及主管一方教育的领导人的著作和讲话中,笔者体会到这一时期思想战线工作的紧迫性、复杂性,感受到领导者的魅力,他们对时局的判断把握,引导工作的方法技巧,对笔者把握研究方向非常重要。

(2) 出版了一些相关论著

学者们的论著主要体现在以下角度。

第一,高校思想政治教育史的角度。这一方面的代表作有石云霞和谈松华的著作。如石云霞出版的一系列专著《高校思想政治理论课程建设史研究》《新中国成立以来高校思想理论教育史研究》《新中国成立以来中国共产党思想理论教育历史研究》《新中国思想理论教育60年(1949—2009)》。这几本书具有以下几个特点:一都是以史为主线进行研究,基本上按照时间段分述各个时期教育情况;二是关于1949—1956年高校思想政治理论教育的研究,几本书在内容和结构上几乎没有变动,在行文上也没有多大出入;

三是这些作品主要通过对有关思想政治理论教育的文件和文献梳理而成，虽然石教授下了很大功夫，花了很多时间，但研究本身缺乏具体的操作实施，只见宏观政策解读不见鲜活的历史过程，给人以空洞感。谈松华的《中国高等学校思想政治教育史纲》，也是从史的角度对各个时期高校的思想政治教育进行研究。由于该书是全面研究中国共产党在各个历史时期高校的思想政治教育工作，而1949—1956年高校的思想政治理论课只是其中的一小部分，不甚具体。但其优点在于联系各个时期的历史背景考察，虽然出版年代较早，仍具有一定的参考价值。

第二，中国共产党思想政治教育史的角度。学术界对中国共产党思想政治教育史的关注从二十世纪八十年代就已经开始，目前已出版了不少著作，主要有徐昶瑛主编的《中国共产党思想政治工作史》，张耀灿主编的《中国共产党思想政治工作史论》，许启贤主编的《中国共产党思想政治教育史》，刘建军主编的《中国共产党思想政治教育的理论与实践》，张耀灿、王茂胜主编的《中国共产党思想政治教育简史》，王树荫、王炎著的《新中国思想政治教育史纲（1949—2009）》，何一成等主编的《中国共产党思想政治教育史》等。这些著作由于时间跨度长和研究主题的侧重点不同，对新中国成立初期高校思想政治理论课的论述很少，只是在行文中分散和简单地介绍了思想政治理论课的开设情况。

第三，教育史或高等教育的角度。其中教育史、教育通史类主要有：苏渭昌主编的《中国教育通史·中华人民共和国卷》（上）（北京师范大学出版社2013年版）；杨东平主撰的《艰难的日出：中国现代教育的20世纪》（文汇出版社2003年版）；程凯著《当代中国教育思想史》（河南大学出版社1999年版）；方晓东等著《中华人民共和国教育史纲》（海南出版社2002年版）；孙少平编著的《新中国德育五十年》（福建教育出版社2002年版）。高等教育类有：龚海泉、张晋峰、张耀灿主编的《20世纪的中国高等教育（德育卷）》（高等教育出版社2003年版）；高奇著《中国高等教育思想史》（人民教育出版社1992年版）；胡建华著的《现代中国大学制度的原点：50年代初期的大学改革》（南京师范大学出版社2001年版）等。上述著作都以不同的篇幅论述或评价了新中国成立初期高校思想政治理论教育情况，但这些研究成果只涉及其中一点或一面，不足以窥见全貌。

第四，中国共产党理论建设的角度。中国共产党是重视理论建设的党，能够根据理论指导实践活动，并不断在实践中进行理论创新和理论教育宣传工作，因而学者们在探讨有关党的理论建设时，把新中国成立初期共产党在高校进行的思想政治理论教育活动作为党的理论建设的一个重要内容。如肖东波教授著的《中国共产党理论建设史（1949—1956）》（中国共产党党

史出版社2006年版)。肖教授认为,新中国成立初期学校进行的马克思主义理论教育,属于党的理论建设的手段,它提高了人民群众的思想理论素质,帮助人们树立正确的人生观和价值观。

(3)发表了一些相关论文

关于高校思想政治教育的论文主要有:朱效梅的《建国初期高校思想政治教育考察》,秦宣的《新中国成立60年来高校思想政治理论课沿革及其启示》,翁传洁、赵新居写的《建国初期高校思想政治教育工作方式及意义》,姚春林的《建国初期高校思想政治教育改革探析(1949—1952)》,曲利敏的《新中国成立初期高校政治课改革的历程及影响》,韩丹的《论建国以来我国高校思想政治教育政策变迁》,孔国庆的《论建国初期大学生思想的彷徨及新旧碰撞》等。硕士论文主要有:李冰的《高校思想政治理论课的历史沿革》(聊城大学硕士学位论文2007年),林如的《建国以来高校思想政治理论课程政策研究》(杭州师范大学硕士论文2011年),李慧的《建国初期大学生思想政治教育工作研究》(北方工业大学硕士论文2011年),李荣荣的《建国初期高校思想政治教育特点研究》(贵州财经大学硕士2013年)等。这些论文的研究视角各不相同,有的从高校思想政治教育工作的角度,有的从教育政策变迁的角度,有的从大学生思想状况变化的角度,有的从思想政治理论课课程沿革的角度。视角不同涉及的高校思想政治理论课的内容也不一样,但都为本书的写作提供了参考。

专门针对这一时期高校思想政治理论课相关内容的论文主要有:刘宝祯的《高校思想政治教育体系的建立与话语研究(1949.10—1956.12)》(天津大学硕士论文2006年),许冰的《建国初期高校马克思主义理论教育研究》(湖南师范大学硕士学位论文2014年)等。其中陈红和舒文从个案的角度研究了高校思想政治理论课的开设情况:陈红的论文《一九四九年至一九五二年上海地区高校思想政治教学研究》(《中国共产党党史研究》2012年第3期),通过对新中国成立初期上海市有关高校档案和文献资料的解读,认为中国共产党在掌握政权后,在高校开设思想政治理论课不仅是对旧教育课程改革的第一步,也是改造学生思想,促使他们对新政权认同的重要环节,其中思政课教师起着重要作用,同时该文真实展现了新政权和学校师生围绕课程开设展开的角逐;舒文的《建国初期清华大学政治课研究》认为,政治课开设的原因是改革反动思想、马列主义内容本身的真理性和高校配合业务学习的需要,并比较详细地论述了1949—1952年清华大学在师资缺乏的情况下,是如何上好全校性的思想政治理论课。

2.学者们关注的主要问题

对于这一时期高校的思想政治理论课,有的学者从总体上进行介绍,有的学者则是关注某一个方面或环节。总体来看研究主要从以下方面进行。

(1) 高校思想政治理论课开设的依据和任务

对于高校思想政治理论课开设的依据和任务,可以在官方的文件中查阅,最早的是1949年9月中国人民政治协商会议上通过的、具有临时宪法性质的《共同纲领》,条款中对新中国文化政策的规定,实际上为新中国教育制定了方针和任务,也是高校思想政治理论课开设的依据。学者们在探讨这一问题时,也紧紧围绕新旧社会更替,从四方面考察。

第一,社会变革培养新人。孙少平在《新中国德育50年》中认为:"人类社会的一切变革,都必然要引起社会价值体系和道德观念的相应变革","必然要通过改革学校教育来培养新一代的特定的品质从而实现社会变革的要求。"①中华人民共和国的创建,是一种以革命的方式实现社会制度的本质转变,要实现"中国历史发展进程中的一种理想社会形式,……这种社会体制还只是部分先进分子认同的理想物,要使之变成现实的社会制度,还需要动员全体国民,提高民众觉悟,在各个方面建筑起这一社会形式的坚实基础"②。因此,新中国成立初期高校思想政治理论课,是在中国社会变革的过程中创建,并为社会发展服务的。杨东平认为,新中国成立后,面临国外资本主义阵营的孤立、打压,教育作为一种工具,是为了迅速实现工业化和富国强兵的主要目标。③

第二,清除旧高等教育影响。龚海泉等在《20世纪的中国高等教育(德育卷)》中认为,国民党政府制定的反动课程体系,是国民党奴化知识分子的重要手段。新中国成立后,它已成为新民主主义与社会主义建设和发展的障碍,为了使高校教育为新中国服务,必须用新的课程体系来取代旧的,因此要用马克思主义的思想政治教育来取代封建的、买办的和帝国主义的思想在高校中的影响。④ 边和平认为,中国共产党在新中国成立后,要克服重重困难,就要重新规划、设置高校的思想政治理论课,这是对旧教育体系进行根本性变革的一个重要方面。

第三,革新知识分子旧有观念服务新社会。学者们认为接受过旧政权教育的青年学生和旧中国大多数知识分子,是中国共产党思想教育和改造

---

① 孙少平编著:《新中国德育50年》,福建教育出版社2002年版,第1—2页。
② 同①,第8页。
③ 杨东平编著:《艰难的日出:中国现代教育的20世纪》,上海文汇出版社2003年版,第119页。
④ 龚海泉,张晋峰,张耀灿主编:《20世纪的中国高等教育(德育卷)》,高等教育出版社2003年版,第99—105页。

的对象。他们具有强烈的民族意识和爱国情怀,但是对中国共产党的理念和新生的社会制度并不了解,因此从他们的思想实际出发,争取其为新中国服务,是进行马克思主义理论教育的重要因素。例如,何一成、杨湘川认为新中国成立初期,旧的知识分子是新中国实现工业化、现代化的重要力量和宝贵财富。但是"由于他们长期受帝国主义和反动统治阶级的思想影响,对中国共产党领导的无产阶级革命事业和党的教育方针政策缺乏了解,一部分人带有浓厚的唯心主义、个人主义和自由主义的烙印,不能适应新中国建设的需要;一部分人怀疑马克思列宁主义,甚至在政治上敌我不分;还有极少数人留恋旧社会,敌视新社会。"①因此在广大旧知识分子中进行革命理论教育是一项迫切的任务。许启贤,刘建军②等学者也持同样的观点。曲利敏认为高校的思想政治理论课,可以帮助经历巨大社会变革的民众从心理恐慌和思想动荡中逐步认同新制度新政权。因为大学生在急速的社会变革面前不知所措,要帮助他们尽快建立起正确的观念,才能占领意识形态的主阵地。高校思想政治理论课的任务就是"培养具有一定马克思主义理论的革命和建设的接班人"③。

第四,建立与新政权相适应的新的意识形态。黎见春④从马克思主义大众化的角度认为,新中国成立初期中国共产党要重新建构整个社会的共同理想和价值观念,马克思主义思想原则成为整肃旧思想和重构意识形态的主要内容。中国共产党在高校开设马克思主义理论课程,帮助青年学生认识和接受马列主义理论,树立共产主义信念方面,发挥了良好的作用。张才良⑤认为中国共产党面临严峻的形势和繁重的任务,党的指导思想成为国家意识形态的指导思想是必然的,所以党在思想和文化建设方面紧紧围绕完成各项重大任务,用马克思主义理论来统一和武装全党干部和全国人民,建设新国家。杨东平认为,新中国成立后,中国共产党领导下的教育"要贯彻

---

① 何一成,杨湘川主编:《中国共产党思想政治教育史》,湖南大学出版社2011年版,第213页。

② 许启贤主编:《中国共产党思想政治教育史》,中国人民大学出版社2004年版,第222页。

③ 曲利敏:《新中国成立初期高校政治课改革的历程及影响》,《北京党史》,2010年第3期。

④ 黎见春:《建国初期马克思主义大众化的特点论析》,《三峡大学学报》(人文社会科学版),2011年第3期。

⑤ 张才良:《建国初期党的思想政治工作及其重要经验》,《贵州师范大学学报》,2006年第6期。

新的国家意识形态,对知识文化系统的控制与改造,培养造就无产阶级知识分子"①。而思想政治理论课"是对学生进行马列主义教育的基本途径",来"集中解决学生的主要思想问题"②。张玉麟等认为,新中国成立后,作为执政全国政权的中国共产党,要"将马克思主义确立为我国立国的指导思想",就要在国家范围内宣传马克思主义,"党和国家在恢复和建立新中国教育的同时就把思想政治理论课作为高等学校教育教学的重要内容,并开始着手制定课程设置思想政治理论课在高等学校的开设,为马克思主义理论宣传教育写下了重要的一页"③。

以上四个方面只是大致的区分,因为高校思想政治理论课的开设就包含着它应担负的任务,所以任务和原因在实践中互相交织缠绕,理论上也不可能把它们完全区分清楚,笔者在这里的划分也是为了方便读者对这一问题有大致了解。

(2)高校思想政治理论课的课程体系

对于新中国成立初期高校思想政治理论课课程体系,目前还没有专门文章进行细致划分。学者们大都从高校思想政治理论课程设置史的角度,提出自己的看法。不同学者认识不一样,主要有一个课程体系和两个课程体系说。

第一,一个课程体系。持此观点的学者主要依据当时的社会性质,把新中国成立初期看作一个过渡阶段,把这一时期高校的思想政治理论课看作一个整体,并称之为"初建""奠基""初步形成"。如牟德刚认为高校思想政治理论课的"第一个课程体系创立于新中国成立后至1956年这一期间",这是"高校第一个马克思主义理论课程教学体系初步形成"时期④;罗建平、胡继东认为这是"根据新民主主义建设和坚持中国共产党领导的需要,在老解放区教育的基础上,学习苏联的高等教育模式"开设的,处于"创建、摸索和学习的过程。"⑤王康认为,这一时期是高校思想政治理论课地位和体系的初

---

① 杨东平编著:《艰难的日出:中国现代教育的20世纪》,上海文汇出版社2003年版,第119页。

② 同①,第140页。

③ 张玉麟,于永涛:《对我国高等学校思想政治理论课课程设置演进过程的回顾与思考》,《高等农业教育》,2005年第8期。

④ 牟德刚:《论高校思想政治理论课程设置的沿革》,《学校党建与思想政治教育》,2006年第10期。

⑤ 罗建平,胡继东:《建国以来普通高校思想政治理论课课程设置的历史沿革》,《唐山师范学院学报》,2007年第3期。

步确立时期①。

第二,"两个课程体系"。持此观点的学者主要是依据新中国成立初期,中国共产党面临不同历史任务,高校思想政治理论课的教育内容,随之发生变化而划分的。正如石云霞归纳的,高校的思想政治理论课具有阶段性的特点,国家形势和任务的不断发展变化,决定着它的具体内容和目的要求也发生变化②。大致来说,学者们认为1949—1952年是中国共产党继续完成新民主主义革命任务,在全国范围内镇压反革命、进行土地改革、开展抗美援朝运动,并着力于国民经济的恢复工作。围绕党的工作重心,高校的思想理论教育形成了"围绕新民主主义教育设置的政治理论课",此为第一个课程体系。中共中央提出社会主义过渡时期的总路线后,高校的思想政治理论课配合总路线,也做出了相应调整和改变,1953年起,增开了"马列主义基础"课,并用"中国革命史"代替原有的"新民主主义论",最终形成了"适应过渡时期总路线要求的政治理论课"③,这是第二个课程体系。持这种观点的有段忠桥,周华珍(《新中国成立以来高校马克思理论课课程设置沿革》),崔秋灏(《改革开放前高校思想政治理论课课程设置沿革》),高正礼(《关于我国高校思想政治理论教育的几个问题》)等众多学者。学者们这样划分是比较合理的,因为思想政治理论教育的主要功能是为党的路线方针政策服务,特别是新中国成立初期,形势复杂多变,思想政治教育必然与党的大政方针保持高度一致。随着党的中心任务的变化,高校思想政治理论课的内容和任务也随之发生变化,是这一时期思想政治理论课的重要特征。

(3)高校思想政治理论课的特点

关于这一时期高校思想政治理论课的特点,学者们关注点不同,大致来说有三方面,即课程建设本身、苏联模式的影响和中国共产党传统思想政治教育的影响。

第一,课程本身呈现的特点。龙国存认为这一时期课程设置具有层次性、时代性的特点。层次性表现在授课内容上,不同层次和不同专业的学生有所区别。时代性表现为思想政治理论课结合国内形势和现实需要,在课目开设、学时多少和开课年级等方面做出相应调整和改革。④ 魏佳(《新中国

---

① 王康:《高校思想政治理论课的历史考察》,《毛泽东思想研究》,2005年第6期。
② 石云霞:《高校思想政治理论课建设和改革60年回顾与思考》,《思想理论教育》,2009年第9期。
③ 段忠桥,周华珍:《新中国成立以来高校马克思理论课课程设置沿革》,《思想理论教育导刊》,2001年第4期。
④ 龙国存:《建国初期高校推进马克思主义大众化的历史经验与现实启示(1949—1956)》,《前沿》,2013年第23期。

成立以来高校思想政治理论课程改革分析》）认为，坚持开展马克思主义理论和中国革命历史教育，并结合实际不断调整教学内容，是这一时期思想政治理论课的特点。肖东波教授归纳的六大特点具有代表性。一是课程设置有全面性和层次性的特点。全面性就是在全国所有的高等学校，全部都开设马克思主义理论课；层次性就是马列教育在不同层次和不同专业的学校，教学内容和方式上有很大区别。二是教学内容具有完整性和系统性的特点。三是紧紧围绕党的中心工作开展教学，表现出与社会政治经济发展高度一致性的特点。四是在教学方法上理论与实际紧密联系。五是在师资培养上具有高度重视，措施到位的特点。六是在教学思路上呈现探索性的特点。概括起来的总特点为：从全面学习苏联经验到以苏为戒，逐渐创造出一套符合中国实际、符合理论教育规律的高校政治理论教育体系①。

第二，深受苏联模式影响。这一时期高校思想政治理论课受苏联模式的影响，学者们主要从课程设置、授课模式、课程性质等方面进行考察。潘华实②认为学校教育大规模地学习苏联是从1952年下半年开始，思想政治理论课在教学中也向苏联学习，包括引进苏联的教学大纲和计划，强调教师在教学中的主导地位，以课堂教学为主，重视教学的系统性、直观性，推行"习明纳尔"，重视调动学生学习的积极性和自觉性等。同时全国一些主要院校聘请苏联专家任教，给教师或研究生亲自授课。范晓丽认为课程设置上学习苏联经验，主要依据马克思主义三个组成部分授课，缺乏自主性。还有的学者通过个案研究反映出苏联的影响。吴惠凡、刘向兵认为：中国人民大学四门政治理论必修课"沿袭了苏联高等教育体系中的意识形态性质，成为全国高等院校思想政治必修课的范例，……这种授课模式移植到各自的学校。"③

第三，中国共产党传统思想政治教育的影响。孙少平认为新中国学校思想政治教育借鉴老区的经验有：在系统的政治理论课的学习中，能较好地与形势发展的要求结合起来；进行多样化的形势时事教育，结合形势宣讲政治理论；党的政策教育，讲解多种政策，使学生理解体会，并对群众进行宣传；开展群众性大辩论，从中讲解政治理论和开展宣传，同时也能对症下药

---

① 肖东波著：《中国共产党理论建设史》（1949—1956），中国共产党党史出版社2006年版。

② 潘华实：《新中国成立初期高校思想政治教育的经验》，《学校党建与思想教育》，2012年第24期。

③ 吴惠凡，刘向兵：《苏联专家与中国人民大学学科地位的形成》，《中国人民大学学报》，2013年第6期。

地做群众工作;现身说法教育,利用当时出身贫苦或有深仇大恨的学生现身说法,深刻形象地揭露地主阶级、国民党反动派的残忍以及日本、美帝国主义的侵略罪行。①

(4)对新中国成立初期高校思想政治理论课的评价

第一,中性评价。中性评价主要是针对新中国成立初期思想政治理论课程本身呈现出来的不稳定性与时代特征相适应来说的。魏佳(《新中国成立以来高校思想政治理论课程改革分析》)指出,新中国成立初期高校思想政治理论课程建设,明显表现为调整力度较大,教学内容变动较快。这与快速发展的中国革命和建设的局面相适应,能够根据社会主义建设的实际需要和大学生的思想实际,有针对性地开展思想政治教育。

第二,积极评价。学者们主要从这一时期高校思想政治理论课奠基作用的角度进行概括。石云霞认为"新中国成立初期,高等学校建立和逐步完善思想政治理论教育的课程体系,……制定教学大纲和编写教材,紧密结合实际进行思想政治理论教育,取得了显著的成绩","发挥了巨大的社会功能"②。谈松华认为,这一时期开创了我国高校把马列主义政治理论课作为高校思想政治教育的最基本形式,在高等教育中具有重要的地位,"是我国改造旧大学、建设新大学的重要标志"③。曲利敏认为,新中国成立初期"高校通过开设政治理论课,把思想政治教育引入到高等教育的范畴"④,使高校的思政课成为一个系统体系,在高校教育中占有举足轻重的地位。王康认为,这一时期高校的思想政治理论课奠定了今后我国高校思想政治理论课的基本形态,它初步形成了课程体系、组织体系、教学方式和师资队伍,并规定了一些原则方法。

第三,不足之处。崔秋灏认为这一时期,"人们对高校思想政治理论课的学科性质还缺乏深认识,学科建设明显滞后。高校思想政治理论课的课程设置缺乏学科理论的支撑,出现了明显的反复和波动。"⑤韩丹认为,新中国成立初期高校的思想政治教育政策,是学习和借鉴老解放区和苏联的德

---

① 孙少平编著:《新中国德育50年》,福建教育出版社2002年版,第20—21页。
② 石云霞著:《高校思想政治理论课程建设史研究》,武汉大学出版社2006年版,第4页。
③ 谈松华主编:《中国高等学校思想政治教育史纲》,高等教育出版社1992年版,第61页。
④ 曲利敏:《新中国成立初期高校政治课改革的历程及影响》,《北京党史》,2010年第3期。
⑤ 崔秋灏:《改革开放前高校思想政治理论课课程设置沿革》,《世纪桥》,2008年第1期。

育经验,两者同属战争时代的产物,不仅存在强调政治教育忽视其他形式的教育现象,而且忽视历史发展变化的实际和学生思想发展变化实际,这种教育政策不仅影响和制约当时高校德育效果,而且对此后高校思想政治教育政策也有很深的影响。李冰(《高校思想政治理论课的历史沿革》)认为,过度强调高等教育为无产阶级政治服务,把高校思想政治理论课教学工作与社会政治运动混为一体,忽视了高校思想政治理论课教学的经济功能、文化功能、个性发展功能;片面强调集体主义教育,忽视学生的个性培养;要求个体的一切溶化于集体之中,把个人的感情和欲望通通视为个人主义的东西加以批判。

3. 几点体会

第一,有关学术著作不多见。国内至今没有一本研究新中国成立初期高校思想政治理论课的学术性著作。目前学术界对这一时期高校思想政治教育工作的研究,已经有了一定的研究成果,但是对高校思想政治理论课的研究相对比较薄弱,在相关论著中提到的思想政治理论课程也只是寥寥几千字,关注的只是某一方面的问题。与此相关的期刊文章也比较少,通过检索1994—2016年《中国学位论文全文数据库》的博硕论文发现,关于新中国成立初期高校思想政治理论课的学位论文不多,而且绝大部分都是侧重于某一方面的研究,只有几篇专门针对思想政治理论课的期刊论文,如陈红和舒文的,但也只是个案研究,且只偏重于某一时段即1949—1952年的情况,缺乏展现1949—1956年高校思想政治理论课的全貌。

第二,研究亟待全面深入。已发表的相关论著往往对思想政治理论课一笔带过,因为研究的时间跨度长(大多是从新民主主义时期到20世纪90年代高校思想政治教育的历史发展过程),偏重于宏观层面,比较简单和粗糙。因此对这一时期思想政治理论课的研究,不仅要关注中国共产党全局性的决策、教育部下发的文件,也要注重高校实际、师生的心态与反应。这就要求我们在进行宏观审视的同时,视角下移,观察历史的多重面相。其次,视角比较单一。已发表的论文,较多探讨了新中国成立以来高校思想政治理论课课程沿革情况,多以课程变动为切入点,而后探讨课程设置时的经验与教训,对于这一时期课程运行的组织机构、教学内容、教学方法、教学手段等鲜有涉及。因此,对这一时期思想政治理论课的研究,亟须进行系统的、深入的、详细的和全面的考察。

(二)国外研究

对新中国成立初期的高校思想政治理论课,外国学者也没有进行专门的研究,仅在他们对新中国历史和毛泽东的研究中,找到与之相关的内容。大部分都是围绕这一时期中国共产党对知识分子思想改造运动论述的,尽

管视角不同,但是就其背景、主要内容和效果来说,和高校开设的思想政治理论课有共通之处,因此外国学者观察问题的角度给本论文有一定的启示。如美国著名学者费正清编的《剑桥中华人民共和国史》(1949—1965)(中国社会科学出版社1990年版);费正清著的《美国与中国》(世界知识出版社2000年版)与《伟大的中国革命》(国际文化出版公司1989年版);美国学者斯图尔特·施拉姆著的《毛泽东》(红旗出版社1987年版);美国学者罗斯·特里尔著的《毛泽东传》(中国人民大学出版社2006年版);法国学者K.S.卡罗尔的《毛泽东的中国》(贵州人民出版社1988年版);德国学者洛伊宁格尔著的《第三只眼睛看中国》(山西人民出版社1993年版)等。这些学者从不同视角,采用社会学、思想史、心理学等研究方法关注和考察中国社会,不同程度提到了新中国成立初期中国共产党进行的思想教育问题,每位学者关注点不同,大体说来,主要涉及以下几点。

1. 关于新中国成立初期中国共产党进行思想政治教育的原因

对于思想政治教育的原因,费正清认为中国共产党为巩固政权的需要。"1949年中国共产党掌权以后,它就面临了一个依然存在的两难问题:需要知识分子教学、科学和文艺方面的才能,但他们不是党的路线最可靠和忠诚的追随者。"①为了"要造就忠于党的路线的学生"②,所以中国共产党在学校进行思想政治教育就理所当然,因为"当中国共产党开始掌权的时候,中国教育继承下来的,是极其庞杂的",而"知识分子大部分是教师,于是整个教育系统都成为革命改造的领域"。③ 埃德加·斯诺认为,共产党为了发挥人民的积极性,首先教育人民相信共产党执政是合法的。他说"共产党知道只有在说服人民相信了他们的地位是正义的时候,他们才会发挥其才能与创造力"④。因为共产党坚信思想决定行动,只要使人们的思想正确,他们"就可以沿着中国共产党的路线,创造出社会主义的中国,然后再建立一个共产主义的社会,甚至开创一个共产主义的世界"。⑤ 可以看出斯诺和费正清的认识具有一致性,即从中国共产党执政角度出发,为建设新中国,巩固新政权,需要团结和教育知识分子和人民群众。

---

① J.R.麦克法夸尔,费正清编,谢亮生,杨品泉译:《剑桥中华人民共和国史》(1949—1965),中国社会科学出版社1990年版,第40页。

② [美]费正清著,刘尊棋译:《伟大的中国革命》(1800—1985),国际文化出版公司1989年版,第268页。

③ 同②。

④ [美]埃德加·斯诺著,新民译:《大河彼岸》,新华出版社1984年版,第290页。

⑤ [美]哈丽雅特·米尔斯著,丁义译:《思想革命——新中国的意识形态改造》,《世界博览》,2009年19期,第26页。

施拉姆教授认为,新中国成立初期的思想教育运动使毛泽东想把个人与社会之间调和起来。它"表现了毛热切地希望将互相冲突的要求个人'自觉行动'和要求履行正确的社会纪律两者调和起来"①。为达到个人行动与社会协调,就要重视知识分子的自我意识,使他们的价值观与社会相连。施拉姆认为"由于旧中国的天下崩溃以及使人蒙受凌辱的西方入侵,知识分子的自我意识"失落,思想政治教育"要以对现政权的新式孝道来取代构成传统中国和谐道德价值观念的孝道",进而"填补了前半个世纪中国现代化过程中几乎普遍地实行的强烈反对父权所造成的真空状态",帮助知识分子"建立自我意识"。②他注意到思想教育对重建知识分子自我意识的影响,但把思想政治教育的核心内容马列主义称之为新孝道,可见其对马列主义认识不足。

法国存在主义大师让·保罗·萨特,1955年访问中国期间,注意到中国正在进行的思想教育问题,他在文中写道:"作家必定要改造自己,然后改造他们的作品,以便适应新的公众的需要。"③可见萨特从知识分子角度出发,认为要适应新生活新环境,知识分子就要主动改造自己的思想。而德国学者洛伊宁格尔则认为,新中国成立后中国共产党对知识分子进行改造主要是毛泽东在感情上排斥知识分子。④

2.关于新中国成立初期中国共产党进行思想政治教育的主要手段

哈丽雅特·米尔斯认为"施于体肤的暴力不能达到真正的改造和思想的诚恳转变"目标,因此中国共产党主要通过"劳动改造与学习改造向辅而行"。⑤卡罗尔认为,中国共产党在学校对青年进行教育时,运用抗日战争以来一直使用的"忆苦"方式。他认为"对过去的这种控诉还有一定的教育作用",它"可以时时提醒人们,让旧社会卷土重来既非人们所愿又非他人所能"⑥。费正清认为中国共产党主要用说服方式进行:"从革命战争过渡到管理新的政府,就需要把战斗的行动转移到用说服的手段而不用暴力去实现

---

① [美]斯图尔特·施拉姆著:《毛泽东》,红旗出版社1987年版,第235页。
② 同①,第235—236页。
③ [法]让·保罗·萨特:《我对新中国的观感》,《人民日报》1955年11月2日第3版。
④ [德]洛伊宁格尔著,王山译:《第三只眼睛看中国》,山西人民出版社1993年版,第77页。
⑤ [美]埃德加·斯诺著,新民译:《大河彼岸》,新华出版社1984年版,第290页。
⑥ [法]K.S.卡罗尔著:《毛泽东的中国》,贵州人民出版社1988年版,第165—166页。

革命的目标。"①特里尔认为,改造知识分子的运动具有毛泽东的特征,即用权力的威严进行的。②

总之,西方学者通过自己的观察都承认,没有使用暴力是中国共产党开展思想政治教育的特征。正如施拉姆认为的,新中国成立后,"其特色是一个接一个的群众运动:肃反运动;思想改造运动;'三反'运动和'五反'运动。"③"肃反运动与以后的运动有实质上的区别",肃反运动"在肉体上消灭""某些'反动分子',……要用送进劳动营的苛刻方法来改造",其他的运动"主要是用说服而不是用强制的方法来改造"④。

3. 关于新中国成立初期中国共产党进行思想政治教育的过程

一些外国学者,通过自己在中国的亲身经历或实地走访,注意到中国共产党进行思想政治教育的过程,其中当数费正清和米尔斯的描述比较细致。

费正清在《美国与中国》这本书中,首先描写了思想政治教育的有组织性。在一些革命大学里"几千名受训的学生要上几个月之久的思想教育课程。这一类包含4000名学生的一个训练中心,也许会分成好几个年级,每班100到200人,然后又分成学习小组,每组6到10人"⑤。其次,他把思想教育改造过程分为三个阶段。第一阶段是小组认识阶段。学习者在此阶段"学习了马克思列宁主义毛泽东思想的重要概念并进行讨论,这些主要是在小组里进行的,以高度的集体精神自由交换意见,"⑥"促使受训人暴露他自己的思想,全心全意地投入'思想动员'。"⑦这一时期"大家感到相聚一起有相当的自由和热情"⑧。对于这一阶段费教授的理解和分析可以说是客观的。他接着写道:"第二阶段是诱导每个人产生自我思想斗争的阶段。"费教授认为这一"诱导"阶段是"精心控制的环境似乎要把学员严密地包围起来","每天的学习安排""使人心力交瘁",因此"每个人迫于这种声势",面临"类似囚犯所承受的压力,使每个人不久就感到有罪","他感到自己好像

---

① [美]费正清著,刘尊棋译:《伟大的中国革命》(1800—1985),国际文化出版公司1989年版,第267页。
② [美]罗斯·特里尔著,胡为雄,郑玉臣译:《毛泽东传》,中国人民大学出版社2006年版,第262—263页。
③ [美]斯图尔特·施拉姆:《毛泽东》,红旗出版社1987年版,第232页。
④ 同③。
⑤ [美]费正清著,张理京译:《美国与中国》,世界知识出版社2000年版,第363页。
⑥ 同⑤,第364页。
⑦ 同⑥。
⑧ 同⑥。

是思想上患有毛病，需要医治"，因此"他在抨击自己的时候就为坦白和自我谴责做好准备"。① 对于这一阶段，费教授看到一个人思想转变，离不开"周围人们的批评和推动"②，但对促使个人思想转变原因则有失公允，把其完全归结为外在因素，否定了个人在思想转变中的主动作用，认为受教育者是屈服于强大的外来压力，违心进行自我批评。这违背了新中国成立初期教育工作者一再提出的，理论学习要"联系自己的思想，就是应用所学到的马列主义理论来解决自己的思想问题。在学习理论的时候，应该不断地对自己的思想、工作加以反省，并把自己的思想，拿来和自己所学到的理论加以比较"③，没有"自身的一番自我思想斗争，就很难完成"④思想转变的原则。米尔斯通过自身的改造经历，和费教授观点相反。她认为这一过程是小组学习中批评和自我批评的阶段。她说，批评是小组学习的武器，"每个人都必须利用理论来指出别人的问题，批评是帮助"；但是自我批评的地位更重要，"人们必须详细说明自己有哪些错误思想，并解释为什么自己觉得这些思想是错误的"。她也认为这是"让人精神紧张甚至痛苦"的小组学习过程。⑤ 因为一个人否定自己思想是非常艰难的，"改造思想，必须经过思想斗争。每一个愿意认真学习的人，要走进马列主义的门时候，都必须准备一番新旧思想的激烈战斗"⑥。而这正是学习者用新理论对照自己旧思想自我反省、主动解决思想矛盾的过程。对于第三阶段费教授认为是受教育者的内心先屈服而后获得"新生"的阶段。他说："当他的最后的思想总结或坦白被小组和领导所接受时，他可能会感到精神振奋，洗涤干净，变成新人。"⑦这里费教授仍然用外在标准来评价学习效果。而米尔斯的观点与费教授相反，她认为"小组学习甚至能让人快乐起来，特别是那些曾经被猛烈地批评和斗争过的成员，在承认自己的错误，接受新思想再被组织和社会重新接受的过程中，许多人体验到了无法言喻的快感"，因为一个人已经被新的思想重新武

---

① [美]费正清著，张理京译：《美国与中国》，世界知识出版社2000年版，第364页。
② 《艾思奇全书》第4卷，人民出版社2006年版，第66页。
③ 同②，第64页。
④ 同②。
⑤ [美]哈丽雅特·米尔斯著，丁义译：《思想革命——新中国的意识形态改造》，《世界博览》，2009年19期，第27页。
⑥ 同②。
⑦ 同①，第365页。

装起来后,"她评价事物的标准完全改变了"①。正如毛泽东所说的"中国人学会了马克思列宁主义以后,中国人在精神上就由被动转入主动。"②

可见,西方学者对新中国成立初期知识分子思想改造教育的观察是细致的,他们就小组学习讨论、思想转变过程的三个阶段、教育者和受教育在思想转变过程中的作用等进行了描述。但是针对同一个问题,不同学者得出结论不同,甚至相反,这启示我们在考察问题时要用历史的、全面的和辨证的方法,才能得出实事求是的结论。

4.关于新中国成立初期中国共产党对意识形态的控制问题

在《剑桥中华人民共和国史》中,费正清等人表达了这样的一个观点:新中国成立后,中国共产党对旧有知识分子的态度相当矛盾,既想向他们灌输马克思主义理论,让他们了解和认同中国共产党的指导思想,同时又想发挥知识分子优势,激励他们在专业上做出贡献。③ 矛盾态度导致知识分子政策摇摆不定,中国共产党陷于对"思想统制"的松弛—镇压—松弛—镇压的怪圈。因而他认为,共产党在学校进行思想政治教育的目标,是要控制人们的思想,"思想改造是长期的战略,其目的在于维持一个受控制的局面,使人们对现政权即使不是真心爱戴,也要在口头上说些好话,直到一代社会主义新人能够接替他们为止"④。约翰·布莱恩·斯塔尔从政治学和政治哲学的角度看待思想政治教育。他认为:"这种教育旨在使青年人掌握一整套的社会准则、技能和理论,好让他们成为合法的政治活动者"⑤。施拉姆则认为:对知识分子进行思想改造,是新中国成立之后的16年间,一直被频繁使用的方法,它"已成为毛的中国的基本特征"。⑥ 西方学者选取中国共产党、知识分子及政权之间的关系,观察新中国成立初期的中国社会,但是仅仅据此得出共产党进行思想教育运动的目的,是从思想上控制知识分子等这样一些结论,未免失于偏颇。

---

① [美]哈丽雅特·米尔斯著,丁义译:《思想革命——新中国的意识形态改造》,《世界博览》,2009年19期,第28页。

② 《毛泽东选集》第4卷,人民出版社1991年版,第1516页。

③ [美]J. R.麦克法夸尔,费正清编,谢亮生、杨品泉等译:《剑桥中华人民共和国史》(1949—1965),中国社会科学出版社1990年版,第228页。

④ [美]费正清著,张理京译:《美国与中国》,世界知识出版社2000年版,第365—366页。

⑤ [美]约翰·布莱恩·斯塔尔著,曹志为,王晴波译:《毛泽东的政治哲学》,中国人民大学出版社2013年版,第173页。

⑥ [美]斯图尔特·施拉姆著:《毛泽东》,红旗出版社1987年版,第241页。

5. 关于新中国成立初期中国共产党进行思想政治教育的效果评价

对于思想政治教育的效果,主要有三种观点。

第一,中国社会整体呈现出新风尚的角度。法国学者K.S.卡罗尔参观了中国的工厂、学校之后,认为中国社会处处表现出来的"利他主义和大家的大公无私",不是西方某些人所指责的荒谬,而是来源于"正确的政治思想",是"毛不要求自己的同胞建功立业(雷锋式的好事无须费力,不要智慧谁都做得来),只要求他们道德高尚'忠于人民'"。这是毛泽东"从延安时代起,他便以福音传教士般的热情,不断地宣传这一新的道德观念"的结果。① 他又把共产党采取的思想改造运动和蒋介石曾发动的大规模的"新生活"运动对比后,认为"应用马克思主义原理要比乞助于齐、周朝代的信条管用得多",驳斥了当时敌视中国的西方人认为新中国取得的成就"是毛泽东实行高压政策"的结论,他说"无论在世界上什么地方,单靠镇压是根本无法"达到的。② 但他同时认为"中国进行的政治——道德教育往往失之于过分简单化,有时甚至会使人的思想贫乏"③。斯诺对此也持肯定的态度。他认为思想教育的结果"唤起中国人对中国新的信心和成就,产生爱国主义的自豪。……包括以诚待人,谦虚有礼,公民责任感等为旧中国见所未见,闻所未闻的新风格"。④ 特里尔和斯诺的看法相近,都认为中国的思想教育取得了非凡的成就。他说新中国成立五年来的效果"意味着有理想的年轻人从北京奔向农村,向那些只关心天气和温饱的农民传播共产主义思想","每个人之间互相合作的义务比过去增强了"⑤。

第二,人们思想观念转变的角度。费正清认为知识分子背景不同,思想政治教育效果不一样。"对于可以训练的年轻人最有成效",这些人经过几个月的教育,"抛弃了家庭和父亲,而另外接受了党和革命。"从西方留学回来的知识分子,"批评、自我批判和坦白只会是他们已经成熟的经验外面涂上了一层虚饰","教授们发表的许多讲话都是形式上的,"这些人的自我批评,"并不在于改变他们个人,而是使公众认为他们是新秩序

---

① [法]K.S.卡罗尔著:《毛泽东的中国》,贵州人民出版社1988年版,第241页。
② 同①,第204—205页。
③ 同①。
④ [美]埃德加·斯诺著,新民译:《大河彼岸》,新华出版社1984年版,第291—292页。
⑤ [美]罗斯·特里尔著,胡为雄,郑玉臣译:《毛泽东传》,中国人民大学出版社2006年版,第281页。

的拥护者"①。施拉姆和费正清的观点类似,也认为思想教育效果对象不同结果各异,"对某些人来说是悲剧;对另一些人来说是快乐,感情和理智上的安全;至于对其他一些人(或许是大多数)来说,则是又有接受的方面,又有内心反感的方面"②。

第三,政权巩固的角度肯定思想政治教育。西方大多数学者对此持肯定的态度。施拉姆认为思想教育"对加强政权本身的作用来说,它无疑具有积极的效果","思想改造运动实际上是对中国经济和社会改革的一个决定性的贡献"③。米尔斯认为"没有任何国家、包括苏联以及所有西方国家,可以在改造人民思想的深度和速度方面同中国相比"④。新中国不再是一盘散沙,政府具有极强凝聚力,"社会各阶层对于现代化、秩序、计划和经济快速发展的需求不可逆转","他们希望市场稳定,需要和平"⑤,这些都需要政府支持。

综上所述,西方学者对中国相关领域研究时,对本论题内容有所涉及,其研究成果有启发意义。但是,由于看问题的视角、立场和采用的方法不同,以及受占有资料限制,他们的一些研究结论不可避免有些偏颇,有的甚至与实际相差很远。其中一个主要原因是他们力图从新中国成立初期的思想教育运动与后来的"文化大革命"之间建立一种联系,正如李君如评价西方学者研究毛泽东思想的局限,即从"主观方面看,多年来西方学者的一种倾向,即力求从思想史的角度,在毛泽东思想的形成轨迹和深层结构中挖掘出必然导致'文革'的'心理定式'或内在逻辑"⑥。因此,他们对新中国成立初期思想教育的研究也过于强调出现的失误,往往只注意到中国共产党强制灌输的一面,忽视了高校师生热情主动、自觉自愿学习的一面;他们只看到中国共产党为清除旧的封建思想文化影响而做的工作,忽视了中国共产党为清除百年来西方奴役文化流毒影响进行的努力,如抗美援朝、收回外国教会办的学校等,则很少提及;他们有些夸大中国共产党进行思想改造时经验不足出现偏差的一面,忽视了对中国社会和造就大量合

---

① [美]费正清著,张理京译:《美国与中国》,世界知识出版社2000年版,第365页。

② [美]斯图尔特·施拉姆著:《毛泽东》,红旗出版社1987年版,第237页。

③ 同③,第238页。

④ [美]哈丽雅特·米尔斯著,丁义译:《思想革命——新中国的意识形态改造》,《世界博览》,2009年19期,第26页。

⑤ 同④,第28页。

⑥ [美]魏斐德著,李君如译:《历史与意志——毛泽东思想的哲学透视》中《译者的话》,中国人民大学出版社2005年版,第10页。

格的社会主义建设者和接班人所产生的重大影响。正因为如此,有必要对新中国成立初期高校的思想政治教育工作进行更全面和更深入的研究。

三、本书几个概念的界定

(一)时间范围

本书研究时间范围界定的"新中国成立初期",主要是指1949年中华人民共和国成立到1956年三大改造完成、社会主义基本制度初步建立的七年。

对新中国成立初期的时间范畴,学术界有不同的看法。有的把1949—1952年称为新中国成立初期①,有的把1949—1957年称为新中国成立初期②,有的把1949—1950年称为新中国成立初期③。这是因为学者们在考察某一个特定对象时,往往根据对象发生和结束的时间来界定,因而出现时间范畴不一的现象。如朱薇对新中国成立后中国共产党对知识分子思想改造运动的考察,认为此运动开始于1949年结束于1952年,因而称之为"新中国成立初期";而谢忠强考察的特定对象是新中国成立初期上海市的反轰炸斗争,而这一时间段为1949年到1950年。但多数学者把新中国成立后的1949年至1956年,这七年作为完整的历史时期看待。对于这一时期,有的学者称之为由新民主主义到社会主义转变时期④,有的称之为基本完成社会主义改造时期⑤,有的称之为中华人民共和国的成立和向社会主义过渡的实现时期⑥。这一时期虽然只有短暂的七年时间,但在中国共产党的历史上具有重要的地位。初掌政权的中国共产党面临各种考验,并成功带领全国各族人民战胜各种困难,实现了社会性质的转变,建立起稳固的政权,因此把这七年作为一个完整的时间段考察比较合适。正如《关于建国以来党的若

---

① 朱薇:《中国共产党在新中国成立初期对知识分子的思想改造》,《当代中国史研究,》2011年第4期。
② 王成:《新中国成立初期安徽省现代工业建设研究》,《河南工程学院学报》(社会科学版),2012年第4期。
③ 谢忠强:《新中国成立初期上海市反轰炸斗争述略》,《军事历史研究》,2012年第4期。
④ 郝梦笔,段浩然主编:《中国共产党六十年》,解放军出版社1984年版。
⑤ 中共中央党史研究室著:《中国共产党历史》第2卷(上册),中国共产党党史出版社2011年版和田克勤、于文藻主编:《中国共产党七十年》,吉林文史出版社1991年版。
⑥ 胡绳主编:《中国共产党的七十年》,中国共产党党史出版社1991年版。

干历史问题的决议》中指出:"从一九四九年十月中华人民共和国成立到一九五六年,我们党领导全国各族人民有步骤地实现从新民主主义到社会主义的转变,迅速恢复了国民经济并开展了有计划的经济建设,在全国绝大部分地区基本上完成了对生产资料私有制的社会主义改造。"①邓小平说:"建国头七年的成绩是大家一致公认的。……今天我们也还需要从理论上加以阐述。"②习近平总书记说:"新中国成立后,以毛泽东同志为核心的党的第一代中央领导集体带领人民,在迅速医治战争创伤、恢复国民经济的基础上,不失时机提出了过渡时期总路线,创造性地完成了由新民主主义革命向社会主义革命的转变,……新民主主义革命的胜利,社会主义基本制度的确立,为当代中国一切发展进步奠定了根本政治前提和制度基础。"③他们都把1949—1956的七年作为完整的时期看待,因此,把新中国成立初期界定为1949—1956年有史实根据,将其作为本论题的时间范畴较为合适。

(二)课程名称

从新中国成立思想政治理论课在高校设置以来,课程名称有一个历史沿革过程,在不同时期有不同称谓。

1. 1949—1956年,课程被称为"公共必修课""政治课""政治理论课"

1949年10月8日,《华北专科以上学校一九四九年度公共必修课过渡时期实施暂行办法》文件发布,这是新中国成立后颁布的第一个有关思想政治理论课的权威文件(见第二章第二节的论述),把该门课程称之为"公共必修课"。1950年10月4日,教育部发布了《关于华北区各高等学校本学期政治课教学计划的几点指示》和《关于全国高等学校暑期政治课教学讨论会情况及下学期政治课应注意事项的通报》两份文件,文件名称用的是"政治课"。1951年8月21日,教育部在《关于各校拟订1951年度教学计划时应注意的几项原则的指示》中提出,为避免认为其他课程可以不必进行政治思想教育的偏向,"拟取消政治课这一名称"④,并于9月10日发布《关于华北区各高等学校1951年度上学期进行"辩证唯物论与历史唯物论"等课教学

---

① 《关于建国以来党的若干历史问题的决议》,人民出版社1981年版,第11页。
② 《邓小平文选》第2卷,人民出版社1994年版,第302页。
③ 习近平:《在纪念毛泽东同志诞辰120周年座谈会上的讲话》,《人民日报》,2013年12月26日第2版。
④ 《高等教育文献法令汇编(1949—1952)》,高等教育部办公厅,1958年2月,第64页。

工作的指示》,明确提出"'政治课'一名称应予取消"①,改为各科目的名称:"辩证唯物论与历史唯物论""新民主主义论"和"政治经济学"。

1952开始重新使用"政治课"。如1953年高等教育部下发《关于个大行政区若干学校政治课各教研组建立经常联系的通知》(1953.4.8)和《关于各门政治课学期总结办法的规定通知》(1953.7.6),这两个文件又直接使用"政治课"的名称。

1954年到1956年,教育部门有时还用"政治课"②,但开始使用"政治理论课"③,下发的正式文件标题多用"政治理论课"的名称。例如,1954下发的《关于工、农、医二年制专修科二年级开设政治理论课程的通知》(1954.7.1);1955年下发的《关于出版高等学校政治理论课程教学大纲的几项规定的通知》(1955.2.24)、《关于聘请苏联的马列主义专家帮助有关学校政治理论课教研室(组)工作的通知》(1955.12.20);1956年下发的《关于试行组织一地区校际间交流政治理论课教学经验的通知》(1956.4.26)、《关于高等学校政治理论课考试评分问题的意见》(1956.8.20)、《关于高等学校政治理论课程的规定(试行方案)》(1956.9.9)、《关于高等学校执行政治理论课程试行方案的补充通知》(1956.11.26)等。

2. 1957年到"文化大革命"前,课程被称为"社会主义教育课程""政治课""共同政治理论课""政治理论课"

1957年该课程改名为"社会主义教育课程"。1957年12月10日,教育部发文要求各校一律停开原来的四门政治课,全体学生和研究生必须学习"社会主义教育课程"。④

从1958年开始一直到"文化大革命"前,高校又重新开设原有课程,但名称时有变化,有"政治课""共同政治理论课""政治理论课"。如,1958年

---

① 《高等教育文献法令汇编(1949—1952)》,高等教育部办公厅,1958年2月,第83页。

② 如1955年国务院第17次会议批准通过的高等教育部的报告《1954年的工作总结和1955年的工作要点》,文件中有"另外出版了高等学校政治课教材两种"的语句。见《高等教育文献法令汇编(1949—1952)》,高等教育部办公厅,1956年5月,第2页。

③ 如1955年国务院第17次会议批准通过的高等教育部的报告《1954年的工作总结和1955年的工作要点》,文件中多处使用政治理论课的名称:"要切实改进政治理论课教学的组织和领导""培养政治理论课的师资""今年要完成四门政治理论课教学大纲的编译工作""应明确政治理论课教研组的任务"等。见《高等教育文献法令汇编(1949—1952)》,高等教育部办公厅,1956年5月,第8页。

④ 《关于在全国高等学校开设社会主义教育课程的指示》,见《普通高校思想政治理论课文献选编(1949—2008)》,中国人民大学出版社2008年版,第31—32页。

《对高等学校政治教育工作的几点意见(草稿)》(1958.4.12)中,大量使用"政治课"。① 1961年到1962年"共同政治理论课"在教育部文件频频出现,像《改进高等学校共同政治理论课程教学的意见》(1961.4.8)、《关于1961—1962学年上学期高等学校共同政治理论课安排的几点意见》等文件。而1964年《中央宣传部、高教部党组、教育部临时党组关于改进高等学校、中等学校政治理论课的意见》(1964.10.11),又重新使用"政治理论课"的名称。

3.改革开放到1995年,该课程被称为"马列主义理论课"简称"理论课""政治理论课""马列主义课""思想品德和政治理论课""马克思主义理论课(公共课)"

文化大革命十年,是新中国成立以来国家建设遭受重大挫折时期,这一时期该课程和当时高校的其他工作一样陷入无序和混乱状态。1978年随着全国教育领域工作恢复,该课程在高校逐步恢复和发展,课程命名也处于探索中。1978年教育部下发《关于加强高等学校马列主义理论教育的意见》,把该课称为"马列主义理论课",同时简称为"理论课"②;1979年把该课又重新称为"政治理论课"③;1980年在文件中称该课为"马列主义课"④;1984年使用"马列主义理论课"⑤的名称;1985年开始,随着有些高校新设一门有关大学生品德教育的课目,教育部门在文件中把该课称为"思想品德和政治理论课"⑥;1987年重新使用"马克思主义理论课(公共课)"⑦,一直到1995年都较为普遍使用该名称。

---

① 《普通高校思想政治理论课文献选编(1949—2008)》,中国人民大学出版社2008年版,第33页。

② 同①,第70页。

③ 见《高等学校政治理论课的基本情况和存在问题》,《普通高校思想政治理论课文献选编(1949—2008)》,中国人民大学出版社2008年版,第75页。

④ 见《改进和加强高等学校马列主义课的试行办法》,《普通高校思想政治理论课文献选编(1949—2008)》,中国人民大学出版社2008年版,第85页。

⑤ 同①,第94页。

⑥ 见《中共中央关于改革学校思想品德和政治理论课程教学的通知》,《普通高校思想政治理论课文献选编(1949—2008)》,中国人民大学出版社2008年版,第106、109页。

⑦ 见《国家教育委员会关于在高等学校马克思主义理论课(公共课)教学中旗帜鲜明地坚持四项基本原则反对资产阶级自由化的通知》(1987.3.5)、《国家教育委员会关于进一步改革高等学校马克思主义理论课(公共课)教学意见》(1987.3.17)、《关于贯彻国家教委〈关于高等学校研究生马克思主义理论课(公共课)教学的若干规定〉的几点意见》(1988.2.24)、《国家教育委员会关于加强和改进高等学校马克思主义理论教育的若干意见》《普通高校思想政治理论课文献选编(1949—2008)》,中国人民大学出版社2008年版,第116、118、135、139页。

4. 1995 年 10 月到 2004 年,该课程普遍称为"马克思主义理论课和思想品德课",在文件标题中直接简称"两课"

1995 年到 2004 年,这门课程多称"两课"(即马克思主义理论课和思想品德课的简称)。① 如:《关于落实"两课"教学改革〈若干意见〉几项重要工作的实施计划》(1996.3)、《全国高校"两课"管理工作座谈会会议纪要》(1996.6.5)、《关于普通高等学校"两课"课程设置的规定及其实施工作的意见》(1998.6.10)、《关于开展高等学校"两课"教师在职攻读硕士学位工作的通知》(1999.12.3)、《教育部关于普通高等学校"两课"教育教学中贯彻江泽民同志"七一"重要讲话精神的通知》(2001.7.26)等,文件直接用"两课"的名称。

5. 2004 年至今,该课程正式称为"思想政治理论课","思政课"是其简称

2004 年中共中央、国务院下发《关于进一步加强和改进大学生思想政治教育的意见》,提出"高等学校思想政治理论课是大学生思想政治教育的主渠道"②以后,"思想政治理论课"成为该课程官方的正式提法和固定用语,迄今为止下发的一系列文件③都直接用"思想政治理论课"的名称。同时,2005 年 5 月 9 日中共中央宣传部、教育部关于印发《〈中共中央宣传部、教育部关于进一步加强和改进高等学校思想政治理论课的意见〉实施方案》(教社科[2005]9 号)的通知中,提出"高等学校思想政治理论课(简称'思政课')④。

---

① 《普通高校思想政治理论课文献选编(1949—2008)》,中国人民大学出版社 2008 年版,第 157 页。

② 同①,第 204 页。

③ 如《中共中央宣传部、教育部关于进一步加强和改进高等学校思想政治理论课的意见》(2005.2.7)、《中共中央宣传部、教育部、新闻出版总署关于加强高校思想政治理论课教材出版管理的通知》(2006.1.27)、《中共中央宣传部、教育部关于组织高校思想政治理论课骨干教师研修的意见》(2007.4.27)、《教育部办公厅关于做好 2008 年"高校思想政治理论课教师在职攻读马克思主义理论博士学位"专项计划招生工作的通知》(2008.3.24)、《中共中央宣传部 教育部关于高等学校研究生思想政治理论课课程设置调整的意见》(教社科[2010]2 号)、《中共中央 教育部关于印发〈高等学校思想政治理论课建设标准(暂行)〉的通知》(教社科[2011]1 号)、《关于进一步加强高校马克思主义理论学科建设的意见》(学位[2012]17 号)、《普通高等学校思想政治理论课教师队伍培养规划(2013—2017 年)的通知》(教社科[2013]4 号)、《普通高校思想政治理论课建设体系创新计划》(教社科[2015]2 号)等。

④ 《普通高校思想政治理论课文献选编(1949—2008)》,中国人民大学出版社 2008 年版,第 219 页。

以上对官方文件大致梳理可以看出,该课程在不同时期称谓不同,提法较多,并且时有反复。"思想政治理论课"并不是新中国成立初期的用语,而是2004年由官方提出,并固定下来,沿用至今的名称。本文之所以选用"思想政治理论课"这一名称,基于以下考虑:一是1949年到1956年,课程名称不固定,提法比较多,选取其中一个作为标题,难免偏驳;二是2004年以来,经过十多年的教育实践活动,"思想政治理论课"提法比较固定,并且已被高校师生所熟悉和接受,因而站在现代角度,用现代人都普遍接受了的称谓去考察当时课程建设情况,比较容易理解。当然,本书在论述过程中,涉及引用原文和当时文件具体内容时,以当时的提法为准,在一般论述时统称"思想政治理论课"或"思政课"。

四、本书研究方法、基本框架及创新之处

(一)研究方法

论题选定之后,研究方法就比较重要。毛泽东曾说过,"我们不但要提出任务,而且要研究完成任务的方法问题。"[①]"不解决方法问题,任务只是瞎说一顿"[②]。高校思想政治理论课具有鲜明的政治性和阶级性,对于新中国成立初期高校思想政治理论课的研究,必须坚持马克思主义世界观和方法论的指导,在分析论证中努力做到坚持党性、科学性和阶级性的统一。此外,本书主要采取文献分析法、比较分析法和个案分析法。

1. 文献分析法

文献研究主要指搜集、鉴别和整理文献资料,虽然文献研究是间接通过查阅各种资料,从而获得有价值的信息,达到解决研究对象的目的,但这是一种重要的研究方法。胡乔木说"任何科学研究都不能满足于第二手、第三手的资料,必须掌握原始资料,在这个方面,确实没有任何'捷径'可走"[③]。本书首先对新中国成立初期的教育文件、文献汇编、档案资料等进行查阅和分析,以便理清思想政治理论课发展的一系列线索轨迹,并且这一时期的个人回忆录、校友集、日记、纪念文集等也被视作珍贵的文献资料,通过占有大量资料,再采用"去伪存真""去粗取精"办法,对新中国成立初期高校思想政治理论课发展状况做出客观还原和评价。

2. 比较分析法

1949—1956年属于新社会初创时期,高校规章制度处于起步阶段,思想

---

① 《毛泽东选集》第1卷,人民出版社1991年版,第139页。
② 同①。
③ 《胡乔木文集》第3卷,人民出版社2012年版,第124页。

政治理论课的开设及其课程设置、师资状况、教学组织等也变动频繁。鉴于此,为了能够展现新中国成立初期高校思政课发展的特点和全貌,要对这些变化进行对比,从而对变化的原因作深入思考和分析。

3. 个案分析法

个案研究的目的和价值在于对过去的历史,既可以提供"生动的描述",又可以提供"解释"和"评估"。① 本书所采用的个案分析法,是通过以某个或某些学校思想政治理论课的设置和进展情况作为个案,通过对选择的典型个案进行深入细致的剖析,然后大而广之新中国成立初期整个高校思想政治理论课的建设。例如文中选取天津大学对"习明纳尔"教学方法的探索,用事实和史料来探讨新中国成立初期高校思想政治理论课课堂讨论实施情况。

(二)本书框架

本书以历史资料为依据,从新中国成立初期社会制度变革的特殊时代背景出发,对1949至1956年高校思想政治理论课开设的原因、方案出台的过程及指导思想、组织机构、师资队伍、教育内容、教材、教学方法和教学手段等进行系统研究,力图重现其历史原貌,并客观评价这一时期思想政治理论课取得的成效,科学总结其基本经验和存在的不足之处。基本结构如图1所示。

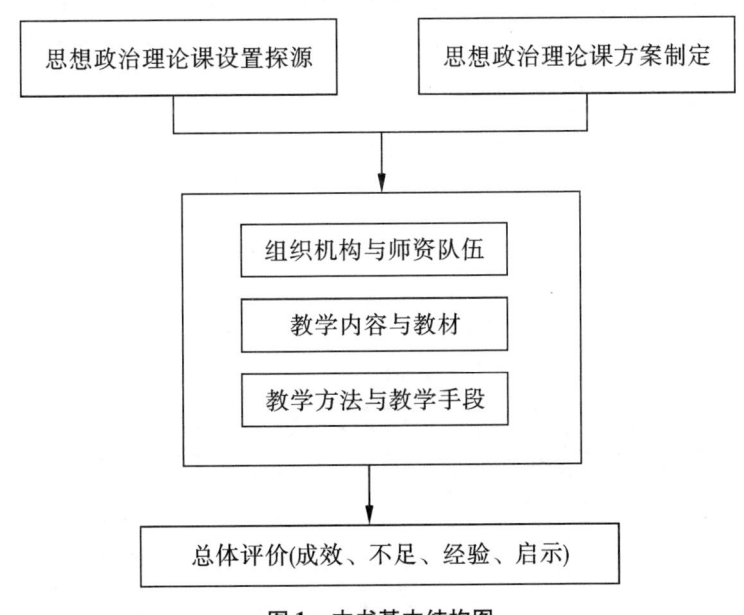

图1 本书基本结构图

---

① [美]查理斯著,张莉莉译:《教育研究导论》,中国轻工业出版社2003年版,第223—224页。

(三)学术创新

第一,力图对新中国成立初期高校思想政治理论课做出全面的实事求是的考察。这一领域至今还没有人做出具体和深入细致的系统梳理。学者们大多研究其他相关问题,特别在研究高校思想政治教育史时提及本论题,但往往过于简单,偏重对宏观文件的论述。本文在查找和阅读相关文献、档案资料前提下,采用历史考察与现实关照相联系、宏观把握与个案分析相结合的研究方法,把新中国成立初期高校思想政治理论课开设的背景,课程体系的形成,为巩固思想政治理论课采取的措施等,比较客观展现出来,并在此基础上进行总体评价。

第二,研究采用的部分史料新。研究历史离不开大量史料的查阅和筛选,恩格斯曾指出"只说空话是无济于事的,只有靠大量的、批判地审查过的、充分地掌握了的历史资料,才能解决这样的任务"[①]。花时间下功夫挖掘新材料,是深入历史的前提。为研究本课题,笔者到上海市档案馆、河北省档案馆、北京师范大学档案馆、国家图书馆和清华大学图书馆等查阅档案资料,提高了本论题的学术性和史料价值。

第三,研究视角的创新。一是从纵向和横向两个角度对新中国成立初期高校思想政治理论课进行研究。纵向分析建国初期高校思想政治理论课设置的来龙去脉,横向分析思想政治理论课运行所采取的一系列措施,进行详细、系统的归纳。二在总结思想政治理论课经验和教训时,注重与时代背景结合,表明这一时期的课程建设植根于中国共产党新教育的实践中,具有奠基作用。

---

① 《马克思恩格斯选集》第2卷,人民出版社2012年版,第9页。

第一章

新中国成立初期高校思想政治理论课设置探源

新中国成立初期思想政治理论课在高校设置,不是凭空产生的。它是中国共产党在革命实践历程中,始终以马列主义理论为指导,重视宣传教育活动,以达到唤醒民众,共同完成共产主义伟大事业而采取的重大举措。思想政治理论课在高校的设置有着深厚的理论渊源、实践基础及现实需要。其中马克思主义者有关思想政治教育理论,构成了高校开设思想政治理论课的理论基础;为巩固政权,中国共产党亟须创办新教育培养新人,建立马克思主义在意识形态领域的指导地位,是其开设的现实境遇;民主革命时期中国共产党在学校进行的思想理论教育实践和苏联高校三十多年的探索,为其开设提供了丰富的经验借鉴。

第一节 新中国成立初期高校思想政治理论课开设的理论依据

中国共产党取得新民主主义革命胜利的实践表明,马恩创立并为后继者主要包括列宁、斯大林和以毛泽东为首的共产党人所发展的马克思主义理论,是人类历史上最科学最进步的理论。因而,新中国成立后马列主义和中国化的毛泽东思想,始终是党和政府在高校开设思想政治理论课的理论基础,其中教育为无产阶级服务、灌输理论和政治工作是"生命线"是其开设的直接理论依据。

一、教育为无产阶级服务

马克思主义关于教育阶级性的基本观点,是中国共产党对教育事业属性的看法,也是坚持社会主义办学方向,培养社会主义建设人才,在高校开设思想政治理论课的理论基础。

(一)教育事业具有阶级性

教育作为一种政治现象,是社会上层建筑的重要组成部分,与生产资料占有关系密不可分。在阶级社会里,它是占统治地位的阶级,维护自己统治的手段和工具。但是在马克思主义诞生以前,尽管统治阶级在教育领域进行着稳固自己统治的实践活动,但他们否认教育的阶级性。一些好心的教育家受世界观所限,看不清统治阶级真面目,他们相信教育为全民服务。在旧中国出现了一些"教育救国"的教育家,他们满腔热忱地投身教育事业,举办所谓平民教育、乡村教育,实践证明救国目的没有达到,教育效果甚微。马克思主义诞生之际,就明确提出教育具有阶级性的本质,这为无产阶级教育事业指明了方向。这就是:"一个阶级是社会上占统治地位的物质力量,同时也是社会上占统治地位的精神力量。支配着物质生产资料的阶级,同时也支配着精神生产的资料"①。此外,马恩还揭露了资产阶级宣扬教育可以脱离政治、为整个社会服务的伪善性,"你们的教育不也是由社会决定的吗?不也是由你们进行教育时所处的社会关系决定的吗"?"资产者唯恐失去那种教育,对绝大多数人来说是把人训练成机器"②。马恩的论述指明了社会关系对教育的决定作用。

列宁发展了马克思主义的教育理论,不仅明确指出资产阶级教育离不开政治,而且指出无产阶级教育事业与资产阶级教育事业的区别。作为"资产阶级的虚伪表现之一就是相信学校可以脱离政治"③。"资产阶级自己就把资产阶级政治放在学校事业的第一位,竭力把学校用来专门替资产阶级训练恭顺的和能干的奴才,甚至竭力利用普遍教育来专门替资产阶级训练资本的走卒和奴隶,他们从来不想使学校成为培养人格的工具"④。而在无产阶级专政下,"我们的学校应当使青年获得基本知识,使他们自己能够养成共产主义的观点,应该把他们培养成有学识的人"⑤。俄国的教育事业"无

---

① 《马克思恩格斯选集》第1卷,人民出版社2012年版,第178页。
② 同②,第417—418页。
③ 《列宁教育文集》下卷,人民教育出版社1986年版,第32页。
④ 同③,第33页。
⑤ 同③,第154页。

论一般的政治教育或专门属于文学艺术方面的教育,都必须贯彻无产阶级斗争的精神,以便顺利地实现无产阶级专政的目的,即推翻资产阶级,消灭阶级,消灭一切人剥削人的现象"①。

中国共产党人在艰苦的斗争中继承了马克思列宁主义的教育理论,注重教育工作的地位。毛泽东认为文化教育事业是一定社会经济和政治的反映,同时对经济和政治具有伟大影响的反作用;邓小平认为"无论哪一种势力或哪一种派别的文化工作,都是服从其政治任务的。……所谓超政治的文化是不存在的"②。为了完成救亡图存的历史任务,中国共产党人不仅理论上坚持教育具有阶级性的观点,在实践中坚持宣传马克思主义理论,以此来唤醒民众。新中国成立后,党在高校开设思想政治理论课,就是解放人民思想枷锁,培养新的建设者,为无产阶级事业服务。

(二)社会主义大学与资本主义大学有本质区别

教育作为阶级统治的工具,是为不同统治阶级服务的。在资本主义制度和社会主义制度对立、共存的时代背景下,不同性质的教育便成为不同性质的社会形态和社会制度的重要标志之一。其中有无马克思主义理论教育和对教育领导权的掌握,是区别社会主义大学与资本主义大学的一个重要标志。

列宁指出:"在任何学校里,最重要的是课程的思想政治方向。"③俄国共产党的任务"把学校由资产阶级的阶级统治工具变为摧毁这种统治和完全消灭社会阶级划分的工具。学校应当成为无产阶级专政的工具,就是说,学校不仅传播一般共产主义原则,而且应当对劳动群众中的半无产者和非无产者阶层传播无产阶级的思想影响、组织影响、教育者的影响方面,以培养能够最终实现共产主义的一代人"④。毛泽东也非常重视马克思主义教育和对无产阶级文化领导权的掌握。早在1940年,毛泽东在《新民主主义论》中指出:"我们应当努力在工人阶级中宣传社会主义和共产主义"⑤。在解释无产阶级要建立什么样的文化时,十分明确地回答,"所谓新民主主义的文化,一句话,就是无产阶级领导的人民大众的反帝反封建的文化"⑥。因而,在高校开设思想政治理论课对青年学生进行思想政治教育,是新中国教育事业

---

① 《列宁教育文集》下卷,人民教育出版社1986年版,第159页。
② 《邓小平文选》第1卷,人民出版社1994年版,第22页。
③ 《列宁全集》第45卷,人民出版社1990年版,第249页。
④ 《列宁教育文集》下卷,人民教育出版社1986年版,第62页。
⑤ 《毛泽东选集》第2卷,人民出版社1991年版,第704页。
⑥ 同⑤,第698页。

与旧教育的显著不同,是无产阶级领导教育事业的标志。

二、"灌输"理论

列宁认为,马克思主义科学理论不会在工人阶级运动中自发产生,无产阶级政党必须在斗争中克服轻视革命理论和政治教育的错误倾向,重视思想政治教育工作,自觉主动进行社会主义思想体系的"灌输"。马克思主义的灌输理论体现了思想政治教育的价值导向和实质。新民主主义革命胜利后,中国共产党在高校开设思想政治理论课,自觉把"灌输"理论应用到育人过程中。

(一)坚持"灌输"内容的针对性

马克思曾经说过:"理论一经掌握群众,也会变为物质力量。理论只要说服人,就能掌握群众;而理论只要彻底,就能说服人。"①要求共产党人在思想政治理论教育中注重抓住教育内容根本。

列宁认为思想政治理论教育工作要抓三方面的内容。首先,在不同时期,都要对人民群众做到科学理论教育,"我们永远要宣传科学的世界观"②。这是思想政治工作中最根本的内容;其次,结合党的中心任务的变化,要向群众做好关于党的路线、方针、政策的宣传教育工作。"日常的宣传和鼓动必须具有真正的共产主义性质",使广大人民群众"通过我们报刊上每天不断报道的活生生的事实,认识到实行无产阶级专政的必要性"③;三要做好群众利益工作。列宁指出:"政治教育的成果只能用经济状况的改善来衡量"④,"只要在我国还存在文盲现象,那就很难谈得上政治教育。"⑤把提高群众思想素质和改善群众生活,看作群众工作不可或缺的重要内容。

毛泽东在新民主主义革命时期,就对新中国的文化"灌输"内容进行了探讨,设想新中国成立后文化教育方面开展的一些工作:"应把对于共产主义的思想体系和社会制度的宣传,同对于新民主主义的行动纲领的实践区别开来;又应把作为观察问题、研究学问、处理工作、训练干部的共产主义的理论和方法,同作为整个国民文化的新民主主义的方针区别开来。"⑥提出了文化教育的长远性与特定历史时期的特殊性结合起来。以毛泽东的新民主

---

① 《马克思恩格斯选集》第1卷,人民出版社2012年版,第9—10页。
② 《列宁全集》第12卷,人民出版社1987年版,第135页。
③ 《列宁全集》第39卷,人民出版社1986年版,第199页。
④ 《列宁全集》第42卷,人民出版社1987年版,第201页。
⑤ 同④,第200页。
⑥ 《毛泽东选集》第2卷,人民出版社1991年版,第706页。

主义文化教育为指针,新中国成立后召开的第一次全国教育工作会议上,教育部钱俊瑞副部长提出,目前的教育"首先要反对买办的、封建的、法西斯主义思想,建立为人民服务的思想"①,但也"应当提倡和鼓励马克思列宁主义世界观和毛泽东思想的学习。这种提倡和学习,目的是在保证和贯彻目前历史时期的新民主主义建设,并不是要求立即实现社会主义"②。充分体现了新中国思想政治理论课"灌输"内容的针对性。

(二)注意"灌输"方法的多样性

为了提高"灌输"效果,提高思想政治工作实效性,要讲究教育方式方法。列宁反对马克思主义者"醉心于最狭隘的实际活动的偏向同时髦的机会主义说教结合在一起的情况"③,要求思想政治工作既要克服对理论教育漠视的偏向,又要防范类似说教的熏染。提倡教育者在工作中"要善于用通俗的语言,并且要借助于日常生活中他们所知道的事实"④进行教育,不能采取生搬硬套的简单做法。他号召青年"不要关在自己的学校里,不要只限于阅读共产主义书籍和小册子"⑤,要与沸腾的生活相联系。中国共产党人在革命实践中也非常注重"灌输"方法的多样性。毛泽东在1929年12月,提出了对红军教育要注重十大教授法,其中提倡用启发式反对注入式教育;对教育者在语言、内容、态度方面提出:说话通俗化、说话要明白、说话要有趣味、以姿势助说话等。延安时期,毛泽东对思想教育"灌输"工作中出现的简单生硬的做法进行了批评。他说:"我们的宣传有时也太刺耳,玫瑰花虽然可爱但是刺多扎手,'羊肉好吃烫得慌'。对于那些绅士,玫瑰花虽可爱,但因为刺多他们不大喜欢。"⑥新中国成立后他提出思想上的教育"不能用粗暴的方法,不能下大雨,要像下小雨一样才能渗透进去。要按照他们的具体情况和能够接受的程度进行思想教育,不能强迫灌注"⑦。

灌输方法多样性要求高校进行马克思主义理论教育时,要注重多途径,创新多种方法,既要把抽象高深的理论用通俗的语言传达给学生,同时要及时了解学生的思想状况,解决学生的实际思想问题,达到理论掌握群众的目

---

① 《高等教育文献法令汇编(1949—1952)》,高等教育部办公厅,1958年2月,第6页。
② 同①。
③ 《列宁选集》第1卷,人民出版社1995年版,第311页。
④ 《列宁全集》第4卷,人民出版社1984年版,第277页。
⑤ 《列宁教育文集》下卷,人民教育出版社1986年版,第157页。
⑥ 《毛泽东文集》第3卷,人民出版社1996年版,第317页。
⑦ 《毛泽东文集》第6卷,人民出版社1999年版,第11页。

的;既要发挥思想政治理论课主渠道的作用,也要注意与社会实际结合,让学生参与生产和社会政治运动,加强爱国主义和集体主义教育,提高思想政治教育的实效性。

(三)注重"灌输"过程的长期性

思想政治教育是对人的主观世界进行影响和改造的工作,清除旧思想是一个长期和复杂的过程。新旧社会更替时期,人们的旧思想、旧观念和旧传统心理仍发挥作用,新的思想观念的形成需要一定时间。列宁曾说:"文化任务的完成不可能像政治任务和军事任务那样迅速。"①"工人和旧社会之间从来没有一道万里长城。工人同样保留着许多资本主义社会的传统心理。"②因而他反复强调:"千百万人的旧习惯势力是最可怕的势力。要帮助人们战胜它,党必须长期不懈地坚持思想政治工作,并把它作为党的思想政治工作的一项极其艰巨的任务。"③毛泽东也说新的事业"不可能是在一种风平浪静的情况下的,它要求我们共产党人向着背上背着旧制度包袱的广大的农民群众,进行耐心的生动的容易被他们理解的宣传教育工作"④。刘少奇说"改造旧的思想意识比改造旧的生产关系更困难些,更需要时间。我们必须继续加强思想战线上的工作"⑤。

灌输理论的长期性表明,新思想观念的形成不是一个简单的过程,必然要和旧思想进行反复斗争,才有可能形成。因而,高校在进行思想政治理论教育时要注重教育的重复性和连续性,从大学一年级新生入校到大学毕业离校,都要注重理论灌输。

三、政治工作是"生命线"

政治工作是"生命线"理论,是中国共产党在长期的革命和建设实践中,对思想政治工作地位和作用的充分认识,也是自觉主动地把思想政治教育工作渗透到其他各项工作之中,服务于党的中心工作的一条宝贵经验。1929年,毛泽东就旗帜鲜明地指出反对八种"主义",必须重视"对党员做正确路线的教育"⑥,提出了思想教育的问题。1932年,中共中央指出:"政治工作在红军中有决定的意义,每一个红军战斗员不仅要能够有充分的军事

---

① 《列宁全集》第42卷,人民出版社1987年版,第200页。
② 《列宁全集》第35卷,人民出版社1985年版,第438页。
③ 同②。
④ 《毛泽东文集》第6卷,人民出版社1999年版,第460页。
⑤ 《中共中央文件选集》第24册,人民出版社2013年版,第91—92页。
⑥ 《毛泽东选集》第1卷,人民出版社1991年版,第85页。

技术——手的武器,而且最重要的是脑子的武装。……政治工作不是附带的。而是红军的生命线。"①正式提出把思想政治工作置于优先地位。1942年,毛泽东提出"掌握思想领导是掌握一切领导的第一位"②,要求各级领导必须重视思想领导工作。正是基于这样的正确认识,在革命战争年代,中国共产党自觉进行思想政治教育工作,把党员干部和广大群众的积极性充分调动起来,获得了源源不断的革命力量,新民主主义革命最终成功。新中国成立后,政治工作是生命线理论,在指导无产阶级改造旧文化建设新文化的实践中,仍然发挥着重要作用。

(一)政治工作是学校工作的首要任务

政治工作被视为是其他工作生命线的根本原因在于政治工作给其他工作提供方向指导。在革命战争年代,毛泽东要求学校把培养学生具有坚定的政治方向放在工作首位。新中国成立以后,毛泽东提出不但要注重经济工作,也要抓好思想文化建设,并把它作为社会主义建设事业的一项重要内容,要求党在抓好经济战线革命的同时,"还必须在政治战线和思想战线上,进行经常的、艰苦的社会主义革命斗争和社会主义教育"③,提出教育为无产阶级政治服务,使受教育者具有社会主义觉悟。因而中国共产党接收国民党的高校后,文化部门要求"这一时期所有大学教育的中心,还是加强革命的政治思想教育,……这是因为政治教育配合业务教育,才能解决全盘的教育问题"④。只有解决了学校教育大方向的问题,才能解决学制、师资、课时等其他问题。由第一次全国高等教育会议讨论,并经政务院第43次政务会议批准通过的《高等学校暂行规程》也规定:"进行革命的政治及思想教育,肃清封建的、买办的、法西斯主义的思想,树立正确的观点和方法,发扬为人民服务的思想。"⑤是高等学校的首要任务。因而在高校开设思想政治理论课,是解决为谁服务,培养什么人的问题,具有十分重要的作用。

(二)政治教育是青年成才的保证

在人才培养中,政治素质教育即德育是学校培养青年学生成才的首要任务。与智育体育等其他素质相比,政治素质决定着人才培养的方向性。斯大林认为:"列宁主义者不能仅仅是他自己所喜爱的那门科学的专家,他

---

① 《中共中央文件选集》第8册,中共中央党校出版社1991年版,第310页。
② 《毛泽东文集》第2卷,人民出版社1993年版,第435页。
③ 《毛泽东文集》第7卷,人民出版社1993年版,第268页。
④ 《清华大学史料选编》(第5卷)上,清华大学出版社2005年版,第65页。
⑤ 《高等教育文献法令汇编(1949—1952)》,高等教育部办公厅,1958年2月,第52页。

同时还应当是个政治家和社会活动家,应当密切关心本国命运,懂得社会发展规律,善于运用这些规律,并力求成为国家政治领导的积极参加者。"①因而苏联政府要用"无产阶级的社会主义精神教育新的一代,——这就是我们党的当前任务,不执行这些任务,就不能取得社会主义的胜利"②。新中国成立后,中国共产党也非常重视学生政治方面的教育问题。刘少奇在给马列学院学生的讲话中指出:"革命的行动是受革命的理论指导的。理论正确,指导正确,革命就能胜利,否则不能胜利。"③"彭真认为要做好北平近十万大中学生的工作,首先应该给他们讲中国往哪里去,世界往哪里去,人民往哪里去,你们往哪里去,历史进化的道路,社会发展的阶段等问题,引导他们确立正确的人生观。"④青年学生只有明确的政治方向,才能把握社会潮流,成为社会所需的人才。主管文化的钱俊瑞明确指出,"业务课的目的——取得为人民服务的技术;而政治课的目的——解决为谁服务的问题,是更基本的问题。——技术是需要的,而且要高度发展,但是技术是要和革命的政治相结合,才能广泛的大量的使用,才能高度的发展。"⑤在高校设置思想政治理论课是解决青年学生成长成才的关键。

第二节　新中国成立初期高校思想政治理论课开设的现实境遇

中华人民共和国的成立,标志着中国共产党在全国确立了执政党地位。从"革命"到"执政"是一个根本转变,同时中国共产党面临许多新的问题和挑战。其中马列主义思想能否与党的执政地位相适应,在宣传和动员广大民众方面是否能发挥主导作用,高等教育能否为国家建设服务,深受旧教育影响的青年学生能否拥护新政权,为新社会服务,这是高校思想政治理论课开设时面临的现实问题。

---

① 《斯大林论教育·注释本》,人民教育出版社1984年版,第159页。
② 同①,第25页。
③ 《刘少奇论教育》,教育科学出版社1998年版,第43页。
④ 《北平的和平接管》,北京出版社1993年版,第51页。
⑤ 《清华大学史料选编》(第5卷)上,清华大学出版社2005年版,第66页。

一、确立马列主义指导地位

一个政党一旦执了政,党的意识形态往往就成了主流意识形态①。但是,主流意识在社会中并不会自动占据主导地位,执政党必须通过宣传教化引领不同的思想潮流,使社会成员能够了解和接受执政党确立的主流意识形态,并将其转变成社会共识。新中国成立初期与党的历史地位变化相适应,中国共产党需要在全国范围内,在复杂的意识形态领域确立马列主义思想的主导地位。

(一) 共产党历史地位的变化

中国共产党自诞生以来,就高度重视思想政治教育对民众的宣传作用,正是靠着强大的思想教育和政治动员,党才取得了新民主主义革命的胜利。新中国成立后,党的执政地位的根本改变,需要在全国范围内建立革命的、科学的指导思想。

1. 巩固政权需扩大马列主义在全国的影响

中国共产党经过长期的革命实践,在艰苦卓绝的斗争中,不断地从小到大、从弱到强,最终掌握国家政权,以事实说明了其指导思想——马克思列宁主义是科学的,是有用的。因此在执政后,中国共产党用这个革命真理去教育和武装人民是历史的必然。"任何的阶级它产生出一种思想,对国家、对社会都不是没有目的的,它要竭力地巩固新的基础,消灭旧的基础,它要竭力地扩大自己的影响而消灭旧的上层建筑和旧的思想……马列主义、毛泽东思想就是这样一种新的思想,它既然领导中国人民,告诉中国人民一条出路——要推翻帝国主义、封建主义、官僚资本主义的统治,建立中华人民共和国,那么它就不能停止。在这种状况下,说中华人民共和国已经成立,这种思想可以停止,可以休息了。不能的,它是为着保卫中华人民共和国,保卫人民民主制度,保卫人民民主统一战线的利益而斗争"②。中国共产党在胜利后不但没有停止宣传马克思主义,而且利用执政优势,在全国范围内和全体规模上对群众进行宣传活动,为此党提出:一是要把宣传工作经常化。"为了在全体人民中进行长期的反帝反封建的宣传教育,为了把党和人民政府提出的各项工作任务随时地向人民群众作充分地宣传,都需要把群

---

① 王勤著:《思想政治教育学新论》,浙江大学出版社2004年版,第156页。
② 《胡乔木文集》第2卷,人民出版社2012年版,第371—372页。

众宣传工作经常化。就是说要使全国每一处每一人每一天都能受到适当的宣传教育。"①二是宣传工作要日常化。"在一切群众活动场所,例如工作场所、娱乐场所、游览场所、交易场所等,进行适合群众需要的经常性的宣传,使我们的国家整个地变为一座伟大的学校。"②

2. 赢得广大民众支持需宣传马列主义

无产阶级解放事业离不开广大民众的支持,中国共产党自诞生之日起就注重唤醒民众的工作。新中国成立之初,党的工作重心发生了重大变化,从夺取政权变为巩固政权,这项任务更加艰巨,需要广大民众的支持。马克思主义者向来认为,历史归根结底是人民大众创造的,"人民群众的觉悟性、积极性、创造性愈是发展,工人阶级的事业就愈是发展"③。新民主主义革命时期,共产党非常重视对民众的宣传教育工作。毛泽东认为中国共产党经过28年的革命历程,取得的最主要的经验之一是"在国内,唤起民众"④,并提出执政后工人阶级和广大民众是主要依靠力量。毛泽东提出:"蒋介石的国都在南京,他的基础是江浙资本家。我们要把国都建在北平,我们也要在北平找到我们的基础,这就是工人阶级和广大的劳动群众。"⑤但是共产党需要对民众进行教育,因为马列主义"如果不为人民群众所掌握,即使是最好的东西,……也是不起作用的"⑥。

3. 改变中国面貌需大力宣传马列主义

取得政权只是革命胜利的第一步,执政后的中国共产党面临的是一个经济、文化落后的旧中国,要改变这种面貌,必须大力宣传马列主义这个无产阶级观察国家命运的工具。有着几千年文化传统的中国,在历史上出现过很多重要的思想家,并产生了影响深远的思想,但缺点是不具备完整的理论形态和体系。"中国人缺少建立理论体系的创造力,所以凡古之理论著作,不论文章也好,专著也好,谈话也好,论辩也好,大都没有学科概念。"⑦作为执政的中国共产党,需要把已经被证明正确的马克思列宁主义、毛泽东思想进行大力宣传,以改变中国以往社会科学的缺陷,进而改变中华民族的面

---

① 《党的宣传工作会议概况和文献(1951—1992年)》,中共中央党校出版社1994年版,第16页。

② 同①,第20页。

③ 《邓小平文选》第1卷,人民出版社1994年版,第217页。

④ 《毛泽东选集》第4卷,人民出版社1991年版,第1472页。

⑤ 童一秋主编:《21世纪青少年百科全书》(历史卷),台海出版社2000年版,第208页。

⑥ 《毛泽东选集》第4卷,人民出版社1991年版,第1515页。

⑦ 史仲文著:《中国人走出死胡同》,内蒙古人民出版社1999年版,第159页。

貌。只有"对马列主义的学习、宣传、应用和创造性的发展,这样我们中华民族的理论水平提到了空前的高度。不止理论水平提高了,而且从实践上把中国的面貌改变了"①。因此刘少奇对新中国成立后党的理论建设的任务明确表述为:"我们党是领导着四万万七千五百万人民的党,必须经常向各界的人民正确地宣传马克思列宁主义——毛泽东思想和党在目前的各项主张。"②

总之,执政后的中国共产党清醒地认识到"革命以后的路程更长,工作更伟大,更艰苦"③。巩固新政权和建设新中国的任务离不开民众的支持,党要利用条件,进行广泛的思想政治动员,把共产党的路线政策、施政方略和当前及长远目标转变成广大群众的实际行动,最根本的要把共产党的指导思想化为全国人民的行动指南,才能提高整个中华民族的思想理论素养,才能从根本上改变中国面貌,因而中国共产党在高校进行系统的马列主义理论教育是确立其指导地位的需要。

(二) 复杂的意识形态领域

恩格斯曾在《英国状况十八世纪》中提出了著名的论点:人类知识和人类生活关系中的任何领域,哪怕是最生僻的领域,无不对社会革命有所影响,同时也无不在这一革命的影响下发生某些变化。④ 新中国成立初期,革命对社会产生的影响是深刻的,"中国的社会制度、经济体制、阶级结构、社会关系等均发生了急速而深刻的变化"⑤。而"党曾经长期处在分散的农村环境中,封建阶级、资产阶级和小资产阶级的思想作风,在社会上还保有强大的影响"⑥。伴随着社会经济、政治、阶级阶层、利益主体地位变化,加之思想文化具有延续传承的特点,意识形态领域的斗争异常纷乱复杂,呈现多元并存的格局。

1. 被打倒的阶级不甘心失败,利用思想政治领域进行隐蔽斗争

随着革命压倒性的胜利,过去激烈的阶级冲突的形式,更多地表现为观念上的冲突与对立。毛泽东在《将革命进行到底》一文中指出:"敌人是不会自行消灭的。无论是中国的反对派,或是美国帝国主义在中国的侵略势力,

---

① 《刘少奇选集》下卷,人民出版社1985年版,第79页。
② 《建国以来重要文献选编》第2册,中央文献出版社1992年版,第75页。
③ 《毛泽东选集》第4卷,人民出版社1991年版,第1438页。
④ 《马克思恩格斯全集》第3卷,人民出版社2002年版,第526页。
⑤ 王先俊:《建国初期的社会变迁与党对思想文化的整合》,《当代中国史研究》,2003年第3期。
⑥ 《邓小平文选》第1卷,人民出版社1994年版,第237页。

都不会自行退出历史舞台。正是因为他们看到了……已经不能用单纯的军事斗争的方法加以阻止,他们就一天比一天地重视政治斗争的方法。"①邓小平认为随着国民党的倒台,"帝国主义、反动派由于大势所趋,人民拥护我们,反对他们,在强大的人民力量面前不得不低下头来。……即便其态度是含有阴谋的,但在形式上还是把表面的凶焰收起来了"②。事态的发展证明了这些判断,1950年中央转发饶漱石关于华东工作概况的报告:"自美军在仁川登陆直到平壤沦陷,由于朝鲜局势急速变化,反革命大肆造谣……在各阶层群众中起了相当的波动。地主造谣说蒋介石快要回来,劝农民不要分土地;工商业家怕打仗,主张不管朝鲜。"③这深刻反映出新中国成立初期意识形态领域复杂的斗争态势,要澄清这些思想,有赖于党的指导思想的大力传播。

2. 广大民众旧有的社会心理长期存在

新旧社会更替引起人们旧有思想价值观念发生变化,但是对于全国绝大部分民众来说,对中国共产党所信奉的价值观念和指导思想还理解不深,旧有的社会心理仍长期存在,必须用正确的唯物史观进行普遍的教育。首先,虽然中国共产党领导的中国革命在战争年代风起云涌,但中国共产党影响不到的地区,民众对其缺乏深入了解。美国学者罗斯·特里尔在《毛泽东传》中说"直到1948年后期,在四川省的部分地区,人们还一直没有听说过毛泽东这个名字"④。不仅四川的老百姓不信任中国共产党,就是靠近解放区的石家庄市民对中国共产党也是怀疑的,当时接管石家庄的邢燕回忆"群众都不敢开门,大街上没什么人"。亲历石家庄解放的郭彤回忆,市民"都不敢出来,商店的人把门露个缝往外看"。⑤ 民众与中国共产党间的隔阂需要经过正确的教育才能消除。其次,虽然农民群体是中国革命的坚定支持者,然而如果不教育农民,各项政策就会贯彻不力。拿土地改革政策来说,农民对土地是渴望的,但是阶级保守性使然,土地改革初期,他们对中国共产党实行的土地改革政策持保守观望的态度。有的情愿要"田面"(土地使用

---

① 《毛泽东选集》第4卷,人民出版社1991年版,第1374页。
② 《邓小平文选》第1卷,人民出版社1994年版,第139页。
③ 《中共中央文件选集》第4册,人民出版社2013年版,第256页。
④ [美]罗斯·特里尔著,胡为雄,郑玉臣译:《毛泽东传》,中国人民大学出版社2006年版,第249页。
⑤ 张鹭:《占领石家庄:初进大城市的日子》,《中国新闻周刊》,2009年第18期,第74页。

权),而不要"田底"(土地所有权),① 有的甚至心存恐惧,认为:"从前辰光已吃了苦头,何必搞得勿好又吃大苦头呢?"认为"土地改革没啥道理",② 有的农民说:"毛主席既然打算帮助我们农民,为什么不印点子钞票,把地主的地买下了分分呢?"③ 再次,建设新政权离不开知识分子的支持,但是他们对中国共产党的指导思想知之不多。原因正如毛泽东分析的,过去中国"广大地区和主要城市是处在国民党黑暗反动统治之下,学习马列主义就是死罪"④,而"共产党是一个穷党,又是被国民党广泛地无孔不入地宣传为杀人放火,……总之是一群青面獠牙,十恶不赦的人"⑤。因而广大的知识分子和中国共产党之间谈不上有共同语言。季羡林的回忆颇具代表性:"我同当时留下没有出国或到台湾去的中老年知识分子一样,对共产党并不了解;对共产主义也不见得那么向往"⑥。因此在全国范围内对广大民众以马列主义的观点进行教育,占领思想意识领域领导权,是中国共产党急迫的任务。⑦

3.真正发挥工人阶级领导作用的需要

工人阶级是新政权的领导阶级,但是需要对他们进行大量的教育工作,才能发挥工人作用。对于刚刚获得解放的众多的城市工人来说,他们对中国共产党的政策是陌生的,更谈不上用唯物史观办事。《北平市军管会接管工作概况》中描述了中国共产党刚接触到的工人情形:工人"斗争情绪提高了,翻身清算的要求有的发展为否定一切的偏向,要求废除一切旧制度,……加上绝对平均主义和极端民主化的思想,使他们不接受工程师和职员的指挥,因而妨碍了生产的进行",并且强调指出"这种现象是普遍的"。⑧ 党分析出现这些问题的原因:一方面由于我们党被迫长期转入乡村工作,与工人的联系少了,另一方面国民党在工人中活动了多年,散布了不好的影响,因而提出共产党必须注意努力在工人中做思想工作,才使工人阶级完全可靠。⑨ 叶剑英要求进城的干部向工人阶级讲清楚"二十年来为什么我们要到乡村去,二十年来我们在乡村中搞了些什么,我们的回来,对工人阶级有何

---

① 李立志著:《变迁与重建:1949—1956年的中国社会》,江西人民出版社2002年版,第236页。
② 潘光旦,全慰天撰:《苏南土地改革访问记》,三联书店1952年版,第106页。
③ 萧乾:《从李媛驰的一生看湖南农民的翻身》,《人民日报》,1951年3月30日第2版。
④ 《艾思奇全书》第4卷,人民出版社2006年版,第61—62页。
⑤ 《毛泽东选集》第4卷,人民出版社1991年版,第1485页。
⑥ 季羡林著:《牛棚杂忆》,中共中央党校出版社1998年版,第245页。
⑦ 《建国以来重要文献选编》第2册,中央文献出版社1992年版,第292页。
⑧ 《北平的和平接管》,北京出版社1993年版,第215页。
⑨ 《刘少奇选集》上卷,人民出版社1981年版,第421页。

好处,……要去掉工人的模糊见解,叫他们有长远的眼光"①。刘少奇提出对工人阶级的教育要抓重点,凡是抓住"马克思主义的阶级教育。凡啃住阶级观点、阶级立场、阶级斗争学说、唯物史观的,大都站稳了脚"②。总之要对工人进行马列主义教育,提高工人的觉悟,才能使广大的工人群众成为新政权可靠的力量,中国共产党才能管理好城市,这是一项艰巨的任务。

4. 民族资产阶级剥削思想仍占有一定市场

新中国成立初期社会制度的过渡性,在经济上表现为五种经济成分并存的状况。共产党对于带有剥削和唯利是图的民族资本主义经济,采取的是利用和限制的政策,因而对民族资产阶级采取的是既团结又斗争的策略,允许其思想意识形态的存在是客观现实。毛泽东1952年给黄炎培的信指出:"要求资产阶级接受工人阶级的基本思想,例如消灭剥削,消灭阶级,消灭个人主义,接受马克思主义的宇宙观","这就是要求资产阶级接受社会主义。这些对于少数进步分子说来是可能的,当作一个阶级,则不宜这样要求,至少在第一个五年计划时期不宜如此宣传。""在现阶段,……要求资产阶级接受工人阶级的思想,或者说,不许资产阶级想剥削赚钱的事情,只许他们和工人一样想'没有劳动就没有生活'的事情,只想社会主义,不想资本主义,那是不可能的,也是不应该的。"③

善用笔杆子打天下的毛泽东,在革命战争年代就认为意识形态工作能"成为整个革命机器的一个组成部分"④。获得执政地位后,中国共产党对意识形态领域进行大规模的整合同样是迫切的,"现在中国正处在大变革时代,社会动荡不安,……许多人掌握不住自己的命运。其实要掌握是可以掌握的,即要了解社会发展趋势,站在社会主义方面,有觉悟地逐步转变到新制度去"⑤。用马克思主义教育民众,不仅能为社会各阶层提供价值取向,也能在复杂的意识形态领域占据主导地位,这是建设新社会的有力武器。

二、改造旧高等教育

"教育并非一个价值中立的事业","它不'仅仅'是一个教育问题,而且从本质上讲也是一个意识形态和政治的问题"⑥。国民党掌握政权后,注重

---

① 《北平的和平接管》,北京出版社1993年版,第35—36页。
② 《刘少奇选集》上卷,人民出版社1981年版,第423页。
③ 《建国以来毛泽东文稿》第3册,中央文献出版社1989年版,第692页。
④ 《毛泽东选集》第3卷,人民出版社1991年版,第848页。
⑤ 《毛泽东文集》第6卷,人民出版社1999年版,第490—491页。
⑥ 迈克尔·W·阿普尔著,黄忠敬译:《意识形态与课程》,华东师范大学出版社2001年版(序言)。

对教育领域进行管理,颁布了一系列条例和规章规程,使高等教育逐步走向了正规化。但是以蒋介石为代表的国民政府建立后,试图在教育领域贯彻"一个主义,一个政党,一个领袖"的反动指导思想,它不是为广大工农服务,而是为"帝国主义、封建主义和官僚资本主义服务的反动教育"①。因而致力于为广大劳苦群众谋利益的中国共产党,对旧教育进行改造是必然的。

(一)受教育对象的狭隘性

国民政府统治时期,把军事斗争置于首要地位,虽然蒋介石一再强调重视教育,但在实际中并不把教育置于优先地位,经费投入不足或不能保证微薄的经费到位,因而高等教育发展缓慢,学校数量少,且需要交纳高额学费,基本上从小学开始,就把占人口多数的工农群众的子弟排斥在校门外。

根据1931年统计,全国人口474 787 400人,与入学的学生数比较,每万人口中,小学生只有246.85人,中学生只有11.3人,大学生只有0.93人,由此可见,能入学的学生少得可怜。不仅能入学学生的数量有限,而且国民政府时期的学校,无论是公立或私立学校(包括中国私人办学和外国教会学校)入学者必须缴纳学费,而这些学费非一般劳动家庭所能承担,因而受教育子弟的出身不外乎于军阀、官僚、地主、买办、富商、大贾以及新式资本家等富人家庭。当时有人做了计算,"且就小学校之耗费而言,一年至少,书籍用品学费合计,须费洋十元左右;高级小学,至少须费洋二十元左右。若中等学校,每年用费,自一百元至四百元不等;平均二百元一年,则为最普通之数。至于大学校,每年用费,自三百元至六百元不等;平均每年四百元又为最普通之数。大学六年毕业,共须费银至少二千四百元。中学六年毕业,共费银须一千二百元。两级小学六年毕业,合计至少亦须百元上下"②。而能入学多数是富家子弟,国民党头目对此也不得不承认说:"顾目前之学校教育显为少数有财者之专利,一般贫寒子弟,不仅无受中等教育之望,即欲领受小学教育亦不可能。"③接受高等教育的主体如此狭隘,且出身成分又十分复杂,因而在高校对学生进行马克思主义理论教育是必需的。

(二)旧高等教育充斥封建落后内容

国民政府时期,教育领域打着"三民主义"为教育宗旨的旗号,随意阉割三民主义的革命性和战斗性。为了维护"一个政党,一个领袖"地位,控制学生思想,教育领域极力鼓吹尊孔、复古等封建愚忠思想,违背民主进步的时

---

① 《当前教育建设的方针》,《人民教育》1950年第1卷第1期,第10页。
② 周谷城:《教育新论》,《教育杂志》第20卷第1号。
③ 《教育界消息》,《教育杂志》第22卷第4号。

代潮流。在这种教育思想指导下,封建旧道德旧思想进入了大学课堂。首先,国民党"党义"列为必修课。1938年陈立夫出任教育部长后,把"党义""军训"等列为大学共同必修科目。光"党义"一科就包括有三民主义、建国大纲、孙文学说、民权初步、实业计划、国民党历届宣言、唯生论、民生史观、国民党史、抗战建国纲领。学生除必读这十大类的参考书外,还要做读书笔记。其次,对高校教育用书严格审查。1939年成立的大学用书编辑委员会,控制全国高等教育用书的编选、审查、出版工作。再次,强调封建伦理道德教育。1942年5月,国民党教育部奉蒋介石手令,把伦理学列为各系一年级的共同必修科目,并且要"注重阐述先哲嘉言懿行",强迫大学生"读书救国"。抗战时期,陶希圣在蒋介石的授意下写的《中国之命运》一书,被教育部门定为学校学生必读书目,书中竟然说"今日的中国,没有了中国国民党,那就没有了中国,将来中国的命运也是完全寄托于中国国民党"①,着意渲染"一个主义、一个政党、一个领袖"的法西斯理论。时人陈青之评论说:"18年以后,国民党人因北伐成功,事事趋于稳定,国人从前兴奋的精神,慢慢地弛缓下来,教育界前进的思想遂不如从前踊跃了。不久而学校的国语渐趋于文言,外国语渐重于本国语,即学校读经也公然有人主张,凡昔日所排除的,不知不觉在社会上在教育界逐渐恢复起来了。初年为厉行党化政策,……凡足以羽翼三民主义的作品,皆定为学生的课外参考书。除党义课程以外,凡学校各项功课皆须与党义相联络,组织成一整个系统的党化课程。除课程教育以外,凡学生的训练及党义教师的聘请,皆须受本地党部干涉与检定。当时党权高于一切……全国人的思想差不多渐被统一于一党主义之下。其他各家学说自不容易起来相与抗衡。"②这段话揭示了国民政府通过教育控制,达到对学生思想控制的实际状况。

(三)旧高等教育深受资产阶级教育影响

国民政府统治时期的高等教育,深受西方资产阶级教育影响。"教育制度多半从资本主义的国家抄袭得来的"③,这一点连外国人也很吃惊,"以我等系来自异邦,故关于此点之讨论,自问似难深信,即中国大学对于外国材料之应用,似嫌过度,……观察实际,不但学生所读之书,大半仍为外国课

---

① 钱晓云:《20世纪40年代中国前途三条道路斗争的历史启示》,《东华大学学报》(社会科学版),2003年第1期。
② 陈青之著:《中国教育史》,上海书店出版社2013年版,第633页。
③ 同②,第632页。

本,即用以说明原理之例证以及教师指导学生研究之题目,亦多采自西洋"①。因教育宗旨、方法、教材等存在照搬照抄,结果不但"仍无补于中国之贫弱"②,高校师生"长期受欧美式的教育,思想上不知不觉有它那一套东西盘踞着"③。因此在教育领域要清除资产阶级文化流毒多年的影响,必须进行马克思主义理论教育。中国共产党在取得政权后明确指出:"要打破依赖帝国主义的观念。这种观念是一百多年来形成的,在一些人中间是根深蒂固的。旧中国不但在经济方面,而且在文化教育方面也是依赖帝国主义的;不但经济上受剥削,思想上也受毒化,这是很危险的。现在要清算、消除这些毒素。不要依靠他们,也不要怕他们,这样自力更生的基础才能巩固。"④

三、培养新人

革命胜利后党和政府的首要任务是建设,但是建设却面临干部严重缺乏的局面,而掌握较高科学文化知识的广大高校学生,是新政权重点依靠的对象。对于长期接受旧教育的青年学生来说,虽然有较高的政治热情,但要他们在思想上成长为新政权所需要的干部和接班人,必须用马列主义武装起来。

(一)新政权需要知识青年

解放战争后期,随着国民党军事上的节节败退,中国共产党解放的区域和接收的城市日益增多,领导层已经意识到干部短缺的问题,并提出大量吸收和改造知识青年的任务。1948年时任中共中央中原局第一书记的邓小平,给中央的一封信中提到,进入新区后"我们总感到干部补充甚不及时,影响工作甚巨,特别是财经干部太少,更感苦恼。按中原区需用干部的标准,如在江南开辟一万万人口的区域,所需合格干部当在三四万之间,应请中央预为准备"。他提出旧政权培养的学生可以作为干部来源之一:"蒋区干部学生大批回乡,等候大军进入,也是一个大来源。"⑤这一时期中央在一些决议和指示中,也多次提出要注意吸收青年知识分子,加以训练后派往相应的工作岗位。如1948年7月3日,中央在《关于新区宣传工作与争取青年知识分子指示》中指出:"争取和改造知识分子,是我党重大的任务,为此,要办抗大式的训练班,逐批的对已有知识的青年施以短期的政治教育,要大规模的

---

① 国联教育考察团著:《中国教育之改进》,国立编译馆1932年12月出版,第181页。
② 陈青之著:《中国教育史》,上海书店出版社2013年版,第632页。
③ 《周恩来教育文选》,教育科学出版社1984年版,第2页。
④ 《建国以来重要文献选编》第1册,中央文献出版社1992年版,第81页。
⑤ 《邓小平文选》第1卷,人民出版社1994年版,第129页。

办,目的在争取大多数知识分子都受一次这样的训练,训练后,因才施用,派往各种工作岗位"①。随后的7月13日,中央对《新收复城市大学教育方针的指示》中要求"吸收蒋管区大量大中学生经过短期训练为解放区培养各方面的建设干部"。②中央层面召开会议讨论这一问题的是九月会议。这次会议是1948年9月党中央在西柏坡召开的政治局扩大会议,会上谈到目前干部缺口较大的问题:"中国地方甚大,人口甚多,革命战争发展甚快,而我们的干部供应甚感不足,这是一个很大的困难。"提出"必须同时注意从国民党统治的大城市中去吸收"。并认为"国民党区大城市中有许多工人和知识分子能够参加我们的工作,他们的文化水准较之老解放区的工农分子的文化水准一般要高些"③。此后,各新解放的城市和地区按照这次会议的精神,注重多渠道吸引和吸收知识青年。

新中国成立后,从知识青年中培养建设人才,一直是中央和各级领导干部工作的一部分。中国人民政治协商会议通过的《共同纲领》规定,新中国文化教育政策要"给青年知识分子和旧知识分子以革命的政治教育,已应革命工作和国家建设工作的广泛需要。"④毛泽东1950年在七届三中全会上指出:"对知识分子,要办各种训练班,办军政大学、革命大学,要使用他们,同时对他们进行教育和改造。要让他们学社会发展史、历史唯物论等几门课程。"⑤随着经济建设大规模的展开,党愈加认识到有知识懂技术的干部在国家建设中的重要性。1953年11月24日,中共中央关于培训干部的决定指出:"如果我们不采取一切可能的办法来训练大量的工业建设干部,不积极从工人队伍和革命青年知识分子中培养大批新的技术人员和专家,我们就不能前进。"⑥

(二)高校学生特点

中国共产党在大量使用青年学生的同时,还注重对青年学生进行思想改造,重视用马克思主义理论教育他们,学校开设专门的政治理论课程有计划、有系统地对他们进行教育,这与青年学生自身特点有很大关系。

---

① 《中共中央青年运动文件选编》,中国青年出版社1988年版,第683—684页。
② 同①,第685页。
③ 《毛泽东选集》第4卷,人民出版社1991年版,第1347页。
④ 《普通高校思想政治理论课文献选编(1949—2008)》,中国人民大学出版社2008年版,第1页。
⑤ 《毛泽东文集》第6卷,人民出版社1999年版,第74页。
⑥ 《建国以来重要文献选编》第4册,中央文献出版社1993年版,第568页。

1. 青年学生最有生气最有力量，在社会变革中发挥着先锋和桥梁作用

中国知识分子素有"天下为公"的优良传统，青年学生正值青春年少富于理想情怀，不乏为公平正义呼喊献身的热忱，他们或多或少接触西方的各种理念学说后，比普通民众更能觉察到山河沦丧的屈辱，在民族革命中往往扮演着其他阶级或阶层不可替代的特殊角色，是"先锋"、是"桥梁"、是"晴雨表"。费正清认为，中国知识分子的家国情怀是高度一致的，特别是"当旧秩序崩溃的时候，民族主义的精神是如此之强烈，以至于无论是改革家还是革命者，差不多都致力于'救国'"①。青年学生作为知识分子的一部分，他们有救亡强国的自觉使命担当，成为推动社会进步的重要力量。二十世纪四十年代，上海杂志《观察》说："学生已经成为人民利益的发言人。……他们所争取的内容，已不仅仅限于他们自身的权利，他们的呼喊业已成为一种'时代的声音'。……他们在现实的分析，理想的追求，办事的能力，奋斗的精神上，均以表现出惊人的成就；他们已隐然成为一个推动时代的巨轮。"②毛泽东称赞道："中国反帝反封建的人民队伍中，有由中国知识青年们和学生青年们组成的一支队伍。这支队伍是相当的大。"③青年"富于政治感觉，他们在现阶段的中国革命中常常起着先锋的和桥梁的作用"④。周恩来指出"中国革命需要青年，尤其需要知识青年作桥梁。数十万学生，包括敌占区、大后方地区的学生是革命时代的干部"⑤。青年学生往往着眼于整个国家和社会的利益，不局限于为某个阶级谋利，因而提出的新观念自觉或不自觉的直指当时社会矛盾的焦点，这与中国共产党的目的和宗旨相契合，因而争取和领导青年学生构成了中国共产党完成历史任务的一个重要组成部分。

新中国成立后，同样需要争取和发挥青年学生的作用。毛泽东说："青年是整个社会力量中的一部分最积极最有生气的力量。他们最肯学习，最少保守思想，在社会主义时代尤其是这样。"⑥但是，作为社会变革的主体参与者，革命青年学生也有不足之处。由于他们没有踏入社会，不用每天为生存奔波，头脑中存留着人们天性中崇尚自由的一面，与已进入社会的人相比他们更富于理想主义，面对矛盾比较激进，常常乐于推翻重来。因而，要最

---

① ［美］费正清著，刘尊棋译：《伟大的中国革命（1800—1985）》，国际文化出版公司，1989年版，第267页。

② 《中共中央文件选集》第17册，中共中央党校出版社1992年版，649页。

③ 《毛泽东选集》第2卷，人民出版社1991年版，第565页。

④ 同③，第641页。

⑤ 皇甫束玉编：《中国革命根据地教育纪事》，教育科学出版社1989年版，第158页。

⑥ 《毛泽东文集》第6卷，人民出版社1999年版，第466页。

大限度地发挥知识青年在国家建设中的先锋作用,就要进行马克思主义理论教育,"发挥一切有用的因素,破坏阻碍的因素"①。1949年4月12日,在中国新民主主义青年团第一次全国代表大会上,任弼时指出:"在团员中应当有系统地进行生动实际的马克思列宁主义教育,使他们具有坚定的辩证唯物主义的革命人生观和为人民服务的观点,懂得社会发展的规律,并自觉地按照这种规律而去奋斗。"②这样的青年必然会成为党建设新民主主义中国伟大事业的得力助手。

2. 青年学生思想复杂,不符合建设事业的需要

青年学生虽然追求进步变革,但由于出身的阶级性局限及长期接受旧教育的影响,在社会变革中也有保守和落后的复杂心态。

第一,对新政权抱有怀疑、恐惧心理。绝大部分青年学生出身剥削阶级家庭,长期受封建主义、资本主义乃至帝国主义思想意识的熏陶,加上国民党政府长期的反动宣传,没有认清国民党政府的反动本质,甚至还对旧政权抱有幻想,同时思想深处对共产党政权和局势的急剧变化表现极为恐惧。首先,对以蒋介石为代表的政权留恋和惋惜。如有的学生认为"蒋介石是好人,有办法,抗战胜利是他领导的,只是下面不好,做歹事"③;其次,由于长期接受反共教育,对中国共产党存在完全错误的认识。有的学生相信共产党会实行所谓的"三十六杀""八大刑",会杀死中学生,烧死大学生,建立工农社会。因而在石家庄市被占领的前一天,某学校体育主任、训育主任、教务主任和教员等即带领学生逃到正定,试图去北平④;再次,他们对新政权是否真的实行民主表示怀疑,为自己的未来担心。认为在共产党领导下"思想不自由,不准随便指责政府,不比国民党,有不满时还可发牢骚"。⑤同时也对共产党执政能力怀疑。有的认为"共产党在军事上政治上是有办法的,在经济上恐怕没有办法了"⑥。青年学生思想中存在的这种情况,显然对中国共产党的事业是不利的,必须进行思想教育。

---

① 《毛泽东文集》第6卷,人民出版社1999年版,第358—359页。
② 《任弼时选集》,人民出版社1987年版,第485页。
③ 李国芳著:《初进大城市——中国共产党在石家庄建政与管理的尝试(1947—1949)》,社会科学文献出版社2008年版,第25页。
④ 《解放初期群众思想动态与宣传工作》,石家庄市档案馆,编号1-1-20,第104页;《石家庄市教职员、学生政治思想情况汇报》,石家庄市档案馆,编号43-1-1,第97页。
⑤ 石家庄市委宣传部:《宣传工作材料,各阶层思想动态》,石家庄市档案馆,编号1-1-2,第48页。
⑥ 《大同大学生时事学习情况》,上海市档案馆,编号Q241-1-126-121,第126页。

第二,存在崇美、反苏的思想倾向。由于旧政权的知识分子大多接受或接触过欧美教育,对资本主义本性认识不足,甚至对以美国为首的西方资本主义制度向往。首先,一些大学生对美国存在盲目崇拜。认为"美国是天堂,一切东西都好",还有的认为"美国最民主,人民最自由"①。其次,自发为美国辩护。有的认为"美帝在政治上是民主的,经济上对外有侵略亦不民主,但却无领土野心"②。再次,对美帝国主义的侵略本质认识不足,甚至错误地认为帝国主义的侵略对中国社会发展起了推动作用。如浙江大学建筑本科学生陈远藩检讨,过去认为"没有帝国主义的侵入,中国落后的封建社会还不知延长多少年,帝国主义侵入虽然有坏的一面,但也有好的一面"。浙江大学机械系二年级的一位同学说"如果帝国主义不侵入,中国的封建主义社会就不能解体,因此工人阶级也不会产生,如果没有工人阶级,中国共产党就不会产生,我们至今也不会解放"③。这些不正确的认识在学生中具有很大的代表性。

第三,相反于对帝国主义的好感,大学生对新中国"一边倒"的外交政策持怀疑态度。认为苏联是"赤色帝国主义",占领中国"旅顺大连,搬运东北机器"④,质疑"苏军在东北是否有强奸中国妇女的","苏联的妇女儿童是否统归公有"等。⑤ 关心"中苏合作开采新疆稀有金属油矿"。⑥ 大学生对西方资本主义制度的好感和对苏联不信任甚至反感的思想倾向,在当时冷战大幕已经拉开,两大敌对阵营和两种意识形态斗争的时代背景下,难以立足,对这种思想进行教育和改造是必然的。

---

① 汪家镠主编:《建国后十七年高校学生思想政治工作的回顾与思考》,中国广播电视出版社2008年版,第17—18页。
② 《大同大学学期工作总结政治教育部分》,上海市档案馆,编号241-1-126-121,第125页。
③ 《浙江大学政治辅导处辅导科关于1952年度上学期政治课教学的综合总结报告》,上海市档案馆,编号A26-2-154-103,第8页。
④ 《一年来的宣传教育工作总结》,石家庄市档案馆,编号1-1-20,第12—13页。
⑤ 《石家庄市教职员、学生政治思想情况汇报》,石家庄市档案馆,编号43-1-1,第98页。
⑥ 《大同大学生时事学习情况》,上海市档案馆,编号Q241-1-126-121,第126页。

第三节　新中国成立初期高校思想政治理论课开设的经验借鉴

马克思主义诞生后,世界无产阶级政党比较重视通过学校开设相应课程,来武装年轻一代。中国共产党在长期革命历程中,领导干部重视学校的思想政治理论教育,并将其作为学校教育的中心环节,苏联高校30多年的思想政治理论课建设中,重视教师的培养工作、注重教材的编写等教育实践,这些为新中国高校思想政治理论课建设提供了经验借鉴。

一、新民主主义革命时期党在学校开设政治理论课的经验

马克思曾说:"人们自己创造自己的历史,但是他们并不能随心所欲地创造,并不是在他们自己所选定的条件下创造,而是在直接碰到的、既定的、从过去继承下来的条件下创造。"①新民主主义革命时期,中国共产党在高校的政治理论教育活动为新中国成立后思想政治理论课的开展奠定了初步基础。

(一)新民主主义革命时期党重视政治理论课在学校的开设

中国共产党自诞生之日起,就重视在学校中进行思想政治理论宣传工作。1921年中国共产党成立时通过的纲领规定:"党采用苏维埃的形式,……宣传共产主义,承认社会革命为我党的旨要政策。"②要求党员把宣传共产主义作为党的首要任务。当时宣传马克思主义的途径有多种,创办学校是其中之一。自共产党成立后创办的第一所学校——湖南自修大学(毛泽东、何叔衡1921年在长沙创办)开始,到中国共产党取得新民主主义革命胜利,党所创办的各类训练班或专门技术人才的学校,或培养党政干部的学校,都开设政治理论课。如,大革命时期国共合作创办的上海大学,当时的社会学系注重对学生进行马克思主义理论教育。"开设的课程有:瞿秋白的社会学,讲马列主义哲学;蔡和森的社会发展史,以恩格斯的《家庭、私有制

---

① 《马克思恩格斯选集》第1卷,人民出版社2012年版,第669页。
② 《中国共产党第一次全国代表大会前后资料选编(一)》,人民出版社1980年版,第9页。

和国家的起源》一书为基础编成讲义,还向学生介绍摩尔根的《古代社会》一书;张太雷以英文本的列宁的《帝国主义论》为教材讲授;安体诚、李季以《资本论》为基础讲授马克思主义政治经济学等。"①土地革命时期,各根据地学校教育内容不尽相同,但对干部进行政治理论教育内容趋于一致,主要围绕马列主义基本原理、党的建设、苏维埃运动等内容。如以培养军事干部为主的中国工农红军大学,政治理论课开设的有社会发展史、马列主义基本理论、红军政治工作、党的建设等内容;培养高级党政干部的马克思共产主义大学,主要开设中国共产党党史等。抗日战争时期,"学校的思想政治教育都是为培养当时迫切需要的党、政、军革命干部和各类专业人才服务的"②。各校结合实际,开设了各种政治理论课。如"抗大开设马列主义基本原理、政治经济学、哲学、抗日民族统一战线论、民运工作、中国问题、中国革命史、日本研究、时事政策等。陕公的普通班开设社会科学概论(包括社会发展史和政治经济学)、抗日民族统一战线论、游击战争、民众运动等;高级班设中国革命运动史、马列主义、辩证唯物主义、政治经济学、世界革命运动史、科学社会主义、三民主义研究、世界政治、共产主义与共产党等。"③鲁迅艺术学院除开设各专业的理论概论课外,公共必修课有社会主义辩证法、中国问题等。解放战争时期,各高等学校思想政治教育的主要内容是"各地举办的政治训练班应一律以社会发展史作为基本功课,其中又以劳动创造人类、创造世界、阶级斗争和国家问题为主题,以便改造思想、建立革命的人生观。主要教材为中央宣传部印行的《社会发展史》和毛泽东的《论人民民主专政》。"④

(二)新民主主义革命时期学校思想政治理论教育的主要经验

1. 党的各级干部尤其是高级领导干部高度重视思想政治理论教育工作,担任学校领导或亲自授课

学校的思想政治理论教育工作,不仅需要传播科学理论知识,而且关系到党和军队的存亡,因而培养大批德才兼备,有革命理想、斗志昂扬的干部,是共产党创办学校的根本宗旨所在。民主革命的各个时期,党的高级干部尤其是领导人,非常重视学校的思想政治理论工作,他们不仅亲自办大学,

---

① 谈松华主编:《中国高等学校思想政治教育史纲》,高等教育出版社1992年版,第27页。
② 同①,第33页。
③ 同①,第34—35页.
④ 皇甫束玉编:《中国革命根据地教育纪事》,教育科学出版社1989年版,第400页。

有的兼任学校领导或亲自到校授课。

大革命时期,毛泽东不仅参与创办了中国共产党的第一所学校,并且在他举办的广州农民运动讲习所里亲自讲授三门课程。土地革命战争时期,党和苏维埃政府重视学校的思想政治理论教育工作。在马克思列宁主义大学,邓颖超、任弼时讲授中国共产党的历史,毛泽东曾讲授苏维埃革命运动史,在中国共产党赣东北特委创办的信江军政学校里,"方志敏、邵式平、黄道也经常在学校讲课、做报告"①。此外,刘少奇、邓小平、张闻天、王稼祥、杨尚昆、瞿秋白等都到各类干部学校讲过课。抗日战争时期,党更加重视发挥高级领导干部的作用,中央发文要求"学校所在地党的领导机关的负责同志,必须有计划的经常的到学校做报告,能够任课的必须担任教课。"②毛泽东兼任中央党校的校长,并多次到学校讲课;薄一波任抗日军政学校校长③;彭德怀副总司令也向抗大 6 期的学员作《民族危机加深与怎样争取时局好转》的形势报告④等。

中央和地方主要负责同志亲自担任学校领导职务,直接从事一线教学,既能帮助学校坚持正确的办学方向,又使学员能得到最前沿的理论知识,了解最新的国内外形势,开阔了眼界。同时,在学校的授课也有助于领导人更新和完善自己的知识结构,理论思考更加深入。如"毛泽东把他所学的哲学著作,经过认真的思考、消化、研究、创造,写出讲稿,在陕北公学、抗日军政大学亲自讲授,然后组织学员讨论,以发现其中的问题。同时,每讲一次课后,毛泽东都认真补充、完善一下授课提纲。如是多次讲授,毛泽东对哲学基本理论给予了深刻的理解和创造性的发挥。用三个月的时间,毛泽东潜心补充完善讲授提纲,撰写《辩证法唯物论(讲授提纲)》,其中《实践论》《矛盾论》是全书最精彩的部分。"⑤

2. 确立思想政治理论教育在学校的中心地位

"掌握思想教育是团结全党进行伟大政治斗争的中心环节。"⑥革命战争年代,学校的思想理论教育工作受到高度重视。

---

① 皇甫束玉编:《中国革命根据地教育纪事》,教育科学出版社 1989 年版,第 20 页。
② 《中共中央文件选集》第 12 册,中共中央党校出版社 1991 年版,第 302 页。
③ 同①,第 130 页。
④ 同①,第 171 页。
⑤ 张希贤,王宪明,徐兵主编:《毛泽东在延安——关于确立毛泽东领导地位的组织、人事、理论宣传和外交统战活动实录》,警官教育出版社 1993 年版,第 8—9 页。
⑥ 《毛泽东选集》第 3 卷,人民出版社 1991 年版,第 1094 页。

处于大革命时期的中国共产党,虽然表现出一定程度的不成熟,但非常重视在学校中传播革命理论,增强学员对于马克思主义的认识。1925年1月,中国共产党第四次代表大会通过了《对于宣传工作之决议案》,指出:"党中教育机关除支部具其一部分作用,另外于可能时更有设立党校有系统地教育党员,或各校临时讲演讨论会增进党员相互间对于主义的深切认识之必要。"①土地革命初期,革命处于低潮,加之红军来源十分复杂,必须进行教育改造,毛泽东认为要"从教育上提高党内的政治水平"②。对于党内存在重军事工作轻政治工作或不屑于做政治工作的观点,提出了政治工作是红军工作生命线的理论。生命线理论的提出,为党在学校进行思想政治理论教学工作,提供了有力的理论支撑。抗日战争时期,党对思想政治理论教育更加重视。1939年,中央发出《关于整理抗大问题的指示》指出:"学校一切工作都是为了转变学生的思想。政治教育是中心的一环。课目不宜过多,阶级教育、党的教育工作必须大大加强。抗大不是统一战线的学校。而是党领导下的八路军、新四军干部学校。"③提出了学校思想政治教育工作今后要注重党性原则,要教育学生掌握马列主义理论知识,克服资产阶级和小资产阶级思想意识。这不仅指出了思想政治理论教育在学校工作中的中心地位,而且提出加强党的领导,注重阶级立场教育的内容。

3.认清学校思想政治理论课的任务

首先,培养政治素质过硬的干部。学校的思想政治理论教育,是党教育工作的一部分,是整个革命事业的一部分。毛泽东认为革命要想成功,"要自觉地造就万数的干部,要有几百个最好的群众领袖。这些干部和领袖懂得马克思列宁主义,……忠心耿耿地为民族、为阶级、为党而工作"④。民主革命时期党所创办的学校或训练班,都是为革命培养各级干部的学校,因而学校政治理论课的教育目标就是培养大批政治素质过硬的干部。1938年成仿吾发表的《半年来的陕北公学》一文,充分体现了学校思想政治理论教育的成就所在。文章说:"陕北公学半年来把一千多个青年在思想上武装起来,分发到各个方面工作去了。他们初来时,入学测验的政治问答很多人是不及格的,但毕业时多数人能答对,得90分以上。……在很

---

① 《建党以来重要文献选编》第2册,中央文献出版社2011年版,第257页。
② 《毛泽东选集》第1卷,人民出版社1991年版,第87页。
③ 皇甫束玉编:《中国革命根据地教育纪事》,教育科学出版社1989年版,第157—158页。
④ 《毛泽东选集》第1卷,人民出版社1991年版,第277页。

短的时间内,陕北公学给了学员充分的革命理论与精神,提高了他们的工作能力,养成了刻苦耐劳的作风,提高了他们的民族自信心。"①

其次,不同历史时期党的具体任务不同,思想政治理论课为党的中心任务服务。共产党成立后,把唤醒大众作为救国救民的重要任务。大革命时期大批黄埔军校青年唱着"以血洒花,以校为家,卧薪尝胆,努力建中华"的校歌,投身于打倒列强除军阀的行动中,这是思想政治教育工作的真实写照。大革命失败后,面对陌生的道路,艰难的环境,官兵中出现悲观失望情绪,对在农村坚持游击战争的意义和前途不理解,因而当时主要围绕革命前途进行教育。如毛泽东亲自给部队指战员上政治课,"他在讲课中分析了第一次国内革命战争失败后的形势和中国革命的性质、任务与特点,阐述了坚持湘赣边界工农武装割据的重要意义。……使指战员们认清了形势,提高觉悟,坚定了革命到底的决心。"②抗日战争时期"党的一切政策,都是为着战胜日寇,"③中央发文要求学校"必须在各种大课中充实策略教育的内容。必须加强时事政治的研究,必须在成绩考查中把时事政治及策略教育列为重要标准之一。"④其中建立和巩固统一战线对于这一时期的局势具有重要意义,各级领导同志在讲课中注重宣传统一战线的重要性。周恩来、刘少奇、薄一波等都在中国共产党北方局太原党校讲过课,讲课的主要内容有:华北和山西目前战局的分析;共产党和阎锡山的关系;在华北和山西坚持独立自主的游击战争的重要性,以及如何在敌后发动群众、组织群众、武装群众、建党、建军、建政和建立根据地的问题。⑤ 解放战争时期,围绕着"打到蒋介石,解放全中国"的任务,党规定思想理论教育的主要内容"使他们明白共产党与人民必胜,国民党与地主、官僚资本家及美帝国主义必败。国民党的主张、政策、办法是错误的、反动的,共产党的主张、政策、办法是正确的、正义的。使他们明白今后跟着共产党才有出路,知道当前应该做些什么,怎样做才对。使他们了解劳动人民的可爱可贵,知识分子用其所学的知识去为劳动人民服务是应该的和光荣的。"⑥

---

① 皇甫束玉编:《中国革命根据地教育纪事》,教育科学出版社1989年版,第135页。
② 同①,第11页。
③ 《毛泽东选集》第3卷,人民出版社1991年版,第880页
④ 《建党以来重要文献选编》第17册,中央文献出版社2011年版,第605页。
⑤ 同①,第128页。
⑥ 同①,第375页。

4. 注重探索思想政治理论课的教育方法

新民主主义革命时期,学校的思想政治理论课经过长期实践,不断探索出一些教育教学方法。

一是毛泽东提出十大讲授法。革命战争年代,毛泽东总结学校教育和官兵教育经验,提出了著名的十大讲授法,即:"(1)启发式(废止注入式);(2)由近及远;(3)由浅入深;(4)说话通俗化(新名词要释俗);(5)说话要明白;(6)说话要有趣味;(7)以姿势助说话;(8)后次复习前次的概念;(9)要提纲;(10)干部班要用讨论式。"①十大讲授法要求教师在课堂上采取由近及远,由浅入深,循序渐进的教学方法;课堂上允许质疑、辩论,着眼于学生独立思考和钻研问题习惯的养成;要求教师讲授内容有趣味,讲课时要辅以姿势助讲话;教师说话要明白易懂,通俗有趣,善于向教学对象学习,善于用人民群众喜闻乐见的语言表达,使教学内容生动活泼,能把逻辑的力量与事实的力量结合起来,使学员易于接受,并在不知不觉中向高层次迈进。十大教授法不仅对于红军教育产生影响,也对学校教育影响深远。十大讲授法提出后,各地纷纷探讨如何把十大讲授法贯彻到思想政治理论教学中。1930年8月28日,中国工农红军中央军事政治学校第一分校召开第一次校务委员会,讨论搞好政治教育和军事教育的问题。会议决定,"为了改进教学,政治教官要加强研究教学方法,……讲解要浅显明白,少用名词术语。"②"训练班须避免注入式的教育方法,训练要力求时间短而切实有效,所以讨论与实习要看得特别重要。"③红军大学"每天都要开讨论会,进行互助、消化"④。

二是要求教员"先当学生,后当先生"。1944年3月22日,毛泽东在《关于陕甘宁边区的文化教育问题》中指出:"教员也要跟学生学,不能光教学生。现在我看要有一个制度,叫做三七开。就是教员先向学生学七分,了解学生的历史、个性和需要,然后再拿三分去教学生。"⑤此种方法要求教员经常了解自己的教学对象,摸清学生的情感、个性、知识结构和学习需求等,然

---

① 《毛泽东文集》第1卷,人民出版社1993年版,第104—105页。
② 皇甫束玉编:《中国革命根据地教育纪事》,教育科学出版社1989年版,第31页。
③ 《中共中央文件选集》第5册,中共中央党校出版社1983年版,第268页。
④ 陈元晖:《老解放区教育资料:(一)土地革命战争时期》,教育科学出版社1981年版,第199页。
⑤ 《毛泽东文集》第3卷,人民出版社1996年版,第116页。

后有针对性地进行教学,从而提高教学效果。各校根据教学对象,采取不同的教学方法。比如对知识青年,因为他们具有一定的文化知识,要求教师在教学时要提纲挈领重点讲授,避免讲课空洞无物或烦琐论证;对于文化水平低的干部则采取启发式、讨论式的教学方法。鼓励学员各抒己见,学员之间采取相互启发、相互交流、相互提问的形式,并随时注意巩固学习内容。

三是提倡讨论式学习方法。此种方法把个人学习和集体学习结合起来,利用集体力量帮助个人学习。主要形式像召开小组讨论会、座谈会或读书会等。其中小组讨论发挥重要作用,其做法往往是教师根据讲课内容提出问题,小组学员随后分头准备,自己写发言提纲,然后由程度较好的学习干事或各小组组长组织学员讨论。在讨论会上,大家可随意发言,教员也可以指名发言,对不同意见大家展开争论,最后由教师适当做总结。1937年安吴青训班特别注意发扬学员自动学习的精神,培养学员的自学能力。"教务处指定专人担任学员的'读书顾问',负责答复学员提出的问题,介绍参考书报,编辑介绍读书经验的墙报。"①

四是理论联系实际的方法。学校马列主义理论的教学工作和党对于马列主义的认识有很大的关系。延安时期毛泽东总结革命的历史经验时认为,"党内的几次'左'、'右'倾错误,其根源就在于党没有掌握马克思主义的核心和精髓"②。学校思想政治理论课的学习和教学中同样存在着盲目崇拜、只知背诵词句的教条主义的倾向。李维汉回忆道:马列学院"在干部教育和研究工作中,则存在着教条主义、理论脱离实际、学用脱节的现象。"③1941年毛泽东做了《改造我们的学习》的演讲,批评了革命队伍中,教条主义者对待马克思主义"满足于一知半解""言必称希腊",不注重研究中国的现状,不注重马克思列宁主义的应用。④ 大力提倡把学习马列主义与研究实际问题结合起来,这对转变学校学风起了重要作用。1941年8月1日中共中央做出《关于调查研究的决定》。《决定》要求各级学校要把"了解情况、注意政策的风气与学习马列主义理论的风气密切联系起来。反对将学习马列主义原理原则与了解中国社会情况,解决中国革命问题互相脱节的恶劣现象。要提倡干部与学生看报,指导看报方法,指导分析时局的每一变动。要

---

① 皇甫束玉编:《中国革命根据地教育纪事》,教育科学出版社1989年版,第129页。

② 张希贤:《毛泽东在延安——关于确立毛泽东领导地位的组织、人事、理论宣传和外交统战活动实录》,警官教育出版社1993年版,第6页。

③ 李维汉:《李维汉同志在原中央研究院在京人员座谈会上的讲话》,《延安中央研究院回忆录》,湖南人民出版社1984年版,第2—3页。

④ 《毛泽东选集》第3卷,人民出版社1991年版,第797页。

第一章 新中国成立初期高校思想政治理论课设置探源

供给干部与学生关于国内外、省内外、县内外各种情况的实际材料,把讲授与研究这些材料及其结论当作正式课程,给予必要时间,并实行考绩。"①此后,理论联系实际的方法在各级各类学校和各门课程中得到了应有的重视。

二、苏联高校思想政治理论课的经验

苏联作为世界上第一个社会主义国家,短短三十年取得的成就,向世人展示了马列主义给落后国家带来巨大变化的客观事实,引领着中国共产党和中国人民向其虚心和真诚地学习。

(一) 借鉴苏联高校思想政治教育的原因

新中国成立初期百废待兴,国家面临的首要任务是建设,在建设中虽然主要依靠自力更生应对困难,但也离不开国际援助。苏联经过三十多年建设,成为中国共产党首选的学习范式,这与中国当时的外交政策、苏联取得的成就和苏中两党共同的意识形态分不开。伴随着各条战线向苏联学习,教育领域中刚刚起步的高校思想政治理论课,借鉴苏联经验是历史的必然。

1."一边倒"的外交政策

新中国采取"一边倒"的外交政策与当时国际环境分不开。第二次世界大战结束后,世界上逐渐形成了资本主义阵营和社会主义阵营,两大阵营处于敌对状态。以美国为首的资本主义阵营对中国共产党采取敌对和仇视态度,不仅支持国民党反动派打内战,而且在蒋介石政权倒台后,仍对新中国采取孤立和遏制政策,拒绝承认中华人民共和国在国际上的地位,阻挠新中国在联合国行使合法代表权,继续竭力扶植窃居一隅的蒋介石集团在联合国的席位,经济上采用全面对华禁运和封锁手段,军事上则采取包围方法,企图把新中国扼杀在摇篮里。相反,以苏联为首的东方社会主义国家向中国伸出了友谊之手,苏联不但最先承认了中华人民共和国在国际上的地位,而且愿意给新中国提供援助。毛泽东谈到我们签订《中苏友好互助同盟条约》的原因时说:"我们是处在一种什么情况下来订这个条约呢?就是说,我们打胜了一个敌人,就是国内的反动派,把国外反动派所扶助的蒋介石反动派打倒了。国外反动派,在我们中国境内,也赶出去了,基本上赶出去了。但是世界上还有反动派,就是我们国外的帝国主义。国内呢,还很困难。……在这种情况下,我们需要有朋友。……我们同苏联的关系,我们同苏联的友谊,应该在一种法律上,就是说在条约上,把它固定下来,……帝国主义

---

① 皇甫束玉编:《中国革命根据地教育纪事》,教育科学出版社1989年版,第205页。

者如果准备打我们的时候,我们就请好了一个帮手。"①可见,为了使新中国在国际事务中寻求国家安全保证和巩固新生政权,"一边倒"的外交政策是自然而然的。这一政策具体在建设方面,就是向苏联等社会主义国家学习。

2. 苏联的骄人成就

新中国成立初期,苏联在建设实践中积累了丰富经验,并取得了骄人的成就。

苏联自建国之初就处在资本主义世界的包围中,但是在苏共领导下"迅速地实现了社会主义的工业化,实现了农业的集体化,发展了社会主义的科学和文化"②。苏联高等学校发展迅速,"革命前俄国高等学校有史以来280年内,共建立了150所高等学校,1913至1914学年度学生数为120 000;可是苏联仅在第四个五年计划期(1946至1950年),便新建了112所高等学校,学生数量则已增加了200 000人"③。由于培养出的大批人才做支撑,"在第一个五年计划期间,苏联的工业潜力就翻了一番,而且重工业跃居第一位。……(20世纪)40年代初,人民的识字率超过80%,千百万工农出身的青年人接受了高等教育"④。苏联发展成为"二战"后仅次于美国的世界强国,其发展模式和方法对新生的国家来说具有很强的吸引力。美国著名女记者安娜·路易斯·斯特朗,虽在苏联受到过不公正待遇,但她在《斯大林时代》一书的序言中这样评价——"对我的西方朋友们,我得说:这是历史上的一个生气勃勃的伟大时代,也许是最伟大的时代。它不仅改变了俄国的生活,而且也改变了全世界的生活。""斯大林时代不仅建成了世界上第一个社会主义国家和足以制止希特勒的力量,它还建设了今天占世界人口三分之一的社会主义各国的经济基地;创造了富余的力量,让亚非前殖民地人民能自由地在公开市场上选择发展道路。"⑤苏联经验是新诞生的中国学习的榜样,这也是当时党和国家领导人的共识。毛泽东说:"苏联经济文化及其他各项重要的建设经验,将成为新中国建设的榜样。"⑥刘少奇也说:"我们要进行伟大的国家建设,我们面前的工作是艰苦的,我们的经验是不够的,因此,要认真

---

① 崔晓麟,张海荣:《毛泽东的领导艺术》,军事科学出版社2004年版,第308页。
② 《关于无产阶级专政的历史经验》,《人民日报》1956年4月5日第1版。
③ 叶留金:《苏联四十年来高等教育建设经验》,《苏联高等教育四十年》,哈尔滨工业大学1957年,第3页。
④ [俄]久加诺夫:《强国的建设者》,俄罗斯《消息报》,2004年12月10—15日。
⑤ [美]安娜·路易斯·斯特朗著,石人译:《斯大林时代》中《作者前言》,世界知识出版社1979年版。
⑥ 《建国以来毛泽东文稿》第1册,中央文献出版社1987年版,第266页。

学习苏联的先进经验。"①

3.共同的意识形态

"走俄国人的路"是中国革命成功的原因之一,同样新中国建设也要向苏联学习,这与两国都以马克思主义为指导思想有很大关系。

新中国成立初期高等教育部钱俊瑞副部长指出:"孙中山先生说:以俄为师;毛主席说:走俄国人的路。这已是为历史所证明的颠扑不破的真理。学英美日本不行,因为它们是资本主义的帝国主义的国家,学了它们对中国人民没有用。"②不同于资本主义发展道路,马克思主义的目的要实现全人类的解放,中苏两国在革命胜利后都要唤醒民众,教育都是为他们服务。列宁和斯大林都曾指出,苏联要建立的文化是无产阶级领导的全人类共同的文化。毛泽东在《新民主主义论》中也明确指出,中国文化建设的根本方向和指导方针是无产阶级领导下的、反帝反封建的人民大众的文化。因而,尽管中苏革命胜利后建设的基础不同,苏联是"马上就跨入社会主义建设的途程"③,而中国"由于经济文化比十月革命时的俄国落后,所以不能不多采取一个步骤,先建设新民主主义社会,将来再过渡到社会主义社会"④。但教育领域向苏联学习很快展开,1949年10月14日《人民日报》社论号召:"我们应该注意研究与学习社会主义国家苏联大学教育的经验,……我们现在实施的国民教育方针虽然还只是新民主主义的,不是社会主义的,但指导整个新民主主义文化教育建设的思想体系则是马列主义的。所以,学习苏联的经验对我们是十分有用的,十分必要的。"⑤

(二)苏联高校思想政治教育的经验

十月革命胜利后,苏联在意识形态领域,重视对全体人民尤其是青年一代进行马克思主义教育,经过三十多年的发展,苏联高校积累了丰富的教育经验,可以说,苏联社会发展和科学技术的进步,与苏联学校坚持马克思主义理论教育分不开。

1.确立马克思主义理论教育在高校的地位

高等学校是培养国家建设人才的主要阵地,高校学生素质如何,对整个社会发展和经济建设产生决定性影响。十月革命后苏联把高校作为培

---

① 《建国以来刘少奇文稿》第5册,中央文献出版社2008年版,第48页。
② 钱俊瑞:《团结一致,为贯彻新高等教育方针,培养国家高级建设人才而奋斗》,《人民教育》,1950年第2卷第2期,第12页。
③ 《"走俄国人的路"——读〈论人民民主专政〉笔记》,《人民日报》,1949年8月4日第7版。
④ 同③。
⑤ 《认真实施文法学院的新课程》,《人民日报》,1949年10月14日第1版。

养新型建设者的战略出发,规定高校的首要任务是对学生实施共产主义教育。列宁在政权建立初期就明确指出:"学校不仅应当成为一般共产主义原则的传播者,而且应当从思想上、组织上、教育上实现无产阶级对劳动群众中的半无产阶级的和非无产阶级的阶层的影响,其目的在于培养能够最后实现共产主义的一代新人。"①斯大林也强调一切科学部门中的年轻干部,"必须具备一门科学知识,这就是马克思列宁主义关于社会、社会发展规律、无产阶级革命发展规律、社会主义建设发展规律以及共产主义胜利的科学。"②领导人对培养国家建设人才的清醒认识,对苏联学校的教育方向起着直接导向作用。苏联党和政府多次在党的代表大会和有关教育法令中,突出强调科学理论的作用,尤其随着苏联社会主义建设的进行,社会发展越来越需要全体人民觉悟的提高、精神面貌的改变和社会积极性的发挥,所以高校的思想政治教育工作更加受到重视。1920年12月31日至1921年1月4日,苏联共产党举行了关于人民教育问题的第一次会议,在通过的相关决议中规定,苏维埃共和国高等教育的首要任务是"……必须从政治上夺取高等学校,即第一,保证高等学校工作的革命方向;第二,从政治上教育所有经过高等学校学习的大学生……"③。1938年5月召开的全苏联第一次高等学校工作者会议指出"摆在高等学校面前的最首要的任务:加强对学生和教授教师的政治思想教育"④。苏联《真理报》在1948年10月22日的社论中指出:"苏维埃高等学校不只单纯地培养熟练的专门技术人才,而是要求一些有高等教育理论文化和思想的共产主义建设者。高等学校不仅以专门学科来武装学生们,并且给他们一种最有力的武器,就是唯物论的世界观。"

苏联从培养新型国家建设者的目标出发,规定高校的首要任务是培养具有坚定共产主义信仰的大学生,这是苏维埃政权的首创,对于其他新生的社会主义国家来说具有重要的借鉴意义。

2. 设置政治课程

苏联政府规定,高校使命是造就大量苏维埃知识分子干部,培养忠于共产主义事业的专家。为达到此目的,苏联教育部门改造旧课程体系,设置政

---

① 《列宁论教育》,人民教育出版社1990年版,第184页。
② 《斯大林选集》下卷,人民出版社1979年版,第462页。
③ H·R·勃拉斯拉夫斯基:《苏联高等学校的最初十年(1917—1927)》,《苏联高等教育四十年》,哈尔滨工业大学1957年,第15页。
④ Q·H·扎乌叔尔柯夫:《苏联高等学校在1933—1941年》,《苏联高等教育四十年》,哈尔滨工业大学1957年,第53页。

治课程进行马克思主义理论讲授。

列宁指出"在各级学校里,最要紧的就是政治理论的讲解"①。1918年教育人民委员部在拟定的综合大学改革草案中规定,综合大学的工作应有三部分组成:教学工作、科学工作和宣传工作。要做好社会主义的宣传教育工作,关键是改变旧教育的社会科学课程。党在教育会议中提出:"旧式教授们讲授所有的社会科学课程(历史、政治经济学、法律学等),因为这些课程的性质不是狭窄专门的、不是普通的,他们能够形成听取这些课程的青年的思想意识。"②20世纪20年代初,苏联党和政府重新编制了综合大学的教学计划,彻底改组了社会科学教学,设立了社会科学系,包括经济、历史、政治法律科。如1921年3月4日,根据政府决议在几所综合大学组织了由经济、法律和社会教育三门学科所组成的社会科学系,并规定这是苏联社会主义共和国所有高等学校中所必须教授最起码的科学基础,要求必须设立下列社会科学课程:社会形态的发展、历史唯物主义、无产阶级革命、俄罗斯苏维埃联邦社会主义共和国的政治制度等。③ 这些课程的设置为高等学校的无产阶级化,以及为社会主义建设培养新型专家的事业奠定了基础,提供了切实的方向保障。

3. 重视教材大纲的编写

作为马克思主义理论指导下建立的第一个社会主义制度的国家,在国内外敌对势力虎视眈眈的严峻形势下,苏联一直重视对马克思主义理论的研究和普及工作,以适应意识形态建设的需要。高等学校作为培养新的建设人才的主阵地,注重在教材和教学大纲中贯彻马克思主义理论的基本观点,推动马克思主义理论的简明化和普适性。首先,为了培养与社会发展需求相适应的建设者,政府重视编制教学计划和教学大纲。苏联中央执行委员会在1932年9月19日做出的决议中写道:"高等学校、高等技术学校和中等技术学校的教学大纲在最近一年已大大地系统化了,质量也提高了,其中,根据马克思列宁主义修订过的社会经济学教学大纲的质量提高得尤为显著。"④其次,重视教科书的编撰工作。为提高大学生读者的理论水准,便于马克思主义科学知识的普及,苏联领导人和学者注重对马克思主义原典

---

① 熊立民著:《苏联学校思想政治教育概说》,上海中华书局出版1951年,第15页。
② H·R·勃拉斯拉夫斯基:《苏联高等学校的最初十年(1917—1927)》,《苏联高等教育四十年》,哈尔滨工业大学1957年,第15页。
③ 同②,第16—17页。
④ A·H·陆特钦柯:《第一个五年计划期间的苏联高等学校》,《苏联高等教育四十年》,哈尔滨工业大学1957年版,第35页。

的研读、消化和提炼工作。1924年在斯大林的提议下列宁研究院成立,1931年联共(布)宣传局统一领导马克思恩格斯列宁研究院,主要负责马恩著作和列宁著作的出版编辑工作。《马克思恩格斯全集》和《列宁全集》经典文献的出版,为苏联马克思主义教材的编撰提供了前提。1937年联共(布)中央做出了编写社会科学各门课程专门教科书的决定,斯大林多次为马克思列宁主义教科书的编写召开联共(布)中央会议,并提出有建设性的意见。他认为"一本好的马克思主义政治经济学教科书的出版,不仅具有国内的政治意义,而且具有巨大的国际意义",作为"不仅是国内革命青年而且是国外革命青年的必读的教科书。它的篇幅不应太大"①。他亲自领导和参与编写的《联共(布)党史简明教程》,为高等学校关于布尔什维克党史教育提供了统一的教材。苏联高校的一些教科书不仅武装了国内青年学生,而且对革命时期的中国共产党人也产生过很大的影响。中国共产党领导人毛泽东在延安时期对已经翻译到中国的苏联教科书非常重视,不仅阅读并留下大量批注,像西洛克夫、爱森堡等合著的《辩证法唯物论教程》(第三版和第四版)②,米丁等著的《辩证法唯物论与历史唯物论》(上册)③,《辩证唯物主义和历史唯物主义》④,上面都留有毛泽东批注的文字和日期。

4. 重视政治课师资的培养

列宁认为,"学校里有许多由旧社会培养出来的教师,这就造成了从资本主义制度向社会主义过渡的困难"⑤。十月革命胜利后,苏联在改造旧的社会科学课程的同时,重视培养新课程的教师。苏联教育会议多次通过决议,探索如何培养社会科学教师,采取的措施主要有三方面。

一是调任党员干部充实高校教师队伍,让他们从思想上影响大学生。苏联共产党召开的关于人民教育问题的第一次会议,于1921年1月4日通过《关于培养高等学校社会科学教师》的专门决议,认为要以马克思主义者替换正在讲授这些课程的资产阶级思想的教师,要"立即开始由具有相当水平,即或没有受过完整教育的党员青年组成'红色教授团'速成班","为了给这些速成班讲课,立即动员所有的党员理论家,并解除并非绝对不可代替的

---

① 《斯大林选集》下卷,人民出版社1979年版,第573页。
② 西洛克夫、爱森堡合著,李达、雷仲坚合译,上海笔耕堂1935年6月第3版,1936年12月第4版。
③ 米丁著,沈志远译,商务印书馆1936年12月出版。
④ 系《联共(布)党史简明教程》第4章第2节,博古译,中国出版社1938年12月出版。
⑤ 《列宁论教育》,人民教育出版社1990年版,第182页。

苏维埃和党的职务"①。这一措施效果是显著的,1927年高等学校教授和教师中党员和候补党员的数量达到了9%。②

二是创办专门学校和教师进修学校。苏联党的第十次代表大会规定了创办共产主义大学和苏维埃党校的措施。根据列宁的倡议,建立了社会科学的社会主义科学院,它的任务除了研究和探讨社会主义历史、理论和实践问题外,还包括系统讲授社会科学的组织工作。1921年2月11日,人民委员会通过了一项关于在莫斯科和彼得格勒建立两所红色教授学院,以培养高等学校政治经济学、历史唯物主义、近代历史和苏联建设这几门课的教师的决议;苏联高等教育部还"建立了三个供社会科学教师进修的专科学校,学习期限为一年。这些学校附属于莫斯科大学、列宁格勒大学与基辅大学,招收三百名教师为学员"③。1939年苏联共产党第十八次代表大会决定:"在马克思列宁主义高等学校下面为各高等学校的马克思列宁主义教员设立半年制的进修班。"④至此,专门学院与长短期教师培训班学校先后建立起来,这对提高全苏政治理论课教师水平起到了重要作用。

三是培养研究生提高师资队伍水平。自1925年人民委员会召开会议提议培养研究生,以加强提高师资队伍建设以来,经过十几年的努力,苏联已培养出了一支精通业务的专家队伍,他们既有学术又有学位。"1945年共通过关于联共(布)党史的硕士论文17篇,而1948年则有115篇。关于哲学的硕士论文,1945年通过10篇,而1948年则有75篇。关于政治经济学,1945年的硕士论文通过65篇,而1948年则有155篇。"⑤到20世纪50年代初苏联政治理论课教师的学术水平和教学水平已有了根本的改观。

苏联高校在马克思主义理论教育方面的经验,为新中国高校思想政治理论课的教育教学提供了直接参照,如重视教师的培养工作,把教研室作为保障课程开设的基本组织单位等。

---

① H·R·勃拉斯拉夫斯基:《苏联高等学校的最初十年(1917—1927)》,《苏联高等教育四十年》,哈尔滨工业大学1957年,第15页。
② 同①,第22页。
③ 斯·卡夫坦诺夫:《全力改造高等学校马克思列宁主义基础知识的讲授》,《人民教育》,1951年第1卷第2期,第45页。
④ 《斯大林选集》下卷,人民出版社1979年版,第464页。
⑤ 同③。

第二章

新中国成立初期高校思想政治理论课方案的制定

解放战争后期,中国共产党非常重视高校教育工作。1949年1月解放军解放北平时,中国共产党专门成立了接管旧大学的文化教育机构(1949年1月北平市军事管制委员会下设文化接收管理委员会;1949年6月1日改为华北高等教育委员会;1949年11月1日改为教育部),实际上成为对高校旧教育进行改革的领导机构。思想政治理论课作为贯彻党的意识形态的重要科目在高校设立,其方案是在新民主主义教育方针指导下制定的,是对旧教育课程改革的结果,离不开以上文教部门有组织的领导以及广大师生的民主平等参与。

第一节 新中国成立初期高校思想政治理论课开设的方针政策

教育作为观念形态是对政治经济的一种反映,随着旧统治阶级被推翻,必然要求建立反映新政权的新教育。思想政治理论课的开设,是在新民主主义文化教育方针和《共同纲领》文教政策的指导下建立起来的,主要给予学生"革命的政治"教育,帮助他们建立"为人民服务"的思想。在设立过程中遵循对旧教育坚决改造,逐步实现新教育的原则,缓步进行的。

一、新民主主义的教育方针

教育方针是政党或政府在一定历史时期内,为实现一定的教育目标规定的总路线,对教育工作起指导作用。新民主主义教育方针是中国共产党

实践经验的总结。中国共产党成立后,中国革命面貌发生了新变化,进入了由无产阶级领导的新民主主义革命时期,教育领域也进行着完全不同于以往的教育实践,体现了无产阶级政党在教育上的主张,即重视对广大工农进行教育,建立干部学校,注重马克思主义理论教育等。1940年毛泽东在《新民主主义论》中,系统地提出了新民主主义文化教育方针,成为中国共产党根据地教育实践的指导思想,并在抗日战争后期和解放战争中取得了重大成就,也为新中国教育政策的制定奠定了重要基础。

新中国成立初期,党和政府把毛泽东提出的新民主主义教育方针作为文化政策的指导思想。1949年9月具有临时宪法性质的《共同纲领》第四十一条规定:"中华人民共和国的文化教育为新民主主义的,即民族的、科学的、大众的文化教育。"①以法律条文的形式确定了新中国教育的指导思想。1949年12月召开的第一次全国教育工作会议,教育部马叙伦部长说:"我们要感谢毛泽东主席,他对我们早已指出了新民主主义教育的方向,并且在他的指导下,在老解放区,对中国新教育的建设已经积蓄了一定的经验。……我们真高兴,我们在开始工作之初,就能有如此明确的方针来作为我们的指针。"②思想政治理论课在高校的开设,也是在新民主主义教育方针指导下进行的。

二、《共同纲领》中的文教政策

教育方针是规定一个较长时期内教育工作的方向和指针,它的实现需要通过具体的教育政策的实施。新中国成立后,具有宪法性质的《共同纲领》明确规定了新中国的教育政策,即新教育要发展什么、反对什么和如何实现,全国的教育工作有了法律依据。第一次全国教育工作会议上,马叙伦指出新中国的教育方针"明显地表现在我们的《共同纲领》关于文化教育政策部分。它规定了新民主主义教育的性质、任务、国民道德标准、教育方法以及教育改造过程的步骤和重点"③。因而,《共同纲领》中的文教政策是新中国文化教育发展的依据,同样,高校思想政治理论课的制定和开设也是在此指导下进行的,具体表现在以下方面。

---

① 《普通高校思想政治理论课文献选编(1949—2008)》,中国人民大学出版社2008年版,第1页。

② 《高等教育文献法令汇编(1949—1952)》,高等教育部办公厅,1958年2月,第2页。

③ 同②。

（一）建立"为人民服务"的思想

建立"为人民服务"的思想是新民主主义文化教育的主要任务。这在《共同纲领》第四十一条确立的。时任中央人民政府教育部副部长的钱俊瑞指出,新教育"首先要反对买办的、封建的、法西斯主义思想,建立为人民服务的思想。"①建立为人民服务的思想作为建设新教育的首要任务,其提出基于对教育现状的认知,是由国家政权的性质和党的执政任务决定的。

刘少奇在中国人民大学开学典礼上指出:"中华人民共和国成立,消灭了帝国主义、封建主义和官僚资本主义在中国的统治。人民的国家是以工人阶级为领导、工农联盟为基础而建立起来的,是以为工农服务为目的的。我们的国家的教育业应该是为这一目的而服务的。我们的大学要教育出为人民服务的干部。"②但当时全国共有高等学校227所(各地人民革命大学一类性质的学校和各地军政大学不在内),学生共约13.4万,其中新解放地区的高校占学校总数的85%。③这些学校一方面深受资本主义的影响,他们"是按照英、美、法、日的方法办大学,而这些国家是资本主义国家,他们的教育是资本主义的教育,经济是资本主义的经济,哲学、人生观、道德和一切的国家组织都是资本主义的,都是为剥削劳动人民的"④;另一方面受封建主义的毒害,"最近二十余年来国民党反动政府的法西斯教育政策,对高等教育影响甚大,以致形成高等学校的'杂乱''陈腐',并种下了许多毒素"⑤。新政权清除这些反动教育的影响,帮助学生树立为人民服务的观念是迫切的。钱俊瑞指出如果"不宣传工农大众的观点,而只宣传地主资产阶级的观点;不宣传自然科学与社会科学的真理(如达尔文生物进化论、马克思主义),而只宣传唯心论、封建迷信和宗教教义等反科学的思想,……那就是削弱和毁坏工人和农民作为国家主体的作用,削弱和毁坏工人阶级作为国家的领导者的作用;也就是削弱和毁坏我们的人民民主专政"⑥。因而政府把讲授革命理论作为改造旧教育的关键。第一次全

---

① 《高等教育文献法令汇编(1949—1952)》,高等教育部办公厅,1958年2月,第6页。
② 《刘少奇论教育》,教育科学出版社1998年版,第92页。
③ 同①,第12页。
④ 同②,第91—92页。
⑤ 张宗麟:《迎接第一次全国高等教育会议》,《人民教育》,1950年第1卷第1期,第22页。
⑥ 《当前教育建设的方针》,《人民教育》,1950年第1卷第1期,第13页。

国教育工作会议提出,学校"改革的重点是加强革命的政治学习"①。随后教育部召集华北区及京津十九院校负责人联席会议上也提出"当前课程改革的中心环节是加强政治课的学习,使学生建立正确的人生观,建立为人民服务的观点"②。思想政治理论课的设置是迫切改造旧教育课程的反动内容,传播先进的、科学的马克思主义革命理论的需要,是在学生中建立为人民服务思想的重要措施。

(二)给青年学生"以革命的政治教育"

高校给青年学生"以革命的政治教育"也是当时建设新教育的重要任务。《共同纲领》第四十七条提出:"给青年知识分子和旧知识分子以革命的政治教育,以适应革命工作和国家建设工作的广泛需要。"③充分体现了革命政治教育在学校培养人才和国家建设中的作用。

教育离不开政治,新教育要为国家建设服务,高校承担着为新政权培养人才的作用。当时的青年学生长期接受反动政权教育,思想观点不符合新政权的需要,对他们进行革命理论的灌输是必要的。教育部长马叙伦指出:"培养具有高度文化水平,掌握现代科学技术成就,全心全意为人民服务的高等建设人才,为要达到这个目的,我们的高等学校就要进行革命的政治教育"④。钱俊瑞也指出,高校要把加强革命的政治教育作为大学教育的中心,政治教育要配合业务教育,才能解决全盘的教育问题。因为政治课是解决为谁服务的问题,这是个基本问题,而业务课是取得为人民服务的技术。"技术是需要的,而且在新中国要高度发展,但是技术要和革命的政治结合,才能广泛的大量的使用,新中国需要的是和人民相结合的科学家,青年学生只有在政治思想和立场完全站在人民方面的,他的技术业务才能大大提高。"⑤这些讲话一方面突出强调青年学生学习革命理论、掌握正确的政治观点对于国家建设的意义;另一方面分析了青年学生学习革命的政治理论对于技术和业务的关系,批驳了当时学生中存在着不问政治、单纯追求技术的错误倾向。设置思想政治理论课,就是为了向广大青年学生进行革命的政

---

① 《高等教育文献法令汇编(1949—1952)》,高等教育部办公厅,1958 年 2 月,第 6 页。
② 《教育部召开华北京津十九院校负责人会议》,《人民日报》,1949 年 11 月 22 日第 4 版。
③ 《普通高校思想政治理论课文献选编(1949—2008)》,中国人民大学出版社 2008 年版,第 1 页。
④ 同①,第 12 页。
⑤ 《清华大学史料选编》(第 5 卷)上,清华大学出版社 2005 年版,第 65—66 页。

治教育,这是新政权建设经济、政治、文化的要求,也是"培育新一代和改造旧的一代"①的需要。

(三)对旧教育实行"坚决改造、逐步实现"的方法

解放初期,党和政府在坚持发展新民主主义教育方针的指导下,对旧教育采取"坚决改造"、有计划、逐步实现新教育的步骤。这是因为一方面中国共产党缺乏创办正规高等教育的经验;另一方面,中国共产党吸取新中国成立前夕学校教育工作中出现的"左"的倾向,造成大批学生失学、教员失业的教训,谨慎地对旧教育事业进行改革。这体现在《共同纲领》第四十六条的规定:"人民政府应有计划有步骤地改革旧的教育制度、教育内容和教学方法"②。新中国成立后思想政治理论课作为课程改革的中心环节,它的开设正是遵循上述方法。

首先,注重宣传教育工作,使广大师生了解党的政策。毛泽东认为"要去掉人民脑子中的错误思想,需要我们做很多切切实实的工作。……要在人民群众中间,广泛地进行宣传教育工作"③,使"知识分子中的绝大多数人不反对我们"④。其次,在工作中不能冒进,重视做好基础工作,课程改革才会顺利。刘少奇批评了在平津学校课程改革中存在的急于求成的倾向。他说:"平津的学校教育是需要加以改革的,……但我们怀疑立即进行这种改革的群众基础,即是否绝大多数的学生和教职员都拥护这种合并和改革,而不会引起某种反抗或误会或不谅解,以致给予特务分子以鼓动群众的机会,妨害事业的进行。……如果这种准备不够,缺乏改革的充分的群众基础,则宁愿将改革与合并的时间推迟"⑤。因而,在高校思想政治理论课方案的制定过程中,文教部门贯彻中央指示,始终坚持大力宣传党的新民主主义文化教育方针政策,深入高校了解实情,同时依靠进步师生,虚心听取专家学者的意见和建议,使改革旧教育关键的思想政治理论课在高校最终确立。

---

① 韦悫:《教育是什么?》,《人民教育》,1950年第1卷第1期,第20页。
② 《普通高校思想政治理论课文献选编(1949—2008)》,中国人民大学出版社2008年版,第1页。
③ 《毛泽东选集》第4卷,人民出版社1991年版,第1131页。
④ 《毛泽东文集》第6卷,人民出版社1999年版,第75—76页。
⑤ 陈大白主编:《北京高等教育文献资料选编(1949—1976)》,首都师范大学出版社2004年版,第5页。

第二节　新中国成立初期高校思想政治理论课方案的制定过程

国民党反动政权统治下的高校获得新生后,显然学校原有课程已经不适应新的经济政治发展需要。对旧教育课程进行改革,既是中国共产党建设新政权的需要,也是进步师生的要求。思想政治理论课作为对旧教育进行课程改革的中心和关键环节,伴随着华北区教育部门对文、法和教育学院课程改革而设立,既包含着大学师生自发学习新理论的探索,更离不开文化教育部门有组织、有计划的领导。

一、部分大学的课程改革

北平解放后,中国共产党对新接收的高校提出了"维持原状"并"加以必要与可能的改良"的政策,稳定了学校人心,使高校得以平稳过渡并顺利复课。但政策过于笼统,无法满足师生学习的愿望,一些高校行动起来,自发进行课程改革的初步探索。这些高校的探索某种程度上满足了师生学习新理论的要求,但也出现了一些偏差,促使教育部门及时领导课程改革,为思想政治理论课成为高校必修课打下了一定基础。

(一)邀请名人讲演学习革命理论

平津解放后,久遭国民党特务匪徒压迫的大学生深感解放的喜悦,希望对新社会多些了解,他们热烈学习革命理论和组织各种社会活动。报载,北平大学生"已经成立了二十多个社团,自由地参加各种进步的活动"①。他们邀请名人演讲以了解时事和中国共产党理念,"北京大学曾召开时事座谈会,由钱端升、樊弘、许德珩等教授分别讲演中国共产党所提出的八项和平条件,听讲学生达一万余人。"②天津的南开大学、北洋大学、河北工学院等高校,校内社团纷纷举办讨论会、座谈会、讨论"新民主主义论"。南开大学则成立了由教授、讲师、助教和同学共同组成的有130多名社员的学习社,举办

---

① 《北平数万大中学生热烈学习革命理论》,《人民日报》,1949年2月13日第1版。
② 同①。

了四次集体讨论会,研讨"新民主主义论"及中国共产党的土地改革等政策。①但青年学生学习中出现了一些混乱现象:"由于没有进行有组织的政治学习,只是部分同学自动的,以及过去在国民党统治下被压制的社团在进行。大家都爱听'名人'讲演,……各校纷纷东邀西请,既无系统,所请的讲演人及讲演题目内容也有些不很妥当。"②文教部门意识到学生自发学习中所出现的偏差,因而把学生组织起来,有计划地学习革命理论。

(二)自发改革学制添加革命课程

在解放天津、北京之时,虽然军管会已经宣布取消"党义""公民""伦理学"等反动课程,并且把国民党束缚学生思想的训导制度及军训、团训也取消。但同学们对资产阶级的教育制度、教学方法已感到厌恶,"热切的要求改革",自动添加新课程。"天津市立师范学校把'新民主主义论'列为正式课程,每周讲授五小时。"③北大、清华、师大、燕京等北平十余所大专学校(学生两万余人),获得解放后,对课程改革不断探索。"清华大学被接管后,立即组织了校制商讨委员会,讨论学制及课程的改革问题"④,"燕京在今年上半年就自动添设了中国新民主主义经济问题、马列主义基本问题、中国社会史、历史哲学及共产党宣言和联共党史等新的课程。"⑤"北大法律系首先废除'六法全书'的课程,然后把一些课程初步加以修改,如把'刑事诉讼法'改为'刑事诉讼程序','中国司法组织'改为'司法制度研究','土地法'改为'土地制度研究'。"⑥辅仁大学1949年3月就取消了教宗通牒、公教学、伦理学、公教史等宗教课程,把辩证唯物论与历史唯物论、新民主主义论、社会发展史等课,作为各系必修课程。社会学系的比较政府课改授新民主主义政治,经济学系增设了资本论专题讲座,教育学系增设新民主主义教育等。⑦

平津各大专院校对学校课程改革的探索大部分是好的,但也出现新课程设置不当挫伤学生学习积极性的现象。比如,北京大学法律系增添的一些新课,"这些课程的基本观点(即反人民的或与实际脱离的观点)未得改

---

① 《天津各大中学校师生愉快学习毛主席著作》,《人民日报》,1949年2月24日第1版。
② 《北平的和平接管》,北京出版社1993年版,第428页。
③ 同①。
④ 陈泓:《北京各大学的课程改革工作》,《人民日报》,1949年10月17日第4版。
⑤ 同④。
⑥ 同④。
⑦ 参见《北京辅仁大学校史(1925—1952)》,中国社会科学出版社2005年版,第48、54页。

变,尝试的结果,非但不能满足同学的要求,反而使他们的学习情绪大为低落。法律系某班本来有四十人选课,到后来同学们感到上这些课没有什么意义,不感兴趣,只剩下三四人了"①。因而,要想制定出科学的、正规的能满足学生需要的课程,需要在中国共产党统一领导下,广泛征求意见,集体做出决策。

二、文教部门领导下的课程改革

任何一门课程的制定都是人为选择的过程,不是自然、自动的结果。虽然课程变革"受各种理论思潮、政治集团、社会变革、经济状况、政策规范等社会因素的深刻影响"②,但"应当教什么的冲突是尖锐而深刻的。……从本质上讲也是一个意识形态和政治的问题"③。思想政治理论课作为宣传党的意识形态的重要课程,伴随着对旧教育的改革最终建立起来,离不开文教部门有意识、有组织的领导。

(一)宣传党的教育政策要求高校改革

课程政策的本质是关于权利的分配或再分配,它的变更在一定程度上必然打破原有利益分配格局,在其制定过程中无法摆脱利益冲突的影响。④为了减少利益冲突,新课程政策离不开一定的宣传动员工作,只有通过有效的舆论宣传,使传递特定意识形态内容的课程政策为多数社会成员接受时,课改或新的课程政策才能顺利实施。城市解放后,中国共产党利用各种场合谴责旧教育的反动特性,宣传新教育政策。

1. 要求学校进行改革

在接管各高等学校时,中国共产党派出的代表往往当场宣布学校教育需要进行改革的立场,要求高校必须取消反人民和脱离人民的内容,实行新民主主义的文化教育政策。如1949年1月10日,北平市军事管制委员会正式接管清华大学,文化接管委员会主任钱俊瑞对清华大学全校师生员工宣布接管方针:"今后清华大学应实行新民主主义的文化教育,取消过去教育

---

① 陈鸿:《北京各大学的课程改革工作》,《人民日报》,1949年10月17日第4版。
② 黄清:《影响课程政策发展的社会因素分析》,《教育探索》,2004第4期,第26页。
③ 迈克尔·W·阿普尔著,黄忠敬译:《意识形态与课程》,华东师范大学出版社2001年版,第1页。
④ 胡东芳:《从利益的对立到利益的和谐——课程政策制定中的利益分析》,《教育理论与实践》,2003年第6期。

中反对人民的东西,改革过去教育中脱离人民的东西。"①清华大学作为中国共产党接收的第一个高等学府,这一做法被推广到其他高校。

2. 对教育界人士及时宣传

接管城市后,中国共产党一般很快召开高规格的有教育界人士参加的会议,宣传政府的教育主张。刘少奇在《关于北平接管工作中一些问题的报告要点》中提出,接管城市后"应该很快的组织大学开会,召来各学校代表,宣布我们的方针"②。其实,进入北平的军管会就是这样做的。解放军1949年1月31日进入北平,3月9日就召开了民主人士座谈会,时任北平市委第一副书记的叶剑英参加座谈会并做了讲话:"我们对于学校采取的方针是取消训导处,禁止使用反革命与反人民的教材,……"③3月14日下午,北平文化管理委员会又召开了"大学教育座谈会","首由文管会主任钱俊瑞同志简要阐明新民主主义的教育方针,说明这次座谈会的目的在于研讨"④,而"北平各国立大学的课程改革"是其中议题之一。其他新解放城市纷纷效仿北平做法。如南京解放后,南京市军管会文教接管委员会及南京市人民政府教育局,于1949年6月4日在华侨招待所举行茶会,"邀请南京各大学和专科学校教授,就高等教育问题交换意见"⑤。上海解放后,于1949年6月6日邀集国立大学和专科学校(包括同济大学、幼稚师范专科学校、上海医学院、上海音乐专科学校、吴淞商船专科学校、上海商学院、高级机械学校)的校长、教授、学生代表三十人举行联合座谈会,韦悫副市长到会讲话。他说明中国共产党和人民政府对于高等教育和科学研究工作的重视和新民主主义的研究方向,并希望大家使科学研究为人民服务。⑥

中国共产党接管城市后,及时召开教育界人士座谈,宣传党的教育政策,同时真诚听取各界人士在教育方面的意见,取得他们对党和政府的信任,为课程改革顺利进行打下了基础。

(二)帮助高校建立校务委员会推进改革

课程改革触及不同利益,"政府总是选择那些与政府的价值取向一致的

---

① 《清华大学史料选编》(第5卷)上,清华大学出版社2005年版,第46页。

② 中共北京市党史研究室、北京市档案馆编:《北平的和平接管》,北京出版社1993年版,第123页。

③ 同②,第113页。

④ 《马叙伦范文澜等四十人座谈改革大学教育》,《人民日报》,1949年3月16日第3版。

⑤ 《南京十七著名学术机关大学教授 座谈高等教育问题》,《人民日报》,1949年6月13日第1版。

⑥ 《上海军管会召开高等教育座谈会》,《人民日报》,1949年6月10日第1版。

社会群体利益作为分配对象"①。在中国共产党文化教育部门的领导下,课程改革不是无的放矢,而是有计划进行。校务委员会作为学校的最高行政机构,在社会变革时期的地位至关重要,而构成人员的政治立场、对中国共产党的态度,决定着课程改革措施的进展程度。中国共产党接收高校初期,为维持学校的正常秩序,使其受政权更迭的影响降到最低,对当时学校机构和组成人员采取维持现状的措施,派出的军代表监督和协助旧机构和负责人继续工作。随着中国共产党对高校人事和行政等各方面情况逐步熟悉,建立大部分师生满意的新的学校领导机构,撤销中国共产党派驻的军管代表,达到学校教育为新政权服务至关重要。著名学府的这项工作尤为慎重,在文管会帮助下,北大、清华、北师大新的校务委员会在5月初成立,报载"文管会为加强各校的集体领导,以便更有力的推行与改进校务,特决定三大学成立校务委员会,提请任命汤用彤等二十三人,叶企孙等二十一人,黎锦熙等十九人分别为北大、清华、师大三大学校务委员会委员,同时并发表各校新的教务长,秘书长,各院院长及图书馆长等行政负责人选"②。新校务委员会的组成人员符合中央指示的"新任命的负责人员亦必须是忠实愿意执行我们的教育方针,并为大多数学生和教职员所赞成者"③。随后北平各大学新校务委员会纷纷成立,在新的学校行政机构领导下,关于课程改革的讨论和实施成为学校工作重点,大大推动了课程改革步伐。

(三)成立课改小组加快改革

华北高等教育委员会于1949年6月1日成立后,立刻对平津地区高校的文、法和教育学院的几门课程分别部署,每门课程成立一个课改小组。报载:"为研讨文、法、教育学院学制课程改革事宜,决定组织历史、哲学、文学、法律、政治、经济、教育等七组分别进行,并推定范文澜、艾思奇、周扬、何思敬、钱端升、李达、张宗麟七人为以上各组召集人。"④课改小组的成立使课程改革工作更加具体化,加快了改革进程。

一是各课改小组在文教部门领导下纷纷举行座谈会,制定课改方案。如教育系课改小组的座谈会由"北大、燕大、辅大、师大、华北大学五校的教育系主任,再加文教接管委员会教育部、华北人民政府教育部、北平市教育局三方面的代表,以及外地来的民主教授,共同组成。每星期座谈一次,轮

---

① 胡东芳:《从利益的对立到利益的和谐——课程政策制定中的利益分析》,《教育理论与实践》2003年第6期,50页。

② 《平市北大清华师大三校 新校务委员会成立》,《人民日报》,1949年5月6日第2版。

③ 《刘少奇论教育》,教育科学出版社1998年版,第58页。

④ 柏生:《华北高等教育委员会常委决议五项工作》,《人民日报》,1949年6月9日第2版。

流在五个大学举行"①。二是文教部门人员参与课改小组工作,引导课改进程和方向。"参加领导的人,能把握住立场与根据,不厌其烦地解释、说服"②,因为他们对学校课程有明确的改革方向,尽管出现了不少曲折,但最后都朝既定目标发展,最终制定出课改方案。

(四)颁布公共必修课实施方案

经过各课改小组两个月的努力,文、法和教育学院的课程改革有了初步结果。1949年8月10日,在华北高等教育委员会召开的第三次常务会议上,委员们对各大学共同必修课的订立,做了详细周密的研讨,最终确定辩证唯物论与历史唯物论(包括社会发展简史)和新民主主义论(包括中国近代革命运动简史)作为公共必修课。各课每周教学时间皆为三小时,一学期内学完。而文法学院还另加一门政治经济学为必修课。每周授课三小时,需一学年学完。③至此,文教部门正式决定设置上述思想政治科目作为高校公共必修课。

华北高等教育委员会确定思政课的基本框架后,于8月16日又一次召开平津大学负责人联席会议,参加会议的来自北大、清华、南开、北洋、师大、艺专等校共40多位负责人,讨论思政课在即将到来的新学期如何实施的问题。华北高教会钱俊瑞副主任首先做了高教会"关于华北区专科以上学校公共必修课和文法学院各系课程改革决议"④的报告。随后,各单位负责人纷纷就公共必修课的师资及教学次序的先后,文法学院必修课程的增减,必修课的管理机构等问题进行了热烈讨论。关于思想政治理论课的教学,会议决定"由高教会负责定期召开各组座谈会,起草教学提纲,提出参考资料,研究教学的中心和重点,交流教学经验。高教会方面同时希望学生亦能组织起来与教授共同进行学习,以收到'师生互助,教学相长'的效果"⑤。这次座谈会对新学期即将设立的公共政治必修课的具体实施做了探讨。

9月10日,华北高教会召集京津地区大学思想政治理论课教师开会,讨论有关本学期开设的"辩证唯物论与历史唯物论"课程实施的具体问题。钱

---

① [日]大塚丰著,黄福涛译:《现代中国高等教育的形成》,北京师范大学出版社1998年版,第148页。

② 董渭川:《教育系课程改订的经过与意义》,《中华教育界》1949年第3卷第12期,第13页。

③ 《华北高教会常委会第三次会议 讨论改革大学课程》,《人民日报》,1949年8月12日第2版。

④ 《高教会昨开各院校联席会 决定必修马列主义理论》,《人民日报》,1949年8月17日第5版。

⑤ 同④。

俊瑞主持会议,各大学讲授该课程的教授和讲师四十余人参加了会议。对绝大多数教师来说,这是一门全新课程,本次会议对课程的教学目的、教学内容和教学方法进行商讨,为公共政治必修课教学明确了方向,对教师有很大帮助。会上艾思奇详细介绍了讲授这门课的经验。与会教师热烈讨论后,一致同意该课的教学目的:帮助学生初步领会有关无产阶级的立场、方法等内容,让学生初步树立无产阶级的观点;在教学中要着重培养学生的劳动观点、阶级斗争观点和群众观点,帮助学生学会分析和处理问题,了解共产党调查研究和实事求是的方法与作风。座谈会还讨论了关于教材的问题,决定先以斯大林所著的《辩证唯物主义和历史唯物主义》为基本教材,同时毛泽东主席的《整顿学风、党风、文风》《改造我们的学习》和《中共中央关于调查研究的决定》,以及斯大林的《无政府主义还是社会主义》等现有的文件书籍作为辅助教材。会上北大、清华、燕京等学校,还介绍了他们此前探索的上政治课的方法。一般是政治课教师先做报告,启发学生思考,然后把学生分成小组进行讨论,针对学生讨论中提出的问题,教师再做解答。①

经过上述多次研讨,思想政治理论课课程设置在华北区主要高校和教育部门中达成了共识,因而华北高等教育委员会于1949年10月8日,以高教秘字第1729号通令,正式颁发了《华北专科以上学校一九四九年度公共必修课过渡时期实施暂行办法》:

"(一)本年度一、二、三、四各年级均必修;

一、辩证唯物论与历史唯物论(包括社会发展史),第一学期学完,每周三小时,共三学分。

二、新民主主义论(包括近代中国革命运动史),第二学期学完,每周三小时,共三学分。

(二)本年度文、法、教育(或师范)学院毕业班学生必修政治经济学,每周三小时,一年学完,共六学分,二三年级学生除特殊情况外,暂不修习。

(三)各院校学生如有在上学期已修过与前项公共必修课内容相同之课程者,可由各该院校之公共必修课教学委员会审查其学习成绩与课程讲授之进度,斟酌规定免修、减修或重修。

(四)上项规定,各校如有特殊困难,可依照具体情况灵活处理,但须呈报本会。"②

---

① 参见《华北教委会召集平津各大学教授 研究辩证历史唯物论教学方法》,《人民日报》,1949年9月12日第2版。
② 《普通高校思想政治理论课文献选编(1949—2008)》,中国人民大学出版社2008年版,第2页。

《暂行办法》的发布,使辩证唯物论与历史唯物论和新民主主义论两门反映新政权意识形态本质特征的政治理论课成为各校必修课程。这一时期,华北区的课程改革走在了全国的最前列。尽管东北地区较早解放,但由于该地区高校不多,当时东北区教育部门以改造中学学生的思想为主,在该区教育部门发布的教育指示中,并未专门涉及高校课程改革的内容,所以华北区各高校设立的思想政治理论课,对全国其他高校起到了示范带动作用。正如1949年10月14日《人民日报》社论指出,华北高等教育委员会经过反复研究讨论之后,规定高校"添设马列主义课程"为共同必修课程,"这是改革大学课程一个重要的开端","由于这种改革在全国还只是个开始,所以我们希望华北各地在实施过程中随时注意总结与积累实施新课程的经验,……在尽可能短的时期内得出一个更完整的方案,以供全国各地参考"①。

尽管思想政治理论课程方案颁布初期,各地在执行过程中出现一些问题(见第四章课程内容的相关论述),但方案的出台却为思想政治理论课成为高校共同必修课打下了根基,此后出台的相关文件和方案(见表1)都是在此基础上逐步修改和完善的。

表1　1950—1956年教育部发布的有关思想政治理论课的文件汇总

时间	文件名	颁发单位	资料来源(具体见表注)
1950.10.04	《关于全国高等学校暑期政治课教学讨论会情况及下学期政治课应注意事项的通报》	教育部	①
1951.04.18	《关于规定华北区各高等学校成立时事学习委员会的通令》	教育部	①
1951.07.24	《对各大行政区分别召开暑期高等学校政治课讨论会的指示》	教育部	①
1951.09.10	《关于华北区各高等学校1951年度上学期进行"辩证唯物论与历史唯物论"等课教学工作的指示》	教育部	①
1952.10.07	《关于全国高等学校马克思、列宁、毛泽东思想课程的指示》	教育部	①

---

① 《认真实施文法学院的新课程》,《人民日报》,1949年10月14日第1版。

续表1

时 间	文件名	颁发单位	资料来源（具体见表注）
1952.10.28	《关于在高等学校有重点的试行政治工作制度的指示》	教育部	①
1952.11.08	《关于华北区高等学校1952年暑假"新民主主义论"教学讨论会情况的通报》	教育部	①
1953.02.07	《关于确定马列主义基础自1953年度起为各类型高等学校及专修科（二年以上）二年级必修课程的通知》	中华人民共和国高等教育部（53）政生刘字第9号	②
1953.04.08	《关于各大行政区若干学校政治课各教研组建立经常联系的通知》	中华人民共和国高等教育部（53）政生刘字第39号	②
1953.06.17	《关于"新民主主义论"课程为"中国革命史"及"中国革命史"的教学目的和重点的通知》	中华人民共和国高等教育部（53）政生杨字第71号	②
1953.07.06	《关于各门政治课学期总结办法的规定》	中华人民共和国高等教育部（53）政生杨字第79号	②
1954.04.23	《关于北京市高等学校中国革命史教学工作的初步经验及存在问题的通报》	中华人民共和国高等教育部（54）厅秘崔字第119号	③
1954.04.29	《关于中国革命史讲稿（初稿）的几点说明和参考此项讲稿的几点注意的通知》	中华人民共和国高等教育部（54）政教毅字第62号	③
1954.04.29	《关于工、农、医二年制专修科二年级开设政治理论课程的通知》	中华人民共和国高等教育部（54）政教黄字第79号	③
1955.02.24	《关于出版高等学校政治理论课程教学大纲的几项规定的通知》	中华人民共和国高等教育部、文化部（55）政载字第31号、文出陈密字第24号	④

续表1

时间	文件名	颁发单位	资料来源（具体见表注）
1955.03.16	《关于视察华东、中南各高等学校后对全国高等学校的指示》	中华人民共和国高等教育部(55)教指载字第131号	④
1955.04.25	《关于高等学校的政治思想教育工作》	刘子载①副部长在高等工业学校、综合大学校院长座谈会上的发言	④
1955.11.07	《颁发"关于加强培养哲学干部及哲学系工作的决定"的通知》	高等教育部(55)综曾字第896号	④
1955.12.20	《关于聘请苏联的马列主义专家帮助有关学校政治理论课教研室（组）工作的通知》	高等教育部(55)政载字第368号	④
1956.04.26	《关于试行组织一地区校际间交流政治理论课教学经验的通知》	中华人民共和国高等教育部(56)政文字第163号	⑤
1956.08.20	《关于高等学校政治理论课考试评分问题的意见》	中华人民共和国高等教育部(56)政韩字第281号	⑤
1956.09.09	《中华人民共和国高等教育部关于高等学校政治理论课程的规定（试行方案）》	中华人民共和国高等教育部(56)政载字第298号	⑥
1956.11.26	《关于高等学校执行政治理论课程试行方案的补充通知》	中华人民共和国高等教育部(56)政韩字第341号	⑤

资料来源：①高等教育部办公厅：《高等教育文献法令汇编(1949—1952)》，1958年2月；②中央人民政府高等教育部办公厅编：《高等教育文献法令汇编》第1辑，1954年6月；③高等教育部办公厅编印：《高等教育文献法令汇编》第2辑，1955年7月；④高等教育部办公厅：《高等教育文献法令汇编》第3辑，1956年5月；⑤高等教育部办公厅：《高等教育文献法令汇编》第4辑，1957年5月；⑥《普通高校思想政治理论课文献选编(1949—2008)》，中国人民大学出版社2008年版。

---

① 注：刘子载(1905—1972)，湖南新宁人。1954年10月任国家高等教育部副部长、高教部党组成员兼机关党委书记。

第三节 新中国成立初期高校思想政治理论课方案出台的理念分析

社会剧烈变动时期,高校变革是历史的必然。在新中国成立初期的社会巨变中,代表新意识形态的思想政治理论课能在高校迅速建立并发展,是多方努力的结果。一方面中国共产党做了大量细致工作,并实行正确策略;另一方面高校进步师生积极配合,对中国共产党政策欢迎接纳。但根本因素在于主导社会变革的中国共产党,能深入了解实情,遵循高等教育发展规律,其措施赢得了师生的广泛支持。

一、深入了解实情

毛泽东曾指出,领导干部要解决问题,必须走出房子,经风雨,见世面,与群众结合起来。① 新中国成立初期,对旧教育进行改革,涉及各方利益,主管文教工作的各级领导干部对高校课程改革非常重视,他们深入群众,讲解政策,了解实情,为决策提供参考。

刘少奇曾对平津地区学校的教育改革工作做出专门指示,周恩来亲自参加北平教师研究联合会,谈对教育的看法。文管会主任钱俊瑞亲自接收清华大学和北京大学,多次召开师生代表会议,阐述中国共产党主张,并与师生交流;副主任张宗麟、鲁歌专做清华大学和燕京大学工作,他们"个别访问进步教授,分别举行座谈会"②,与学校地下党和积极分子接触,听取意见,掌握情况。北平文化管理委员会从1949年1月成立到6月1日撤销,在其存在的5个月里,向中央做的报告中涉及北平各大专院校课程内容的有:《北平市军管会文管会关于接管后各机关旧人员处理问题的报告(1949年3月1日)》《中国共产党北平市委关于私立大学的处理办法向中央并华北局的请示(1949年3月9日)》《北平市军管会文管会接管工作总结报告(1949年3月25日)》《北平市军管会文管会关于接管清华、北大维持燕大的专题报告(1949年4月1日)》。文管会在报告中提供的翔实资料和建议为中央的决策提供了参考。例如:文管会在接管平津高等学校后,经调研把高校旧

---

① 《毛泽东选集》第3卷,人民出版社1991年版,第933页。
② 中共北京市委党史研究室、北京市档案馆编:《北平的和平接管》,北京出版社1993年版,第480页。

课程大体分为三类:"①课程内容反动、必须根本否定者,以法学院或法律系课程为代表,政治系、社会系等基本属于这一类。这些院系的课程,除少数进步教授用走私方法所教的极小部分外,全部内容是反共反人民的。②课程内容基本可以采用,但其思想体系、思想方法与教学方法属于资产阶级系统,理论与实践有若干脱节,将来必须加以改造或改良者,为理、工、医、农、铁路等院系。"①"③其课程内容介乎上述二者之间者,为文学、教育、经济、地理、艺术等(经济、历史课程的政治内容往往因教授而异,有的近似法律一类,有的近似文学一类),"②这些课程须认真区别加以批判后才可以利用。"例如文学院教育系与法学院经济系中有些课程,其立场观点完全是资产阶级的,其方法技术则相当有用。"③并于3月10日向中央提出了处理意见的请示:"拟先去掉其课程中直接反共反人民的内容,并抓紧思想上领导,其他暂维现状"④的办法。中央3月17日在回信中指示:"课程问题中所谓'思想上的领导',应具体化为组织一批党员和进步人士,有限地规定题目,好好准备在原定大学进行学术讲演,其内容主要是唯物史观、新民主主义……此种讲演在各大学都要进行,不仅文学院"⑤。可见,中央正是依据文管会具体详细的报告,才提出了有计划地在大学各学院学生中进行唯物史观演讲的措施,这项措施不仅提高了学生的思想觉悟,更为高校的课程改革指出了大致方向。

二、重视师生利益

任何一种变革,决策者"必须考虑各种利益相关者的利益"⑥,并给予相应回应,才能化解来自各利益相关方的阻力。新中国成立初期对旧教育进行课程改革时,虽然以社会需求和政党价值取向为主在高校设置思想政治理论课,但在改革中中国共产党始终关注广大教师和学生权益。

教师作为教育活动的主体,他们的理解与支持是课程改革的关键。中国共产党在改革高等教育的过程中,对知识分子采取团结、使用政策,解除他们思想顾虑。1948年中共中央就指出,知识分子是国家的宝贵财富,对他

---

① 陈大白主编:《北京高等教育文献资料选编(1949—1976)》,首都师范大学出版社2004年版,第8页。
② 中共北京市委党史研究室、北京市档案馆编:《北平的和平接管》,北京出版社1993年版,第402页。
③ 同①。
④ 同②,第403页。
⑤ 同①,第7页。
⑥ 刘付林:《大学课程改革的阻力及其化解探讨——基于利益相关者的视角》,《南京审计学院学报》,2011年第3期。

们要采取团结教育的政策。在实际接管时,"对于现有的机构或制度,除了即刻废除训导制度、即刻停止国民党和三青团的活动外,其他暂时一如既往"①,"在教职员方面,除去掉极少数的反动分子外,其余应一概采取继续工作"②。因而,各高校除旧政权的训导人员遭到裁减外,其他教育工作者一律不动,维护了绝大部分教师和职工的利益,稳定了民心。

学生是课程改革的核心利益者,他们有自己独特的感知世界的方式,社会剧烈变动时期,旧政权下的高校青年学生大多非工农出身,能否继续在新政权下接受教育,是他们最关心的问题。中国共产党在政策上继续保证他们受教育的权利。钱俊瑞明确指出:"现在大批民族资产阶级和城市小资产阶级的子女还是很好地在各级学校里念书,他们尽可以继续在这些学校里面念下去,直念到能够走出校门,为人民的国家担任一部分工作。"③即使是封建地主阶级的子女,"只要他们不甘心与人民作对,我们还是让他们继续在学校里学习,只是要他们在思想上背叛自己原来所属阶级——封建阶级(这是中国人民的敌人),而逐渐地愿意为人民服务,知道靠自己劳动来生活是光荣"④。可见,中国共产党以平等的姿态感知学生的诉求,保障学生最关心的受教育权,尊重他们的主体意识,并且给予学生充分的信任,为争取学生自觉参与课程改革提供了相对较大的空间和机会。

三、引导各方参与

课程政策要想顺利实施,它的制定"不是封闭的、独裁的、经验的,而是一种开放的、民主的、科学的过程"⑤。只有开放、民主才能减少阻力。中国共产党进行教育改革时,遵循教育发展规律,尊重专家学者意见,引导师生广泛参与。

一是尊重和重视专家学者意见。专家学者具有一定的社会地位,他们的意见对于课程政策的制定和实施具有相当影响力。北平解放后,中国共产党并没有具体提出改革措施,也没有排斥具有留学背景的人员,反而主动听取他们意见。1949年3月14日,北平召开了有关大学课程改革的座谈会。侯外庐、高崇民、张西曼、高祖文、雷洁琼、张奚若、王绍、邓初民、王昆

---

① 皇甫束玉编:《中国革命根据地教育纪事》,教育科学出版社1989年版,第382页。
② 《中共中央文件选集》第18册,中共中央党校出版社1992年版,第243页。
③ 《当前教育建设的方针》,《人民教育》,1950年第1卷第1期,第12页。
④ 同③。
⑤ 胡东芳:《课程共有:一种新的课程政策价值观》,《当代教育论坛》2004年第4期,第33页。

仑、许广平、陈其尤、胡愈之等著名学者和文化界人士40余人参加了会议。在座谈会上,学者们对学校改革提出了一些建议(括号中为发言者):"主张工农医各院也应当学习社会科学"(许德珩);"教育必须完全服从政治"(邓初民);"学自然科学的一定也要学政治"(陈其瑗);"主张学生应当学习马列主义和毛泽东思想"(周作人)。① 同样,南京解放后,中国共产党召集17所高校和教育界人士参加会议,梁希、吴贻芳、刘开荣、吴组湘等170多人参与,"各教授发言极为踊跃,……对于学制和课程内容的改革,各教授也都提供了很多具体意见"②。主动听取专家学者意见,一方面体现了中国共产党在创办新教育的过程中,以民主平等的姿态协商办事;另一方面专家学者提出课程改革的意见,经各大报纸媒体宣传报道后,在师生中产生的影响,远远超过中国共产党单方面采取的任何措施。

二是尊重高校师生意见。课程改革不仅是课程调整问题,它关乎广大师生的切身利益,只有保证广大师生的知情权和发言权,才有利于课程政策的顺利实施。在课程改革中,中国共产党建立新的校务委员会,作为学校行政决策机构,并颁布《大学校务委员会组织大纲》,规定各校新组成的校务委员会成员"由校长、教务长、秘书长及各院院长、教授若干人及讲助教代表、学生代表组成"③,确保师生代表在学校管理层面发声。同时,课程改革方案的每一条都在师生中讨论酝酿,充分征询大家的意见和看法,然后再报到高教会。如北京师范大学成立了由全校教师和学生推出的代表组成的"制度课程的改革委员会"。在委员会的领导下,全校各院系都掀起了座谈讨论的高潮。教育系的师生也对本系的制度、课程提出了好几种意见,做过十几次的争论与修改。当时,平津其他各校也都有这种情形。④

但是任何事物的发展都不是一帆风顺,课程改革也遇到了一定阻力。1949年4月1日北平市文管会给中央《关于接管清华、北大维持燕大的专题报告》中指出,清华已经接管将近3个月,我党虽然已经"宣布大学课程的取舍与改造的方针。但是目前文法两院课程问题极严重,教授旧脑筋转不过

---

① 《马叙伦、范文澜等四十人 座谈改革大学教育》,《人民日报》,1949年3月16日第3版。
② 《南京十七著名学术机关大学教授 座谈高等教育问题》,《人民日报》,1949年6月13日第1版。
③ 《清华大学史料选编》(第5卷)上,清华大学出版社2005年版,第70页。
④ 董渭川:《教育系课程改订的经过与意义》,《中华教育界》1949年第3卷第12期,第12页。

弯来,……大学一年级必修课程至今未解决,尚待进一步与教授们商讨研究"①,但是中央和文教部门坚持民主作风,整个课改过程,坚持以引导方向和转变思想为主,积极争取部分教师的转变。

从以上分析可以看出,思想政治理论课方案之所以迅速出台并随之顺利实施,是中国共产党采取了适合当时情况的正确措施。通过大量调查研究,熟悉高校情况后,才逐步实施课程改革的举措;对旧教育进行改革时,能正确把握教育发展规律,一方面收回教育权、抓住人事权,这是创办新教育的关键;另一方面尊重和重视专家学者,吸纳知名教授组成校务委员会,实行专家治校;同时保障师生切身利益,引导他们积极参与课程改革方案的讨论修订,因而方案出台后得了广泛认同。

---

① 中共北京市委党史研究室、北京市档案馆编:《北平的和平接管》,北京出版社1993年版,第483页。

第三章

新中国成立初期高校思想政治理论课的组织机构和师资队伍

思想政治理论课程在高校开设后,它的顺利实施离不开相应的组织机构和教师队伍。组织机构的运行和管理直接影响到课程实施效果,在课程教育教学中起决定作用。新中国成立初期,高校思想政治理论课的组织机构伴随课程开设而建立,形成了自上而下的比较灵活的思想政治理论课组织模式,并探索了比较适宜当时状况的运行方法,最终采用教研室作为课程教学的基本组织单位。教师是课程实施的关键因素,思想政治理论课教师不仅是知识的播种者,也是青年学生树立正确世界观的引路人,因而教育部门对思政课教师的要求更高。但是新中国成立初期,思想政治理论课却面临教师数量不足、专业水平不高的状况,教育部门结合当时条件,采用多途径培养方法,最终建立起一支党性强、觉悟高、肯钻研的专任教师队伍。

第一节　新中国成立初期高校思想政治理论课的组织机构

组织机构是把人力、物力和智力等按一定的形式和结构组合起来,为实现共同目标、任务或利益的社会单位。初创时期的思想政治理论课,面临师资少、无教材、经验不足、学生不重视的种种困难,设置相应的组织机构,发挥业内专家对课程的直接指导作用,是保障课程顺利开设的重要条件,也是设立组织机构的初衷。这一时期的组织机构主要有各大行政区总政治课教学委员会,隶属高校行政直接领导的"政治课教学委员会(又称大课委员会)",及后来普遍建立的政治课各科目的教研组(室)。形成了职能清楚、层次清晰的组织机构体系。但由于思想政治理论课是首次在全国范围内所有高校开设,恰逢新中国教育处于除旧布新时期,呈现明显的探索特点,因而,思想政治理论课的组织机构和管理体制也几经变动。

一、各大区政治课总教学委员会

政治课总教学委员会,是地区性的、指导政治课教学的组织(新中国成立初期全国划分六大行政区),它主要是在大行政区文教部门的领导下(华北区开始由华北高等教育委员会领导,从1949年11月1日起,由新成立的中央人民政府教育部领导),统一指导本地区各高校思想政治理论课的教学工作,同时需要定期向中央教育部门汇报工作情况。①

(一)总教学委员会的设立

1. 设立的必要性

总教学委员会是为解决课程开设初期遇到的困难而设立的。1949年10月8日,随着《华北专科以上学校一九四九年度公共必修课过渡时期实施暂行办法》的发布,思想政治理论课开始在华北区各高校全面展开。但是在贯彻这一方案时遇到困难,"各校负责人对于这门课程的添设都感到师资的困难","师生中大多有一种看法,认为这门课程一定得由马列主义专家来担任,而在原有教员中很缺乏这种人才","希望高教会能帮助解决困难"②。为了解决这些问题,华北区高教会专门设立了政治课总教学委员会,主要集中各校问题和意见,经总教学委员会成员集体商讨后,提出解决办法,来直接指导各校思想政治理论课的教学工作。

2. 设置过程

首先,华北区最先创立此组织机构。1949年9月10日,华北高等教育文员会召集平津各大学讲授辩证唯物论与历史唯物论的教授、讲师四十余人召开会议。会上一致通过建立直属高教会的"辩证唯物论与历史唯物论教学委员会",由艾思奇、郑昕、费孝通、张岱年、赵承信、沈志远、侯外庐、许宝骙、陈辛人、常任侠、岳寒、杨冰如、梁寒冰人员等组成,主要是领导辅助各校进行该门必修课的教学。③经过两个月的实践,证明各校该课目在此组织的领导下顺利开课。因而1949年11月4日,中央人民政府教育部召集北京

---

① 《高等教育文献法令汇编(1949—1952)》,高等教育部办公厅,1958年2月,第79页。
② 《清华大学史料选编》(第5卷)上,清华大学出版社2005年版,第196页。
③ 金凤:《华北高教委会召集平津各大学教授研究辩证历史唯物论》,《人民日报》,1949年9月12日第2版。

和天津地区"讲授政治经济学的教员沈志远、樊弘、王亚南、郭大力等三十余人座谈政治经济学讲授问题,组成政治经济学教学委员会,直属高教司"①。随后新民主主义论课程和政治讲座在高校陆续设立,各大区政治课教学委员会也建立相应的新民主主义论教学委员会和政治讲座委员会。

其次,其他大区相继成立此组织机构。华北区政治课总教学委员会的工作经过一年实践,得到教育部认可。1950年暑期,教育部召开全国大学思想政治理论课教学讨论会,会议研究了许多内容,其中详细介绍了华北区教学组织的经验,并下发《华北区1950年第一学期政治课"社会发展史"的教学内容和教学组织》,供讨论参考。教育部在本次会议上要求"各地区亦可根据可能与必要的条件,组成地域性的总教学委员会,统一领导教学工作。"②会后华北区的做法被华东地区、中南地区、西南地区的文化教育部门所复制。如"华东地区成立了华东地区及上海市高等学校政治课教学委员会。西南地区成立了西南地区高等学校政治课辅导委员会,在地区政治课辅导委员会的领导下,重庆、成都、昆明、贵阳等市成立了市政治课教学委员会。"③各地区的政治课教学组织机构大体相同,以华东地区为例,其组织系统如图2。

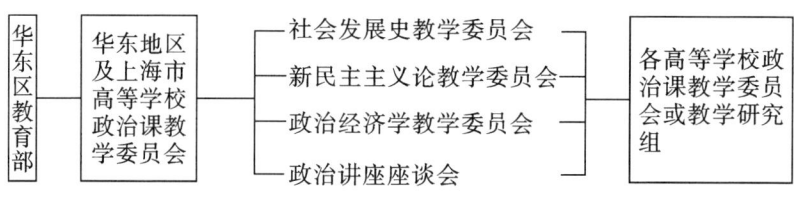

图2 华东区政治课教学组织

资料来源:《华东区及上海市高等学校政治教学工作报告》,教育部档案,1950年长期卷,卷49。

(二)总教学委员会的运行

政治课总教学委员会主要采用"定期召开座谈会集体研讨的方法,由有经验的人(如由艾思奇等)领导,共同商讨进行,集中大家的智慧,以克服教

---

① 金凤:《高教司昨召集座谈会政治经济学教委会已组成》,《人民日报》,1949年11月4日第4版。
② 《高等教育文献法令汇编(1949—1952)》,高等教育部办公厅,1958年2月,第79页。
③ 胡建华著:《现代中国大学制度的原点:50年代初期的大学改革》,南京师范大学出版社2001年版,第134页。

学中的困难,决定教学提纲,提出'教学相长、师生互助'的口号,……以辅导各校推进教学工作"①。此组织由两部分组成。一是总教学委员会:由本地区各校主要负责政治课教师构成,其任务为讨论、制定、实施教学计划,布置工作,总结经验。② 每学期定期召开会议,主要"研究解决前一阶段政治课学习中发生的问题,根据新情况展开讨论,决定下一阶段的教学重点"③,会后将问题整理提出,并通过电台广播做报告解答。二是教学座谈会:由该区各校政治课教师组成,主要传达地区总教学委员会的意见,同时研究讨论各校在每一单元讲授中提出的疑难问题,并拟出解答要点,供各校政治课教师参考,并尽可能拟出下一单元教师授课重点。教学座谈会每一单元召开一次会议。④

(三)总教学委员会的特点

首先,此组织机构的设立呈现出个别探索到逐步推广的过程。此组织机构在全国各大区的建立,经历了从华北区首创,随后在教育部门引导下其他各区纷纷效仿的过程;涵盖的科目也是从一科到多科,逐步建立。

其次,此组织机构带有临时性质。人员构成主要是各大区文教部门相关人员和各高校政治课主要负责教师,不但便于了解各校教学情况,同时针对问题能快速做出权威决定,解决了政治课开设初期师生不重视、教学无经验等困难。从1952年开始,随着高校师资队伍的配备和教学经验的不断积累,各校已逐步建立起思想政治理论课各科目的教学组织,思想政治理论课在高校地位已确立,教学工作逐渐步入正轨,因而各大区思想政治理论课总教学委员会已无存在的必要,它对思想政治理论课指导的一些职能逐步由各大区文教部和后来的省教育厅所承担。

二、高校政治课教学委员会

高校政治课教学委员会是在各大区文化教育委员会的领导下建立起来的,是各高校贯彻实施政治课方案的最初组织机构,首先在华北区高校实行,后推广到全国高校,1952年起逐步由政治课各科目教研组(室)所取代。

---

① 《北京各大学的课程改革工作》,《人民日报》,1949年10月17日第4版。
② 《高等教育文献法令汇编(1949—1952)》,高等教育部办公厅,1958年2月,第79—80页。
③ 段忠桥主编:《建国以来普通高校马克思主义理论课和思想品德教育课课程设置及教学内容历史沿革资料汇编》(上编),高等教育出版社2004年版,第51页。
④ 同②,第80页。

(一)高校政治课教学委员会的开设

华北区高教会在制定政治课为文法学院必修课的同时,已经考虑在高校建立相应的组织机构以保证该课能顺利实施。1949 年 8 月 17 日,华北区高教会召开高校负责人会议,提议各校要组成"新哲学、新民主主义论、政治经济学等三个研究组"①。随后,华北区各校纷纷建立大课或政治课教学委员会,用集体的力量保证政治课的教学。截至 1950 年 10 月,各地给教育部的报告显示,除华北区政治课"各校已组成了教学委员会"②外,"上海的 37 所院校中有 17 所已经成立了政治课教学委员会,其余 20 所正在准备成立。西南地区的 34 所院校中 18 所成立了政治课教学研究指导组,7 所成立了政治课教学委员会"③。可见这种组织形式是政治课开设初期高校普遍存在的组织模式。

(二)高校政治课教学委员会的运行

虽然各校的政治课教学组织名称有所不同,但都是在学校行政直接领导下,把该校全体政治理论课教师及学生代表组织起来,分为"教学委员会、班(中层)及小组(基层)三种","教学委员会增设专任秘书一人至三人"④负责协调具体事务。其任务为:"①讨论、制订并实施教学计划与教学大纲;②研究、检查讲授内容及教学方法;③汇集教学中所提出的问题进行系统的研究工作;④领导与组织学生的自学和讨论并考核其成绩。"⑤如 1949 年 10 月 7 日,清华大学校务委员会按照高教会的指示,动员文法学院的老师参与,组成了"共同必修课委员会",后改为"辩证唯物论与历史唯物论教学委员会"(简称"大课委员会"),开始了政治课的教育教学工作。其组织系统如图 3。

---

① 《高教会昨开各院校联席会决定必修马列主义理论》,《人民日报》,1949 年 8 月 17 日第 5 版。

② 《高等教育文献法令汇编(1949—1952)》,高等教育部办公厅,1958 年 2 月,第 75 页。

③ 胡建华著:《现代中国大学制度的原点:50 年代初期的大学改革》,南京师范大学出版社 2001 年版,第 135 页。

④ 段忠桥主编:《建国以来普通高校马克思主义理论课和思想品德教育课课程设置及教学内容历史沿革资料汇编》(上编),高等教育出版社 2004 年版,第 52 页。

⑤ 同②,第 79 页。

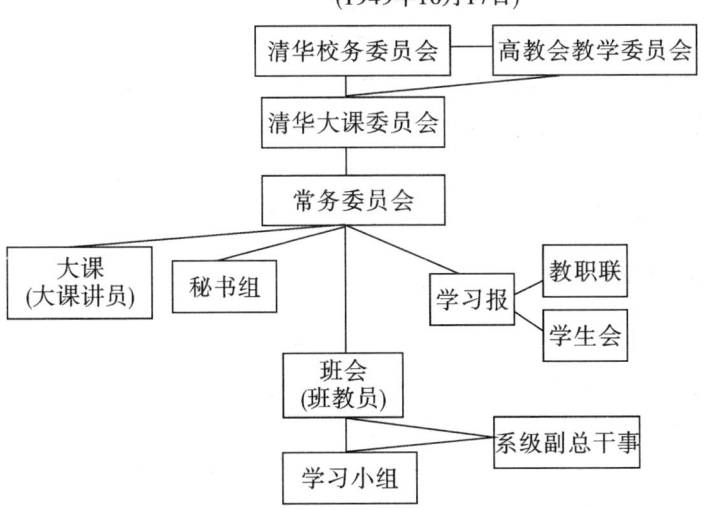

图 3　清华大学政治课教学委员会组织系统图

资料来源:清华大学校史研究室:《清华大学史料选编》(第 5 卷)上,清华大学出版社 2005 年版,第 194 页。

从清华大学政治课教学委员会组织系统图可以看出,清华大学政治课教学委员会隶属于高教会教学委员会和校务委员会的领导,下设常务委员会具体负责全校的政治课教学工作。它是将全校学习该课目的学生组织起来,建立相应的学习组织(设立班、小组等中层与基层组织),采取"大课讲演、小组讨论和班会"①的方式学习。如清华大学主要将学生分为两百多小组和二十多个大班,组织上有五个层次"学习小组(十人到二十人),班会(一百人到二百人),全校大课(二千多人),本校的大课委员会,高教会的教学委员会"。学习过程:"由大课委员会指定一教员在全校大课中做一启发性的演讲,并发出讨论提纲指导学习小组进行讨论,目的在于暴露问题。委员会集中所有问题加以研究,由班教员传达给班会,共同解决所提出的问题。"②简言之,就是"教员上大课做启发报告,小组漫谈讨论,大班讨论由教员做总结"。③

---

①《清华大学史料选编》(第 5 卷)上,清华大学出版社 2005 年版,第 196 页。
② 同①。
③ 金凤:《教授学生团结互助 北大清华教学改进》,《人民日报》,1949 年 12 月 9 日第 3 版。

这种教学组织直接在校行政领导下工作,能调动各方力量保证全校政治课的学习,有效解决了课程设置初期在高校推行时遇到的一些困难。但也存在职责不清,分工不明的弊端。1950年教育部下发的《关于华北区各高等学校本学期政治课教学计划的几点指示》中提出,政治课"教学委员会如何分工以及各部门的任务是什么,有的学校没有提,有的提得很简略。应讨论研究再拟订具体计划,以便于更有组织地推动工作"。可见对这种教学组织如何有效运行还在不断探索中。随着教育部门引进和大力推介苏联的教研组(室)模式,各校政治课教学委员会被教研组(室)逐步取代。

三、政治课各科目教研组(室)

教研组又称"教学研究指导组""教学研究组"或"教研室",是苏联高等学校里的一种教学组织。最初介绍到中国时曾译为"讲座制"①,"教研室"②是成仿吾翻译并在中国人民大学设立,后成为高校普遍设立的教学组织,是"新大学区别于旧大学的一个主要特征"③。随着苏联专家的到来,思想政治理论课也逐步建立起相应的稳定的组织模式,目前"教研室"仍是高校思政课教学的基本组织单位。

(一)教研组的设立

1. 中国人民大学最早设立此组织

中国人民大学是为学习苏联先进建设经验而专门成立的第一所新型大学,筹建之始就由苏联专家菲力波夫等人参与。在专家们的指导下"各系设教学研究组"④开展教学工作。思想政治理论课在这所新型高校受到高度重视,当其他学校的思政课在"政治课教学委员会"领导下运行时,中国人民大

---

① 《人民日报》记者金凤根据苏联教育行政专家魏力契可夫斯基、马列学院教授阿尔钦吉夫以及中国人民大学教研室主任齐维珂娃教授的谈话笔录,在1950年5月8日《人民日报》上发表《介绍苏联高等学校的"讲座制"》一文。
② 苏联的教学组织叫"卡菲德拉"当时有人翻译为"研究室",有人翻译为"教学组",中国人民大学副校长成仿吾"认为都不全面。因为这个组织不仅有教学任务,而且有科研任务,它一旦成立就会'创造出一种新的生产力,即集体力'。他经过再三研究,创造出'教研室'这个名称,并经过校领导讨论,决定在全校建立教研室。"见刘葆观主编:《在神州大地上崛起——中国人民大学回忆录(1950—2000)》上卷,中国人民大学出版社2007年版,第169页。
③ 胡建华著:《现代中国大学制度的原点:50年代初期的大学改革》,南京师范大学出版社2001年版,第251页。
④ 《高等教育文献法令汇编(1949—1952)》,高等教育部办公厅,1958年2月,第43页。

学仿照苏联设立教研室,作为保障思想政治理论课教学的基本组织单位。"全校设共同课马列主义、中国革命史、辩证唯物主义与历史唯物主义等七个教研室,由教务部直接领导,成仿吾亲自兼任辩证唯物主义历史唯物主义教研室主任。"①1951年4月,成仿吾在《人民教育》上发表《中国人民大学的教研室工作》一文,对人大教研室成立一年来如何开展工作,予以介绍,并指出:"我们一年来的体验证明了,教研室这样的组织是新式高等教育的强有力的武器,它使我们能够发挥高度的集体的力量,完成非常困难的任务。……新中国的高等教育需要普遍地采用这样新的组织,以新的工作成就为国家建设服务。"②

2. 教研组在全国高校逐步设立

新中国成立初期,除了聘请苏联专家的高校,大部分学校对教研组不太了解。尽管1950年6月第一次全国高等教育会议通过了《高等学校暂行规程》,关于教学组织第十八条进行了专门规定,但大部分学校仍然没有该组织。经过半年多的教学实践,1951年4月9日,教育部对全国51所高校的教学计划进行审查,"发现部分学校已成立了若干基本课程的教学研究指导组,对教学工作的推进起了很大的作用,这说明教研组对于推进教学工作确是有着极重要的意义,今后必须大力开展组织"③。于是教育部在5月发出《华北区高等学校教学研究指导组暂行办法》,对教学研究组的任务做了更为具体的规定。1951年7月教育部发出《对各大行政区分别召开暑期高等学校政治科目讨论会的指示》,对各区召开思想政治理论课讨论会提出六条原则,其中一条要求各地专门对教学组织进行讨论,"关于教学组织,应加强集体教学充实和改善教学小组和教研组的工作"④,并一同下发苏联专家A.M.阿尔辛节夫发表在《人民教育》(一卷二期)上的文章《关于苏联高等学校的教学研究指导组问题》,供各校讨论时参考。可见,教育部对思想政治理论课建立教学组织已经高度重视。随后9月10日,教育部发出《关于华北区各高等学校1951年度上学期进行"辩证唯物论和历史唯物论"等课教学工作的指示》,明确各校要建立专门的思想政治理论课教学组织,条件不够的可以先合并成一个教研组,并规定教务长对其负责。"各高等学校必须重视

---

① 刘葆观主编:《在神州大地上崛起——中国人民大学回忆录(1950—2000)》上卷,中国人民大学出版社2007年版,第169页。
② 《成仿吾教育文选》,教育科学出版社1984年版,第48页。
③ 《高等教育文献法令汇编(1949—1952)》,高等教育部办公厅,1958年2月,第63页。
④ 同③,第82页。

并注意建立正规的和完备的教学组织"①。要把"现有的政治教学委员会(或大课委员会)应改为各该课目的教学研究指导组"②,建立相应的新民主主义论教学研究指导组、政治经济学教学研究指导组和辩证唯物论和历史唯物论教学研究指导组,作为该三课目的基本单位,"条件不够者,可以两门课目合组成一个教研组或先成立教学小组"③。要求"教务长对于该三门课目的教学研究指导组的工作,负有计划、组织、督导检查之责"④。这些文件的颁布,使各课目的思想政治理论课教学组织开始逐步建立。从上海市各高等学校政治课教学组织的建立情况表(见表2)可以看出,各高校政治课教学组织普遍从1952年陆续建立,到1955年至少建立了一个这样的组织机构,使思想政治理论课的教学得到了切实保证。

表2 上海市各高等学校政治课教学组织机构情况表(填表时间1955年4月)

学校	教研组名称	领导关系	成立时间(年)
交通大学	马克思列宁主义基础课程教研室 包括:中国共产党革命史小组 马克思列宁主义基础小组 政治经济学小组	政治辅导处	1952
同济大学	马克思列宁主义教研室 包括:中国共产党革命史小组 马克思列宁主义基础小组 政治经济学小组	政治辅导处	1953
华东纺织工学院	马克思列宁主义教研组	教务处、辅导处共同领导	1954
华东化工学院	马克思列宁主义教研组	教务处	1952
上海水产学院	政治理论课教研组	教务处	1953

---

① 《高等教育文献法令汇编(1949—1952)》,高等教育部办公厅,1958年2月,第82页。
② 同①,第83页。
③ 同②。
④ 同②。

续表2

学校	教研组名称	领导关系	成立时间（年）
上海第一医学院	政治理论课教研组	教务处（领导）政治辅导处（指导）	1954
复旦大学	马克思列宁主义基础课程教研组	校长	1954
	中国革命史教研组	校长	1952
	政治经济学教研组	校长、经济系主任	1950
	辩证唯物论与历史唯物论教研组	校长	1953
上海第二医学院	中国革命史小组、政治经济学小组、马克思列宁主义基础教研组	院长	1953
华东师范大学	中国革命史教研组 政治经济学教研组 马克思列宁主义基础教研组	校长	1953
上海师范专科学校	中国革命史教学小组	校长	1954
上海俄文专科学校	马克思列宁主义基础教研室	教务处	1953
上海财经学院	马克思列宁主义基础教研组	教务处	1952
	政治经济学教研组	教务处	1952
华东体育学院	政治教学小组	教务处	1952
华东音乐分院	政治理论课教研组	总支 教务处	1955
华东戏剧分院	马克思列宁主义教研组	教务处	1954
华东政法学院	中国革命史教研组	教务处	1952
	政治经济学教研组	教务处	1952
	辩证唯物论与历史唯物论教研组	教务处	1954

资料来源：《上海市各高等学校政治课教学组织情况表》(1955年4月)，上海市档案馆，编号A26-2-390-84,第84页。

（二）教研组的特点

首先，人员构成不同于早期的学校政治课教学委员会，政治课教研组

(室)构成人员中不包括学生,只把"担任一门或几门同种类的课程的教师们组织起来,共同进行教学与研究工作"①。

其次,这个组织机构虽然也属于学校行政领导,但有的学校直接受校(院)长领导,而有的学校规定其直接受教务处或政治辅导处领导(见表2),出现了多头领导的现象。

再次,职能不同。校政治课教学委员会主要担负着组织学生进行政治课教学的任务。各科目教研组不但要做好政治课的教学工作,还要进行科学研究和师资培养工作。正如成仿吾介绍人大教研室的工作:"①组织教研室工作人员的教学工作(讲课、课堂讨论、习题等)并保证教学质量。②教学方法上的工作(制定教授大纲、课堂讨论计划、实验计划、习题和答案选集等)。③编写教材(讲义、参考书和图表等)。④科学研究工作(专题科学研究)。⑤与企业和政府机关的协作。⑥提高教师思想理论水平的工作。"②集体性、计划性、明确性、统一性是教研组的明显特征。

最后,重视教研组(室)主任的人选。因为教研室主任要对教研组的一切工作负责,"他要在每学期初订出教研室会议日程,规定某些教师在会议上的报告。教研室应做的提纲、实习计划和教材图表等,都经他分配给某些教师,并负责审查,或组织审阅。"③教研室主任不但亲自听本组教师的讲课和课堂讨论,并指出优缺点,帮助改进,他还"经常注意教师在科学质量与思想水平方面的提高,并给予各种协助。为此,教研室主任要领导与督促教师们的科学研究工作,组织他们学习马列主义与研究时事,并帮助他们与实际联系。"④。因而教研室主任往往是本学科最有经验、最有学识的教师担任,并且直接由校长任命。

四、管理体制特征

初创时期的思想政治理论课教学组织不断变化调整,各校采取的组织机构时间并不同步,1952 年以后,以苏联为蓝本的教研组(室)在各校建立后,教学组织逐步固定下来,组织机构的管理呈现出以下特征。

(一)教育行政导向明显

新中国成立初期,我国的高等教育行政先后经历了大区行政领导、中央统一领导、中央与地方(省、直辖市、自治区)两级管理的体制。中央级别管

---

① 《成仿吾教育文选》,教育科学出版社 1984 年版,第 44 页。
② 同①,第 45 页。
③ 同①,第 47 页。
④ 同①,第 48 页。

理高校思想政治理论工作的行政机构主要是教育部,1952年11月之后是高等教育部;地方上经历了各大区文化教育部(局)、省教育厅,中心城市设立的文化教育委员会等。对高校思想政治理论课教学组织的管理,主要是通过发出的"通知""指示"等文件来规范和指导,同时对实际工作进行检查、督导、组织座谈会等进行交流和研讨。因此,高校思想政治理论课的教学工作受中央、省(直辖市、自治区)的指示指导,行政管理体制表现出强大的约束和控制力。当然,这也是这门课程和教学组织得以在高校顺利运行的首要前提。

(二)垂直领导向多重领导转变

1. 垂直领导

高校内部的思想政治理论课教学组织在其开设初期,是由各高校校务委员会负责组建直接领导的。1949年8月华北高教会要求各高校的校务委员会对各校的政治课直接负责;1950年8月14日颁布的《高等学校暂行规程》规定大学及专门学院采校(院)长负责制,校长负有领导全校(院)教师、学生、职员、工警的政治学习,明确校长对各校的政治学习负有直接责任。可以看出这一时期,高校的思想政治理论课与校行政发生直接关系,接受校长的垂直领导。这种领导模式具有迅速贯彻中央和上级命令,高效运转的特点,比较适合于困难重重的创建初期,随着思政课在高校的各项工作趋向稳定,各项具体事务亲自由事务繁忙的校长解决不大可能。

2. 多重领导模式并存

从表2上海市各教学组织的领导关系一栏中可以看出,从1952年开始建立的思想政治理论课组织,有的直接受"校(院)长"领导,有的同时接受"政治辅导处"的领导或"教务长(或教务处)"的领导,有的受到这两者的共同领导;有的接受校长和某些系主任的领导;有的在校长领导下,还受"总支和教务处"共同领导,呈现出垂直领导、间接领导和双重领导的局面。这种多重领导模式并存,反映出新中国成立初期高校思想政治理论课处于探索中,教育部门不同文件对于思想政治理论课的领导有不同的表述,各校在实际操作中遵循标准不一致,因而出现多种模式并存的局面。

多重领导模式中除了直接受校长领导外,其他都是通过中间环节受校行政领导。间接领导模式的优点能减轻校长的工作任务,特别是在决策已经做出、方针明了的情况下,即使工作繁忙的校长长期外出,思想政治理论课在相关部门的领导下仍能正常运行。其缺陷在于:多重机构对思想政治理论课都有领导责任,同时兼有其他的工作职责,而领导责任没有明确的界限,机构之间难以协调,从而容易出现有了问题不能迅速解决、互相推诿等现象。

(三)逐步趋向党政合一

高校采取何种管理方式,如何处理好学校行政与党组或党委关系,新中国成立以来一直处于不断探索中。思想政治理论课作为高校一门必修课程应该由学校行政对其进行管理,但是从做好大学生思想政治工作来看,这是高校党委的分内之事,因而1949年到1956年,思想政治理论课的领导归属与高校的行政管理一样,呈现出以行政主导逐步向党政合一转变的趋势。

新中国成立后,高校设立校务委员会管理学校事务,同时规定"大学和专门学院采取校(院)长负责制",校长有"批准校(院)务委员会决议"①的职责。政府非常重视高校校长的人选,国务院从1949年开始逐步任命一批知名人士到各高等学校担任校长一职。同时,中国共产党在高校也逐步建立党组织。但在1952年以前,校长作为管理者被赋予大学管理的最高权限,这与大学里党组织的最高领导者党委书记的分工不同,"在全国规模的院校调整进程中,由于过分强调校长责任制,当时大学内的党组织仅在政治上发挥核心作用,没有起到指导管理作用。"②随着大规模的"三反""五反"运动进行,党逐步加强了对高校的领导,中央认为"党过去在学校中的工作,是很薄弱的"③。要求各地在"三反"运动中逐步创造条件,将来建立一个"属于学校行政系统之内的经常性的政治工作机构。……它的任务是管理全校的政治工作"④。因而在运动结束后,将派往高校进行三反工作的干部留下一部或大部,⑤另外还抽调一批党员到高校工作,组建政治辅导处,加强对思想政治工作的领导。1952年10月,中央正式发出《关于在高等学校有重点的试行政治工作制度的指示》,要求"全国各高等学校在思想改造学习后,应有准备地在校内设立政治工作机构,其名称可称为政治辅导处"⑥。要求"政治辅导处的正副主任应参加校务委员会及教务会议"⑦,政治辅导处参与校行政开始对高校的政治理论课进行领导;1955年10月,高等教育部发出《关于北京农业大学等八所高等农林学校工作的指示》,提出要改进和加强政治思想

---

① 《高等教育文献法令汇编(1949—1952)》,高等教育部办公厅,1958年2月,第54页。
② 王亚朴编:《高等教育管理》,华东师范大学出版社1983年版,第227页。
③ 《中共中央文件选集》第8册,人民出版社2013年版,第376页。
④ 同③,第306页。
⑤ 同③,第363页。
⑥ 同①,第99页。
⑦ 同⑥。

教育工作,"政治理论课教研组应逐步地担负起帮助教师的政治理论学习,……成为党在学校内进行全面政治思想工作的有力助手"①。随着高校批判唯心主义和发扬唯物主义运动深入,中央发出《关于配备高等学校政治工作干部的指示》,要求各省、市委在规定的时间内为所属高校配齐党委书记,其选拔的"政治条件应大体相当于正、副校(院)长,其名单需报请中央批准"②。以加强对学校政治工作的领导;1956年9月26日中国共产党第八次全国代表大会通过和修正的党章第51条规定,"企业、农村、学校和部队党的基层组织必须对所属的行政机构或群众组织进行指导和监督"③。按照这个规定,高校很快产生了党委领导下的校务委员会责任制,党委对高校教育教学工作直接领导,包括思想政治理论课。

第二节　新中国成立初期高校思想政治理论课的师资队伍

教育的关键在教师。不管教育部门对思想政治理论课多么重视,课程方案制订得多么完善,但课程教学效果还是需要教师来保障。新中国成立初期,高校思想政治理论课教师数量少,业务水平不高,为扩大教师队伍和提高师资质量,党和政府下发多份文件做出相关部署(主要的文件有:1952年9月中共中央发出的《关于培养高等、中等学校马克思列宁主义理论师资的指示》;1952年10月教育部下发的《关于在高等学校有重点的试行政治工作制度的指示》;1952年11月《关于华北区高等学校1952年暑假"新民主主义论"教学讨论会情况的通报》;1955年4月刘子载副部长在高等工业学校、综合大学校院长座谈会上的发言,即《关于高等学校的政治思想教育工作》;1955年11月,高等教育部颁发《关于加强培养哲学干部及哲学系工作的决定》;1955年12月《关于聘请苏联的马列主义专家帮助有关学校政治理论课教研室(组)工作的通知》),最终建立起了一支政治觉悟高、有一定理论素养、肯钻研的专任教师队伍。

---

① 《高等教育文献法令汇编》第3辑,高等教育部办公厅,1956年5月,第44页。
② 《中国共产党宣传工作文献选编》第3卷,学习出版社1996年版,第1051页。
③ 《中国共产党章程(之二)》,《人民日报》,1956年9月27日第3版。

一、师资队伍面临的困难

新中国成立初期,思想政治理论课作为一门新学科刚刚起步,教师队伍面临的主要困难为:一是教师数量比较缺乏,二是教师整体教学水平欠佳。

(一) 数量少

新中国成立初期,高校思想政治理论课教师始终存在数量少的情况,这是由客观原因决定的。第一,旧政权不可能提供现成的马克思主义理论师资。第二,新中国成立伊始,各地急需干部,派往学校任职的干部数量有限。虽然中国共产党在解放区创办的革命大学有讲授政治理论课程的教师,但数量也不足。以中国人民大学为例,人大是以华北大学为基础成立的,刚成立时"老解放区的教员只有五十五人"①,马列主义教研室"仅有几个一般的政治教员"②。就连中国共产党创办的以思想改造为主的革命大学,也存在这类师资短缺的现象,不得不采取全校学生上大课的形式,缓解师资压力。可见,一般高校的思想政治理论课师资很难保证。第三,师资的培养工作是一项长期的系统工程。新中国成立初期积累了师资培养的经验,也提供了一定的数量,但仍存在不足的问题。1954年北大、清华和师大三校共有105名政治教员,今后5年内该3校共需政治教员280人,缺额170人。③即使到1956年,各党校逐步配备和培养了一部分教员,但仍存在"许多教研室派不出教员去作辅导,甚至有的党校有的课程到现在还没有人教"④的情况。综观以上可以看出,输送、培养思想政治理论课教员是新中国成立初期的一项严峻任务。

(二) 水平低

新中国成立初期,思想政治理论课教师除了数量不足,还面临整体水平不高的情况。表现在以下几方面:第一,从教师的主要来源(注:下文将进行具体分析)看,思政课教师要么兼职、要么从外面调入或是相关文科专业转行而来,普遍缺乏系统理论知识的储备。第二,从职称上看,讲师和高级职称很少,助教数量众多,影响课程教学质量。以上海市为例,1955年7月上海"现有政治课教师333人,青年教师、助教、教学辅导人员占多数计252人,

---

① 《中国人民大学培养教员的若干基本经验》,《人民日报》,1953年3月27日第3版。
② 云光:《感谢苏联专家对我们教研室的帮助》,《教学与研究》,1953年第6期,第5页。
③ 陈大白主编:《北京高等教育文献资料选编(1949—1976)》,首都师范大学出版社2004年版,第162页。
④ 《中共中央文件选集》第20册,人民出版社2013年版,第366页。

占76%，教授副教授只有23人，占6.91%"，由于讲师以上教师短缺，"各校普遍缺乏主讲教师，缺乏称职的教研室主任及教授。在第一医学院的四个政治经济学教师中，不仅没有教授，连讲师也没有，都是助教，因而教学质量不高"①。第三，师资分配不平衡。综合性大学、财经、政法和师范性学校师资力量稍强，而其他一些学校薄弱。以1954年的北京市高校为例，"从学生与政治教员的比例来看：中国人民大学50个学生有1个政治教员；北大、清华、师大、京工、铁院和农大等学校约100个上政治课的学生有1个教员；其他航空、石油、北医等13校约150个上政治课的学生才有1个教员，航空2 000学生只有6个教员；体育学院和第五学校至今尚无教员"②。第四，从教学经验上看，绝大多数思想政治理论课教师教学时间短，教学经验不足。据北京大学统计，1954年共有29名思想政治理论课讲课教员，其中讲课两年以上的只有4人，一年的6人，1953年新讲课的就有19人，存在着"讲稿墨迹未干就走上讲台"的局面。③北大如此，其他高校可想而知。担负着轮训干部的党校也存在"即便是有十来个人的教研室也没有一个能全部教授本门课程的教员，多是要费很大力气准备后才能讲一二章"④的情况。第五，思想政治理论课讲课效果不佳。1956年中央宣传部、组织部召开的党校工作座谈会时提出：有的政治课教师"上课时多是抽象地罗列许多理论原则，对马克思列宁主义的立场、观点、方法却交代不清，对党的政策决议和学员存在的思想问题避而不谈，或只是照苏联或中国专家讲过的例证照样引用一下，或是顺手牵羊地随便举个例子来应付一下"⑤。因而，提高思想政治理论课教师的教学水平也是一项长期工作。

二、扩大师资队伍的措施

新中国成立初期，思想政治理论课教师尽管质量问题有待提升，但当务之急是确保一定数量。面对思想政治理论课教师严重不足的局面，教育部门不得不放宽条件，扩大师资来源。主要采取吸收旧知识分子参与教学，派遣大量老干部到高校工作，新政权吸收优秀党团员、扩大文史哲等系科的招生名额、全国统一分配等形式保证师资，建设起一支师资队伍。

---

① 《中国共产党上海市高等学校委员会关于上海高等和中等专业学校政治课师资情况和意见的报告》(1955年7月2日)，上海市档案馆，编号 A26-2-390-23。
② 陈大白主编：《北京高等教育文献资料选编(1949—1976)》，首都师范大学出版社2004年版，第161—162页。
③ 同②，第162页。
④ 《中共中央文件选集》第20册，人民出版社2013年版，第366页。
⑤ 同④，第362页。

（一）吸收旧知识分子

吸收旧知识分子参与思政课教学，是新中国成立初期思想政治理论课师资的一个重要来源，这显然与中国共产党提出的"争取、团结、改造、培养知识分子"的政策息息相关。1948年中共中央中原局公布的"指示"中规定：各级领导机关，应从政治上认识知识分子工作的重要性，应利用各种机会和通过各种方式，进行口头的或文字的宣传，说明共产党对于知识分子的政策方针，取得知识分子的理解，使他们站在共产党一边，同时"使原有大中学校的教员教授，得以继续从事教育事业"①。

这一时期中国共产党政策重点是注重发挥原有知识分子的作用。因而1949年9月7日，华北高等教育委员会发出了"关于教职员工之聘任原则"的通知，对补充和增加教师数量，需要重新任用教师的原则做了规定。对于新聘教师，大学"必须注意选择学问笃实，在政治上至少不反动，且能力求进步者"②。在这一原则的指导下，对聘任讲授政治课的人员，华北高等教育委员会提出："各校校务委员会将该校讲授政治、经济、法律、历史哲学等学科而对马列主义的理论有研究兴趣的教授、讲师、助教组织起来。"③在高教会的指导下进行教学工作。而上海高教委则提出："各校政治教员的人选，大致包括民主人士，开明教授……"④从这些规定可以看出，思想政治理论课开设初期，思政课教师准入门槛很低。对教师政治思想方面的要求比较宽松，旧政权下的教师凡是对马列主义感兴趣的，只要是开明、民主教授都可以参加到政治课的教学中，对业务水平几乎没有提出要求，充分体现了中国共产党吸收和利用旧知识分子的政策。当然另一原因也在于，如果要求严的话，难以有胜任的教师。但是，这一方针也在不断发生变化，不论对于新任或在任教师，准入要求日趋严格。如1949年12月要求"政治课教授请假或离职找人代理时，须经高教处同意"⑤。1950年9月高教局专门下发《上海市大专院校政治教学进行办法及政治教授助教聘请暂行办法》，规定各高校不得

---

① 《中国共产党中原局发布指示 争取团结改造培养知识分子》，《人民日报》，1948年10月21日第2版。
② 《华北高等教育委员会法令选辑》，全国高等教育委员会编，1949年12月，第9页。
③ 《高教会昨开各院校联席会 决定必修马列主义理论》，《人民日报》，1949年8月17日第5版。
④ 《上海市公私立大专学校政治教学概况》（1949年12月8日），上海市档案馆，编号B1-1-2198。
⑤ 《上海市公私立大专学校政治教学概况》附件《高等教育处第四次政治教员会议总结》（1949年12月25日），上海市档案馆，编号B1-1-2198。

对政治课教师随意进行聘任或解聘,各校政治课教师的聘任工作必须报高教局批准。①

(二)选派老干部

经受长期战争锻炼的党内老干部,不仅斗争经验丰富,而且党性强,理论素养较高,是传播新意识形态工作的不二人选,新政权注重发挥他们的作用。在思政课开设初期任用他们,主要是弥补教员不足;后来注重发挥他们的领导作用,以保证思想政治理论课发展的大方向。

1. 弥补思政课教员不足

新中国成立伊始,一些老干部往往有自己的本职工作且工作繁忙,但党和政府仍聘任他们兼任高校思想政治理论课的教学工作,以弥补教员严重不足的局面。以上海私立大同大学政治课教师的构成为例(表3),从表中可以看出,原有教师只有大同大学的夏炎德、张一凡、蒋畴余和来自中央大学的萧叔纲教授,这四人都曾出国留学,属于民主人士。其余教师则是兼职,皆来自政府部门、机关、企事业单位和军代表,大部分有革命经历。尽管老干部常常来去匆匆,"与学生缺少联系,无法经常了解学生的思想情况"②,但在师资极度奇缺的状况下,他们仍是思政课教学的合适人选。

表3 大同大学1949—1950学年政治课教师信息表

政治教师姓名	聘请时间	简单履历
江春泽	上、下学期任职	时任中国新民主主义青年团上海市工委,上海青工部副部长,沪西区工委书记,华东工委青工部副部长。
吴黎平	上、下学期任职	曾留学苏联,时任中国共产党沪西区委书记,延安时期已经是著名的马克思主义理论翻译家。
邢象超	上学期任职	曾先后担任华东局青年委员会宣传部干事,《新闻日报》编辑、组长和总编室副主任等。
姜庆湘	上学期任职	新中国成立后曾先后在华东新华书店编辑部、大夏大学经济系、复旦大学经济系、中国科学院上海经济研究所、上海财经学院贸易经济系、上海中医学院等单位任编辑、教授、系主任等。

---

① 参见《华东军政委员会教育部通知》附件《上海市大专院校政治教学进行办法及政治教授助教聘请暂行办法》(1950年9月2日),上海市档案馆,编号Q241-1-126。

② 《上海市公私立大专学校政治教学概况》(1949年12月8日),上海市档案馆,编号B1-1-2198。

续表3

政治教师姓名	聘请时间	简单履历
陈敏之	上学期任职	时任上海市建设委员会秘书长、上海社科院经济所所长等职。
程万里	上学期任职	时任上海电力公司军代表。
伍丹戈	上、下学期任职	时任上海市人民政府税务局顾问。
曹汉奇	下学期任职	南开大学毕业,时任《求是》半月刊及《大众文化》出版社总编辑,南开大学教授。
桂实之	下学期任职	时任中纺十一厂军代表兼厂长。
葛恒	下学期任职	时任中纺三厂军代表。
朱人杰	下学期任职	时任华东财经办生产部的秘书主任和中纺二厂的军代表。
古辛	下学期任职	时任华东财经办生产部第一总管处主任和纺印染印厂副军代表。
多普照	下学期任职	曾任济南市警备部组织部长,江宁区接管委员会专员。
曹锦焕	下学期任职	时任上海民主妇女联合会委员。
徐亚夫	下学期任职	时任上海市人民政府秘书处第三科科长。
金诺	下学期任职	正风文学院文学系毕业,延安马列学院毕业,抗日军政大学、华中建设大学等校教师,上海市高教处训练班副主任,时任华东教育部政治教育科副科长。
蒋畴余	上、下学期任职(大同原有教师)	曾在英国伦敦大学经济学研究院学习,时任大同大学总务长。
张一凡	上、下学期任职(大同原有教师)	毕业于日本早稻田大学经济学部,时任大同大学工商管理系主任。
夏炎德	上、下学期任职(大同原有教师)	英国伦敦大学经济学硕士,曾任国立暨南大学、私立大夏大学、国立四川大学、中央大学等教授与经济系主任及中央研究院秘书。
萧叔纲	下学期任职	美国加利福尼亚大学毕业,曾担任中央大学政治经济学教授。

资料来源:《大同大学学期工作总结政治教育部分》,上海市档案馆 Q241-1-126-121,第 2 页;《大同大学关于聘请校长、各系科主任、委员会委员、政治课教师及校、系科主任辞职和解聘职员等与华东教育部的来往函件、名单》,上海市档案馆 Q241-1-48;Q241-1-28,第 12、35 页。转引自陈红:《1949—1952 年高校教学改革研究》,华东师范大学硕士论文 2011 年,第 32—33 页。

2. 发挥领导骨干作用

高校随着"三反"运动的开展和组织清理工作的进行，教育部认识到学校思想建设工作的中心环节是"提高马克思列宁主义的政治理论课程的教学水平"，由于"普遍缺少足够称职的政治理论师资，以致这些课程的教学水平一般都不高"，①因而党和政府把老干部的力量，主要用在培养师资和全面负责政治理论课教研室工作方面。1952年9月，中共中央要求各中央局、分局及地方党委，"应选派政治理论水平较高的干部到马克思列宁主义研究班及政治教育系或政治教育专修科教课"②，作为专任或兼任教师均可；同时要求各地区要"大力动员政府、党委、群众团体中政治理论水平较高的干部到学校兼课，或设专题讲座，帮助政治理论教师备课"③。同年10月，随着中央提出有条件的学校要建立政治工作制度，加强对高校的政治领导，先后有62所高校设立了政治辅导处。按照中央要求，各地区"选择政治理论水平较高、斗争经验较丰富的干部充任"政治辅导处主任，负责政治辅导处的工作，其中包括"协助教务处指导马克思列宁主义理论课程的教学"④。由于高校教务处负责全校的教学工作，任务繁重，因而大部分高校的政治辅导处实际上直接领导该校思想政治理论课工作。1956年大部分高校虽撤销了政治辅导处，但派往各校的老干部仍继续留下工作，发挥对思想政治理论课的领导作用。从1954年3月北京市高等学校委员会宣传部在《关于北京市高等学校学生政治理论课基本情况的报告》可以看出，当时北京市除中国人民大学外的17所院校中，"共有政治教员241名，党委干部及调来的老干部只有十几人，但他们确是教研室的领导骨干"⑤。

（三）培养新师资

新中国成立初期，除了吸收民主人士和调任老干部外，培养新的师资始终是思想政治理论课教师队伍建设的重点，主要途径有三。

1. 从学生中选拔优秀党团员

新中国成立初期，国内外形势复杂多变，土地改革、镇压反革命、"三反"

---

① 《普通高校思想政治理论课文献选编（1949—2008）》，中国人民大学出版社2008年版，第11页。

② 同①。

③ 《建国以来中央文献选编》第3册，中央文献出版社1992年版，第319页。

④ 《高等教育文献法令汇编（1949—1952）》，高等教育部办公厅，1958年2月，第99页。

⑤ 陈大白主编：《北京高等教育文献资料选编（1949—1976）》，首都师范大学出版社2004年版，第162页。

"五反"等政治运动,给在校大学生提供了丰富的社会实践锻炼机会,涌现出一批思想性、觉悟性和党性比较强的优秀党员、团员,他们的政治思想素质比较符合意识形态工作战斗性的需要。中央要求各高校注重从高年级中选拔一部分这样优秀的党员、团员,认为这是目前条件下培养思想政治理论课师资的最有效的方法之一。高校要有意锻炼他们,让他们"在本校担任政治理论课程的助教或助理"①,帮助他们系统地学习马列主义的理论知识,提升他们的知识结构,逐步把他们培养成高校的思想政治理论课师资。因而,注重选拔和培养优秀党员、团员是新中国成立初期思想政治理论课师资的主要来源。

2. 注重文史哲系科建设

新中国成立后,高等教育培养的毕业生中适合分配做思想政治理论课教师的学生不多,以政法专业毕业研究生为例,1950年7人,1951年13人,1952年47人,1953年80人。② 为改变毕业生过少的问题,高等教育部制订计划做出部署。首先,在具备适当条件的高校"设立政治教育系或政治教育专修科"③,并"适当增加综合大学文、史、哲系科的招生名额"④。如北京师范大学1953年开设政治教育系并招生88人。其次,利用师资条件好的学校加大培养力度。如1956年中国人民大学新设4门政治理论专业,每年招收本科学生1000人至1200人。⑤ 再次,专门增设哲学系,规定招生名额,以提高师资来源和质量。高教部要求师资力量强的北京大学哲学系,于1956和1957年各招生70人,并在中国人民大学和武汉大学增设哲学系,抽调北京大学的部分师资到这两校帮助建系,规定人民大学1956和1957年各招生40人,武汉大学1957年招生40人。⑥ 重视文史类系学科建设,扩大相关专业学生的培养规模,是新中国成立初期思想政治理论课师资的重要来源。

3. 统一分配确保思政课师资名额

新中国成立伊始,百废待兴,掌握较高科学文化的大学毕业生供不应求,政务院和教育部从国家发展的战略出发,多次发出指示,要求各地在分配高校毕业生时重视高校师资工作。如政务院《关于1952年暑期全国高等

---

① 《建国以来重要文献选编》第3册,中央文献出版社1992年版,第318页。
② 高等教育部:《全国高等教育统计资料简编》,内部资料,1955年。转引自王永华:《高校思想政治教育队伍建设的历史考察与时代启示——以建国初期为例》,《南昌师范学院学报》(社会科学版),2015年第1期。
③ 《普通高校思想政治理论课文献选编(1949—2008)》,中国人民大学出版社2008年版,第11页。
④ 《高等教育文献法令汇编》第3辑,高等教育部办公厅,1956年5月,第16页。
⑤ 《高等教育文献法令汇编》第4辑,高等教育部办公厅,1957年5月,第6页。
⑥ 同④,第97页。

学校毕业生统筹分配工作的指示》要求高校"加强教育建设和科学研究工作,……除配备师范毕业生全部外,并配备文史、理科及其他科系毕业生一部分","担任人民教师的工作"①。1952年教育部发出《关于实现1952年培养国家建设干部计划的指示》,要求"各地在分配暑假毕业生时,应挑选优秀者留校充当见习教员或政治辅导员"②。1954年8月高等教育部在《关于清华大学工作的决定》中专门指出:"清华大学的师资补充,以留本校毕业生为原则。此外还须从其他较好的高等学校毕业生中,分批补充基础课程(包括政治理论课)和某些专业课程的教师"③。正是在相关部门的大力协调和统一指导下,大学毕业生经过统一分配(以上海高教局1955年高校毕业生分配任政治课助教分配方案为例,见表4),纷纷走上思想政治理论课教师工作岗位。毕业生统一分配制度,不仅使清华大学等著名高等学府的思政课教师得以及时补充(1954年清华大学有39名政治课教员,其中24人属于文史财经各系毕业分配的学生④),师资力量不断增强;另一方面,一些新成立的或比较薄弱的高校,思政课师资队伍也基本固定,结束了一位教师同时在几所学校任课的情况,保证了课程的顺利开设。

表4　上海高教局1955年暑期高等学校毕业生分配任政治理论课助教的分配方案

来源／分配学校	合计	东北财经学院	东北财经学院财政信贷系	东北财政信贷系	厦门大学	复旦大学	南京大学中文系	北京大学	四川大学	中国语言文学系	武汉大学历史系	厦门大学	南开大学历史系	南京大学	华东政法学院政治科	复旦大学经济系	中南财经学院	四川大学	北京大学哲学系	南开大学经济系	政治经济学科
合　计	54	10	1	1	1	2	1	1	1	2	1	1	3	13	9	2	2	3			
上海俄文专科学校	2	2																			
华东体育学院	1	1																			
华东化工学院	4	2												1							

---

①《高等教育文献法令汇编(1949—1952)》,高等教育部办公厅,1958年2月,第133页。

② 同①,第104页。

③《高等教育文献法令汇编》第2辑,高等教育部办公厅编印,1955年7月,第385页。

④ 陈大白主编:《北京高等教育文献资料选编(1949—1976)》,首都师范大学出版社2004年版,第162页。

续表4

来源 / 人数 / 分配学校	合计	东北财经学院财政信贷系	东北财经学院财政信贷系	厦门大学中国语言文学系	复旦大学	南京大学中文系	北京大学	四川大学中国语言文学系	武汉大学历史系	厦门大学历史系	南开大学	华东政法学院政治科	复旦大学经济系	中南财经学院	四川大学	北京大学哲学系	南开大学经济系	政治经济学科
华东纺织工学院	3	1											2					
山东工学院	3	1															1	1
南京农学院	1		1															
苏北医学院	1	1																
浙江大学	5	2			1	1		1										
厦门大学	1			1														
南京大学	8					2			1	1			1	2	1			
上海第一医学院	2								1				1					
交通大学	5								1		2						1	
同济大学	2										1	1						
复旦大学	2												2					
华东艺术专科学校	1												1					
华东航空学院	1												1					
华东水利学院	1													1				
南京工学院	2												1	1				
苏南工业专科学校	1													1				
南京林学院	2													1				1
浙江医学院	1													1				
安徽农学院	2													1	1			
安徽医学院	1													1				
合肥矿山学院	1													1				
福建医学院	1													1				

资料来源：《上海市高等教育管理局1955年高校毕业生分配任政治理论课助教分配方案》，上海市档案馆，编号B243-1-47-1。

三、提高师资水平的方法

思想政治理论课的教学效果不仅依赖一定数量的师资,还需要教师具有一定的教学水平。新中国成立初期,教育部门根据当时的实际情况,采取自学与集体指导相结合、校内培养与校外培训相结合、重视苏联专家在培养师资队伍中的作用等方法,提高思想政治理论课教师的教学水平。

(一)自学与集体指导相结合

自学很大程度上就是教师自觉主动学习、积极钻研,这是学习者提升自己的最好方法。集体指导就是依靠集体力量、发挥众人智慧,想办法、定制度帮助教师提高。新中国成立初期,自学与集体指导是提高师资水平的最基本方法。首先,由于条件有限,不可能所有的教师都外出参加系统的学习培训,自学是大多数思政课教师自身素质不断提升的有效途径,得到了教育部门和各高校自始至终的大力提倡。其次,思想政治理论课自开设之初就是在一定组织下进行的,不管是最初的政治课教学委员会,还是后来的教学小组或教学研究指导组,这种最基层的教学单位为发挥集体力量提供了保证。因而"一面发挥教研组的组织作用和集体力量对他们进行帮助,一面加强以自学为基本方法的业务学习"①,是提高思政课教师业务水平的最基本方法。各校各科的思想政治理论课师资情况不同,做法各异,以复旦大学1952—1953学年新民主主义论教研组为例,可以看出这种方法在培养助教中的作用。这一年复旦大学讲授新民主主义论的教师共6人,5人为助教,其中2人担任过政治助教3年,并在专科学校教过一学期本课程;1人担任过政治助教2年未教过课;2人刚从大学(只读过三年大学)毕业。教研组首先从思想上帮助这些助教打破顾虑、鼓舞信心,使他们认识到这是党交给的光荣任务,应以高度的战斗精神克服困难,并对其进行具体指导:①集体备课。主要肯定一课的观点、理论根据、基本内容、教学重点、讲授提纲以及教材的安排等。这为助教编写讲稿提供了基本条件,也提升了他们的业务水平。②重点听课与相互听课。全体助教要在教研组主任所任班级讲课时参加听课,随后研究他的讲课内容并修改自己的讲稿。每周教研组举行相互听课,互提意见。③在自学基础上进行漫谈互助。助教在备课和自学中所发生的问题,主要通过同志间的漫谈互助来解决。漫谈互助是在较为深入自学之后,在编写讲稿到一定程度之后进行。由于把自学与具体的集体指导相结合,这些助教同志基本上完成了开课任务,上课尚未出大的偏差,同

---

① 复旦大学新民主主义论教研组:《我们培养助教开课的初步经验》,《高等教育通讯》,1953年第8期,第45页。

学一般的反映尚好,助教上课的信心大大加强。①

(二)校内培养与校外培训相结合

新中国成立初期,党和政府不仅要求高校应以校内培养师资为主,发挥教研组和老教师的传帮带作用,同时开办培训班、马列主义研究班、讨论会等对教师进行培训,提高教师的业务水平。

1. 校内培养

校内培养主要利用教研组力量,发挥老教师作用,鼓励助教大胆开课,在实践中提高;对有一定教学经验的教师制订计划,让他们深入钻研理论。主要措施有:一是鼓励新教师开课,在实践中提升。讲课是锻炼教师的最好途径,"教师均应在教学实践中,努力提高自己的业务水平"②。讲课初期的思想政治理论课教师大都是在"边教边学"的情况下,把学习与工作相结合。有的学校采取教什么就首先专学什么的重点突击方法,达到现学现用的目的;有的学校给教师指定阅读参考书,要求认真做读书笔记,把阅读、读书笔记与备课内容相结合,重点深入钻研。③ 二是对于具备一定教学经验的教师,制订计划,着重于提升其知识宽度和深度。如北京大学新民主主义论教研组,"计划在四年内,围绕教学有步骤地组织系统的理论学习。第一年主要是一般的学习《中国革命的基本理论》《中国革命史》,打下教学的初步基础,以后再学习马克思列宁主义基础、政治经济学、哲学等"④。

2. 校外培训

校外培训主要是教育主管部门创造各种条件,加强在职教师的进修工作。如选送教师入中国人民大学马列主义研究班或入高级党校去学习;从在职助教和政治理论课专业毕业生中考选四年制正规研究生;挑选少数讲师或有一定教学经验的优秀助教在苏联专家指导下进修;举办全国性政治理论课暑期讲习班;试办经常性的政治理论课教研组主任专题讨论会等,把短期培训和长期培养、定期与不定期、交流与观摩相结合,形式灵活多样。⑤

---

① 复旦大学新民主主义论教研组:《我们培养助教开课的初步经验》,《高等教育通讯》,1953年第8期,第45—46页。

② 《高等教育文献法令汇编》第1辑,中央人民政府高等教育部办公厅编,1954年6月,第98页。

③ 北京俄文专修学校马列主义教研室:《我们半年来的培养助教工作》,《高等教育通讯》,1953年第11期,第33—34页。

④ 北京大学新民主主义论教研组:《北京大学新民主主义论教研组进行集体教学和培养教员的一些体会》,《人民教育》,1953年第4期,第25—26页。

⑤ 参见《高等教育文献法令汇编》第4辑,高等教育部办公厅,1957年5月,第6页。

这种有组织的校外培训形式,在提高师资质量方面发挥了重要作用。以马列主义研究班为例,1952年9月中央要求各大行政区选择有适当条件的高校开设马列主义研究班,有计划地培养师资。当年西北教育部负责筹划,在西北大学附设马克思主义理论研究班,抽调西北区各校院思想进步有培养前途的政治教员、助教及一部分高年级优秀的党团员学生共50人开班学习,研究期限一年。规定的课程内容有:以新民主主义(包括《新民主主义论》、中国人民政协《共同纲领》《新民主主义革命史》等)、马克思列宁主义基础(包括《社会发展史》《辩证唯物论与历史唯物论》)、政治经济学(以苏联列昂节夫的《政治经济学》为主要教材)为主。研究方法:依照所定课程内容,分别编为三组,同时进行研究。为了加强领导,在教育部直接领导下,选派政治理论水平较高的干部任班主任,并配备三至五人的教育干事,协同班主任进行工作,同时聘请理论水平高的干部或教师兼课。① 这种有组织、有计划的正规培训,大大提升了师资质量。如中国人民大学创设的马克思列宁主义研究班开办7年,共培养2500多名研究生②,他们中有相当一部分担任政治课的主讲教师,有的成为教研室主任,在工作中起到了骨干作用。

(三)重视发挥苏联专家作用

新中国成立初期,苏联专家对培养思想政治理论课师资发挥了重要作用。专家们不但帮助建立教研室,形成了一套培养师资的正规制度和方法(主要有如何备课、听课、讨论、辅导学生答疑等),而且亲自给教师上课,或发表文章介绍经验,或以巡回讲演等形式指导教师,成果显著。以中国人民大学马克思列宁主义教研室为例,该教研室1950年9月成立,在三年的时间里,前后得到5位苏联专家的指导和帮助,共培养了206名马克思列宁主义教员,这些教员分布到五六十所高校,"一部分已成为领导骨干"③。

由于来华苏联专家有限,为了让更多高校在苏联专家指导下提高教师水平,高等教育部聘请在华的马列主义专家,帮助未聘请专家的高校提高师资水平。高教部特规定苏联专家到这些学校不是讲课,他们主要的工作范围是:①指导教师进修;②指导科学研究工作;③指导教研室工作;④指导教学法工作。为最大限度发挥苏联专家作用,高教部还要求需要聘请专家的单位应制订具体计划,事先列出需要专家帮助的主要问题,帮助的方式,参

---

① 《中共中央文件选集》第10册,人民出版社2013年版,第177—178页。
② 吴惠凡:《新中国文科高等教育的"工作母机"——20世纪五六十年代中国人民大学的办学探索与贡献》,《中国人民大学学报》,2012年第6期。
③ 云光:《感谢苏联专家对我们教研室的帮助》,《教学与研究》,1953年第6期,第5页。

加学习的人数及其负责人。① 这种有组织、有准备、有针对性的做法,提高了工作效率,发挥了专家的带头示范作用,直接解决了教师在教学中的许多实际问题。例如,1953年寒假,华东高教局为提高本区政治经济学教师的教学水平,组织教师学习下学期将要讲授的社会主义部分内容,特聘请中国人民大学政治经济学专家然明到上海讲学。然明在上海讲学共做报告7次,20个小时。华东高教局事先从十几所高校中收集问题,确定讲课题目及参加人员名单。参加这次报告会的高校有44所,政治经济学教师173人(华东区各校都有人参加)。然明结合苏联关于社会主义建设的各项决议和实践讲述了四个问题:生产力与生产关系;关于社会主义经济法则作用的性质;论社会主义制度下商品生产和价值法则的问题;社会主义政治经济学的结构。并在报告中综合回答了各校提出的问题,详细回答的有四十多个。对普遍存在的问题进行了细致的解答,如生产力与生产关系的相互关系,经济基础与上层建筑,经济法则的客观性质,社会主义社会各经济法则之间的关系,党和苏维埃国家的作用,社会主义制度下的商品,货币,价值法则等。这次专家讲学对华东各校政治经济学教师帮助很大,教师们不仅理解了将要讲课的内容,解决了很多疑难问题,而且学会"从某一角度去重新体会经典著作上的某些话或某些问题",同时注意到课堂提问题的方法,"大家警惕到提出问题研究问题,不能采取自由主义的态度,而必须有正确的立场和观点"②。可见苏联专家的讲解,对广大教师的授课有很大帮助。

四、师资建设取得的成效

由于党和政府的努力,新中国成立初期,思想政治理论课师资培养工作逐步步入正轨,教师队伍虽存在"缺乏领导骨干的情况",但"几年来有所改善"③。表现为:有了稳定的师资,各门思政课得以在高校正常开设,思想政治理论课教师的思想理论水平和业务水平有了很大提高。

(一)建立了一支稳定的师资队伍

1956年8月,高等教育部杨秀峰部长在暑期高等学校校院长和教务长座谈会上,肯定了师资队伍建设取得的成就。他说:"几年以来,我们高等教育事业发展很快,已经培养了大量的新师资,担负起了教学任务。"④这是教

---

① 《高等教育文献法令汇编》第3辑,高等教育部办公厅,1956年5月,第79页。
② 《政治经济学家然明同志在上海讲学》,《高等教育通讯》,1954年第3期,第55页。
③ 《高等教育文献法令汇编》第3辑,高等教育部办公厅,1956年5月,第13页。
④ 《高等教育文献法令汇编》第4辑,高等教育部办公厅,1957年5月,第11页。

育部门对整个师资队伍建设的概括,当然也包括高校思想政治理论课教师。最初开课时的思想政治理论课教师,多以兼职为主,来去匆匆,无法深入了解学生思想,影响讲课效果。据上海剧专(现上海戏剧学院)反映,"外校教师兼课,上课来,下课走,不到教研室,不了解学生学习情况、思想情况"①。这是当时大多数学校思想政治理论课教学的缩影。为改变这种状况,1951年教育部提出"政治课教师应尽可能由专人担任,加强专业化思想"②。经过努力,到1957年全国思想政治理论课专任教师已达5457人。其中哲学教师1390人,政治经济学教师1341人,中国共产党党史教师1348人,政治学教师1378人。③ 可见,一支稳定的师资队伍已经建立起来。具体到高校,以上海市1955年5月统计为例(见表5)可以看出,第一,上海市17所高校共有思想政治理论课教师312人,其中教授和副教授17人,占5.45%,讲师41人占13.14%,而助教达254人,占81.41%。思政课教师中助教众多,一方面体现了这门课程设置时间较短的特征,另一方面表明教师队伍在短短几年得到了很大补充。第二,上海市17所高校都有专任的思想政治理论课教师,虽然仍出现某所学校缺少某一具体课目专任教师的情况(如交通大学缺少中国革命史专任教师),但根据开课顺序不同,该门课程可由政治经济学或马列主义基础教师来担任,从而能保证该课程的顺利实施。

表5　1955年上海市高等学校政治理论课教师数

	合计					中国革命史					马列主义基础					政治经济学					辩证唯物论与历史唯物论				
	计	教授	副教授	讲师	助教	计	教授	副教授	讲师	助教	计	教授	副教授	讲师	助教	计	教授	副教授	讲师	助教	计	教授	副教授	讲师	助教
总计	312	12	5	41	254	50	1	0	8	41	129	1	1	19	108	97	9	1	10	77	36	1	3	4	28
复旦大学	46	1	2	7	36	6	0	0	1	5	16	0	1	3	12	10	0	0	2	8	14	1	1	1	11
交通大学	39	0	0	2	37	0	0	0	0	0	26	0	0	1	25	7	0	0	1	6	6	0	0	0	6
同济大学	18	0	0	3	15	1	0	0	0	1	11	0	0	3	8	6	0	0	0	6	0	0	0	0	0
华东化工学院	13	0	0	6	7	3	0	0	1	2	8	0	0	2	6	2	0	0	2	0	0	0	0	0	0

---

① 《同济大学马列主义教研室关于各校对政治教师问题所反映意见的整理记录》,上海市档案馆,编号 A26-2-391-17。

② 《高等教育文献法令汇编(1949—1952)》,高等教育部办公厅,1958年2月,第82页。

③ 《中国教育年鉴(1949—1981)》,中国大百科全书出版社1984年版,第425页。

续表5

	合计				中国革命史				马列主义基础				政治经济学				辩证唯物论与历史唯物论			
	计	教授	副教授	讲师	助教	计	教授	副教授	讲师	助教	计	教授	副教授	讲师	助教	计	教授	副教授	讲师	助教
上海财经学院	38	5	0	3	30	7	0	0	0	7	8	0	0	1	7	21	5	0	2	14	2	0	0	0	2
上海财经学院夜校	6	0	0	1	5	1	0	0	0	1	0	0	0	0	0	5	0	0	0	5	0	0	0	0	0
上海俄文专科学校	24	0	0	3	21	4	0	0	0	4	10	0	0	1	9	9	0	0	1	8	1	0	0	1	0
上海水产学院	4	1	0	0	3	0	0	0	0	0	3	1	0	0	2	1	0	0	0	1	0	0	0	0	0
华东纺织工学院	13	0	1	0	12	4	0	0	0	4	6	0	0	0	6	3	0	1	0	2	0	0	0	0	0
上海第一医学院	16	2	0	2	12	4	0	0	1	5	0	0	0	1	4	0	0	0	0	0					
上海第二医学院	9	0	1	0	8	2	0	0	0	2	0	0	0	0	0	6	0	1	0	4	1	0	0	1	0
中央音乐学院华东分院	3	0	0	1	2	0	0	0	0	0	3	0	0	1	2	0	0	0	0	0	0	0	0	0	0
中央戏剧学院华东分院	6	0	0	2	4	0	0	0	0	0	6	0	0	2	4	0	0	0	0	0	0	0	0	0	0
华东政法学院	37	1	1	5	30	6	0	0	0	6	11	0	0	1	10	10	1	0	2	7	10	0	1	2	7
华东体育学院	9	0	0	2	6	2	0	0	0	2	3	0	0	0	3	4	0	0	1	3	0	0	0	0	0
华东师范大学	21	2	0	1	18	6	0	0	1	5	7	0	0	0	7	6	2	0	0	4	2	0	0	0	2
上海师范专科学校	10	0	0	4	6	5	0	0	0	3	2	5	0	0	0	1	4	0	0	0	0	0	0	0	0

资料来源:《上海市高等教育管理局制定上海市(华东地区)高教概况及高等学校组织机构情况》(1955年5月),上海市档案馆,编号B243-1-11。

(二) 教师思想理论素质有很大提高

新中国成立初期,面临复杂的国内外形势,中国共产党在高校进行了各种思想改造运动,同时组织教师有计划地学习唯物论和《毛泽东选集》,大大提高了思想政治理论课教师的思想理论素质。

1. 思政课教师的政治面貌发生了很大改变,党团员人数增多

高校作为掌握意识形态的重要阵地,教育部门认识到:"在学校中积极地发展党员,才能加强党在学校教育工作中的思想领导和组织领导,巩固和扩大学校教育中马克思列宁主义的阵地,贯彻学校教育的改革工作,更好

地、更多地为国家培养建设人才。"①而思想政治理论课教师担负着培养未来接班人的重任,在培养和选拔教师的过程中,教育部门特别看重教师的思想政治觉悟。一是把在各种政治运动中涌现出来的优秀党员、团员作为政治课教师重点培养对象。据1953年北京市高校党委向中央及华北局的工作报告指出,"一年来,各校学生的政治理论教育已有了相当大的发展和改进。北京大学、清华大学、师范大学、北京工业学院、农业大学、铁道学院等校,三年来政治教员增加四倍多,其中党团员均占90%"②。二是提高入学选拔标准。教育部指出,"因哲学系毕业生大部分担任政治理论课教师",为保证一定的政治质量,"要求入学学生皆按重点专业条件招生"③。三是"对不适于担任政治理论课的教师应做必要的调整。"④新中国成立初期的政治运动中,中央指示:"各级学校的教师和高等学校的学生均应参加'三反'运动的学习"⑤,高校的"每个教师必须在群众面前进行检讨,实行'洗澡'和'过关'"⑥,"对于有政治问题的教师员工,……其中如有担任政治、历史等课教职者,可即停止其课程或改变其职务"⑦。严格的审查和思想改造运动,把一批思想政治不合格的教师调离了岗位。据1955年上海市统计,上海共有政治课教师333人,其中不适合做政治工作的72人,除去因业务太差和身体不好不能胜任的47人外,其余25人则是政治思想方面不适合做此工作,需要调离岗位。⑧ 由于采用多种方法提高思政课教师思想政治方面的准入门槛,1957年已经建立起来一支觉悟高、党性强、具有战斗意识的思政课教师队伍。

2.思政课教师教学态度认真负责

新中国成立初期,思政课教师思想理论素质的提升,还体现在对教学态度上。首先,思政课教师的责任感增强。在教育部门和各校党委行政的大力宣传教育下,思政课教师认识到:"社会科学教师在教学过程中培养未来专家的马克思主义世界观,是有特殊的作用的。使学生觉悟到马克思列宁主义思想的伟大、马克思列宁主义逻辑的颠扑不破,揭示出社会主义阵营各

---

① 《中共中央文件选集》第8册,人民出版社2013年版,第376页。
② 《北京市重要文献选编(1954年)》,中国档案出版社2001年版,第388页。
③ 《高等教育文献法令汇编》第3辑,高等教育部办公厅,1956年5月,第97页。
④ 同③,第15页。
⑤ 《中共中央文件选集》第8册,人民出版社2013年版,第39页。
⑥ 同⑤,第152页。
⑦ 同⑤,第154页。
⑧ 参见《中国共产党上海市高等学校委员会关于上海高等和中等专业学校政治课师资情况和意见的报告》(1955年7月2日),上海市档案馆,编号A26-2-390-23。

国人民自由创造活动的宏伟远景,乃是马克思列宁主义基础、政治经济学和哲学教师们的崇高任务。"①他们克服了课程开设初期的散漫和应付心态。如思想改造运动中教师检讨的:"我教过'新民主主义论',(政治课),……我没有尽我的能力以使教材充实,没有以大力帮助学生自学,也没有严格地执行预定的教学计划。我是不够对学生、对人民负责的。"②教师们以高度的自觉性和战斗精神克服各种困难,积极钻研,努力为国家培养人才。如"有的老同志主讲多年还是坚持每讲一次必认真备课,花费大量劳动看新材料,不断改进讲课内容和方法"③。有的教师"深深地体会到讲授马列主义和毛泽东思想是多么严肃而光荣的任务,这门科学是一种有无限威力的改造世界的武器,如果把它讲成教条,让同学只是死记和硬背,那真是不可宽恕的罪恶",因而教师们"努力克服教条主义的教学方法,使马克思列宁主义的光辉真正放射出来指引青年学生前进"④。

其次,教师对思想政治理论课教学工作抱着极其严肃的态度。在新中国成立初期复杂的意识形态斗争中,思政课教师的授课往往具有鲜明的阶级感情,这对学生正确是非观和阶级立场的形成非常重要。教师们认识到:"站在讲台上,一分钟,一秒钟,一句话,一个字,都体现了对年轻一代的关怀和教育,自己的思想,感情哪怕夹杂一点不纯的东西都会给同学带来损失。"⑤为了保证课程教学的严肃性,教师们在准备教材、编写讲稿和进行讲授时,"对每一历史情况的分析,每一原理的论证,乃至每一问题的提法,均须根据革命导师的原著、党组织的文件和党报社论的精神,慎重处理。要求言必有据,决不要标新立异,凭主观臆测;更不能擅自根据一些坊间小册子,随便乱搬"⑥。对有些争论的问题,"注重发挥集体力量,在教研室的课程备

---

① 《改进对青年共产主义教育的方法》,《高等教育通讯》,1955 年第 15 期,第 748 页。

② 钱端升:《努力改造思想,做一个新中国的人民教师!》,《人民日报》,1951 年 11 月 6 日第 3 版。

③ 《中国人民大学中国革命史教研室学年教学工作总结》,《高等教育通讯》,1955 年第 1 期,第 23 页。

④ 刘炼:《讲授中国革命史的两点体会》,《高等教育通讯》,1953 年第 10 期,第 23 页。

⑤ 清华大学中国革命史教研组:《对于面向同学、理论联系实际、发扬集体主义精神的一些体会》,《高等教育通讯》,1954 年第 6 期,第 52 页。

⑥ 华南工学院:《一年来"马列主义基础"的教学工作》,《高等教育通讯》,1954 年第 17 期,第 11 页。

课会上,反复讨论,各抒己见,求得一致的结论,共同遵守"①。

3. 教师对思想政治理论课的教学目的比较明确

首先,思想政治理论课教师的教学和研究有正确的立场、观点和方法。在解放初期思想政治理论课教学中,因为受原有的价值观念、知识储备和出身限制,学生们对课程有不正确的认识,在课堂上往往纠缠于一些名词,如对"人从猿进化而来"的观点就刨根问底,"人是猴子变的,猴子是单细胞生物演进而来,单细胞又是什么变的"②? 教育部要求教师在讲课中站稳"立场问题","必须要站在永远新生的、发展的、进步的、彻底革命的立场上","必须站在无产阶级的立场上来看问题"③,要深入体会马列主义理论的精神实质,正确地科学地论述马列主义的基本原理,"尽力避免卷入无益的争论中,而要着重选择与重点有关的问题,加以多方面的解释"④。经过教育部门的引导和教师的努力,思想政治理论课教师基本克服了初期授课的缺点,能按照马列主义理论本身严密的逻辑系统,并结合最新的科学成就和历史事实,系统地论述马列主义的基本原理。并结合教学大纲规定的范围,在不割裂理论系统的原则下,能突出重点而不是平铺直叙地讲述,同时针对苏联大纲内容繁多、课时不够的情况,也可以对教学大纲中的某些章节做适当的精简或合并,避免不必要的重复。⑤ 可见其理论素质已大大提高。

其次,结合学生思想实际,加强教学针对性,引导学生有目的地学习思想政治理论课。思政课教师在讲授中注重对学生进行三方面的教育。一是注重理想信念教育。思想政治理论课不仅仅是向学生传播科学知识,"它对于培养学生的共产主义人生观有极大的积极作用。学生的共产主义人生观不能只是一个美丽的理想,它必须建立在资本主义必然灭亡、共产主义必然胜利这样一个不可动摇的信念上面"⑥。每门课程不同,教师在教学中能从该科目的科学特点出发,从理论高度揭示学生认识上的思想根源,引导他们树立共产主义远大理想。二是注重革命前途教育。"政治理论课的主要任

---

① 华南工学院:《一年来"马列主义基础"的教学工作》,《高等教育通讯》,1954年第17期,第12页。

② 《上海大专学校政治教育概况》(1949年11月—1950年5月),上海市档案馆,编号B1-1-2198。

③ 段忠桥主编:《建国以来普通高校马克思主义理论课和思想品德教育课课程设置及教学内容历史沿革资料汇编》(上编),高等教育出版社2004年版,第57页。

④ 同③,第56页。

⑤ 参见东北地质学院马列主义教研室:《我们通过参观提高了政治思想水平明确了努力方向》,《高等教育通讯》,1955年第1期,第27页。

⑥ 中国人民大学政治经济学教研室苏星:《政治经济学讲授中的几个问题》,《高等教育通讯》,1954年第19期,第25—26页。

务应是说明中国实际情况的特点和论证党及政府的各项政策的科学基础,以及执行这些政策的正确观点和方法。"①新中国成立初期的思想政治理论课教师,在阐明马列主义理论原理和基本历史事实的基础上,针对学生思想困惑,启发学生领会党的路线和政策以及革命发展前途,通过课堂学习和讨论使学生具有坚定的工人阶级立场、共产主义世界观和人生观,确信社会主义事业必然胜利。三是注重批判各种错误思想。"政治课的教学必须要结合学生的思想实际,改造学生的思想,这是政治课的最重要的任务。"②因而在思想政治理论课教学中,教师为了帮助学生树立新思想,必须用理论去批判社会上和学生中存在的旧思想,用阶级斗争知识武装青年学生,培养学生成为合乎社会主义建设需要的劳动知识分子。

(三)教师业务水平得到改善

新中国成立初期思想政治理论课教师业务能力明显改善。在学习苏联经验的氛围中,思政课教师重视阅读马恩列斯毛所写的经典篇目,他们把泛读与精读、自学与辅导相结合,教师的思想理论素质显著提升。其次,参与科学研究工作,提高了他们分析问题和解决问题的能力,授课质量大为改善。

1. 经典阅读得到重视

思想政治理论课在开设初期就重视教师对系统理论知识的掌握,教育部门要求教师"应灵活适当地在系统理论的基础上"③进行重点教学。而系统理论知识的掌握离不开大量阅读,当时吸收苏联经验,教师通过阅读经典提高理论水平。苏联专家贝斯特雷赫教授认为,不进行大量的对经典文献的阅读,"不进行这番工作,就不会有成熟的、理论上有相当修养的教员成长起来"。他认为思想政治理论课教师必须从四方面努力,一是要重视对经典原著的学习。"从教学工作的最初时候起,每一个教员就应当培养自己能找到所需要材料的本领"。"从这里找到解决疑难问题所需要的回答"。二要正确对待经典著作。在学习马克思列宁主义经典著作的时候,为避免教条主义地理解(即死背)个别的马克思主义原理,就要了解某一著作写成时的具体环境,否则教师就不能正确地提出这本著作在目前有何现实意义。三

---

① 胡锡奎:《中国人民大学学习苏联经验的总结》,《人民教育》,1954 年第 2 期,第 25 页。

② 《统一认识,为贯彻理论联系实际的教学方针而斗争》,《高等教育通讯》,1955 年第 14 期,第 702 页。

③ 《高等教育文献法令汇编(1949—1952)》,高等教育部办公厅,1958 年 2 月,第 76 页。

是学会阅读。教师在阅读时要把经典著作中的基本思想、基本公式,应当简要地记下来,并确切地注明卷数或书名及页数。四是要培养自己的阅读速度。思想政治理论课教师从最初阅读马克思列宁主义经典原著,一小时只能看八页到十页,最后每小时应浏览一二百页。只有培养出这种本领,教员才能给要讲的课收集丰富而有意思的材料。① 在苏联专家的详细指导和重视学习苏联经验的氛围中,当时各校思想政治理论课教研组都制订了教师阅读经典计划,把自修与指导结合起来,提高师资水平。如中国人民大学中国革命史教研室制订了两年内学完《毛泽东选集》(1—4 卷)的计划。把每一卷分为若干单元,在一个单元内集中学习几篇性质相同或相近的文章,并以一两篇文章为学习重点。教研室提出"每篇必读、重点深入"的方针和"彻底了解、认真领会、联系实际、独立分析"的要求。学习方法上以自修为主,同时建立了辅导、检查和监督制度。对自修中提出的疑难问题,辅导员尽可能地予以解答或组织深入讨论。这种有组织、有领导、有制度、有方法的学习,提高了教师的科学水平。② 东北人民大学马列主义教研室,主要围绕教学进度,抽出主要问题,要求教师进行深入研究,并组织讨论。在一个学期中,该教研室教师在繁忙的工作中,每人阅读百余篇古典著作及参考资料,并有重点地研究了七个专题,对提高理论水平和教学质量都起了很大作用。③

这种有组织、有计划、系统地对马列主义原著的学习,对提高思想政治理论课教师的理论水平和业务水平影响很大,培养了一批马克思主义基本理论和专业基本理论扎实的教师和研究生。当年中山大学的助教李华杰回忆到:"在三年的时间里,我们读了马列和毛泽东著作一百数十部(篇),其中《资本论》三卷是必读和反复研读的基本教材。"④ 中国人民大学高放老师回忆:"这七年在教学中,通过略读、细读、精读和研读大量马克思主义经典著作,打下了坚实的理论基础,逐步树立了马克思主义世界观,养成了从理论角度观察问题、思考问题的习惯,掌握了从理论高度分析问题、解决问题的

---

① 弗·普·贝斯特雷赫:《如何进行"马克思列宁主义基础"课程的备课、讲课和课堂讨论》,《高等教育通讯》,1955 年第 20 期,第 968—970 页。

② 李新:《中国革命史教研室怎样组织教师学习"毛泽东选集"》,《高等教育通讯》,1954 年第 16 期,第 26—28 页。

③ 东北人民大学:《我校各政治理论课教研室改进教学方法和提高师资水平的一些成就和经验》,《高等教育通讯》,1955 年第 6 期,第 302 页。

④ 刘葆观主编:《在神州大地上崛起——中国人民大学回忆录(1950—2000)》上卷,中国人民大学出版社 2007 年版,第 302 页。

方法。"①因而直到现在,重视经典、阅读经典仍然是高校思想政治理论课教师业务素质提高的必要途径。

2. 科学研究工作初步开展

在旧教育制度下的高校,科学研究工作并不带强制性,教师根据自己的能力和兴趣进行,可有可无。新中国成立初期,随着教育领域向苏联学习,作为教研室任务之一的"科学研究"在中国高校也逐步重视起来。"不提高教师的科学水平,就不能改善教学工作。没有科学研究工作,就不能培养专门人才,以达到现代科学所需要的水平。"②各校思政课教师也在教研室的组织领导下参与其中。

首先,思政课教师逐步开展了密切结合教学的研究工作和学术活动。这一时期高校的科学研究工作刚刚起步,教育部门通过各种会议、举办成果展览或交流会等,消除教师思想上的顾虑和畏难情绪,使教师认识到科学研究对提高教学质量的重要性。从1954年下半年开始,高等教育部要求"各校校长、系主任、教研组(室)主任必须有计划地实现对科学研究工作的领导"③。当时各个学校根据自己的情况,结合其他院校经验,制定了自己的科学研究制度。如中南财经学院围绕教学任务,采取了重点进行与逐步开展相结合的方针。做法上采取四种形式:①编写带有研究性质的讲义。②结合教材中需要解决的问题进行专题研究。③结合苏联教材的学习做进一步研究的专题讨论会。④接受机关企业的委托,与他们合作进行研究当前业务中急需解决而尚未解决的问题。西北医学院规定每位教师在一个学期内写成1—2篇科学专题。对不同职称的教师做出不同的要求:教授、副教授应结合教学及指导讲师、助教等工作,写出带有研究性指导性的文章;讲师应结合教学工作,在已有业务基础上,写作具有发挥性的报告;助教应结合本身工作及教学工作的需要,写作读书专题报告。实行这种制度的目的在于把教师们教学工作上的经验和学习心得通过科学专题的写作而加以分析综合,使之系统化、条理化,以提高教师的科学水平,推动教学内容的改革,并可以锻炼教师的分析能力和创造力。④ 在相关部门的有计划领导下,思政课教师当时进行的科学研究工作主要是:①编写教材;②就教学中存在的问题

---

① 高放:《我的学术生涯与心路历程》,《理论探讨》,2002年第2期,第95页。
② A·M·阿尔辛节夫:《关于苏联高等学校的教学研究指导组问题》,《人民教育》,1950年第1卷2期,第35页。
③ 《高等教育文献法令汇编》第2辑,高等教育部办公厅编印,1955年7月,第53页。
④ 西北医学院:《关于写作科学专题和召开科学会议情况的报告》,《高等教育通讯》,1954年第10期,第36页。

进行重点研究;③举行小型的学术讨论会等。一些青年教师在科学研究中快速成长,如1954年中国人民大学高放老师结合过渡时期总路线撰写的《论我国过渡时期的工农联盟问题》论文,获得中国人民大学科学论文乙等奖,经修改后由上海人民出版社出版,1954年9月到1955年7月,先后印刷四次,发行64 000千册。①

其次,思政课教师对如何进行科学研究工作进行了探索。有的思想政治理论课教师发表了自己做科学研究的心得文章,供同行参考。如中国人民大学思政课教师彭明认为:要做好科学研究工作,第一步是选好题,选题是中心一环。要选好题应考虑三方面的情况。一是选题要结合实际。选题或是为了解决当前政治经济生活中的实际问题,或是为了解决教学内容中的实际问题。反对旧的资产阶级的"为学术而学术""钻冷门"的研究态度。二是要考虑材料的来源。没有材料,谈不上什么研究工作。三是考虑论文的价值。通过材料提出问题和分析问题,思考自己在这个题目上能做出的贡献。如果不考虑选题的价值,盲目施工,仅仅是重复众所周知的论点,那么,这篇论文也就不会产生什么价值。第二步积累材料。了解当前中国学术界研究这个问题的现状;挖掘新材料,这是在别人研究现有成果基础上进行的。挖掘材料力求全面、系统,同时在阅读材料时要有细心和耐心,要从字里行间去吸取对自己有用的东西。找材料时要坐得住冷板凳,要从精神上准备着翻一天材料,还不一定找得出只字半语的准备;最后整理材料。主要以卡片方式整理,把卡片分三类:一是"摘录"卡片,此类材料主要是记录不容易找到,或者是较有价值的材料;二是"索引"卡片,主要记录手头常借的一些参考书上的材料;三是"心得"卡片,记录读原著的一些体会。并在每张卡片的显明处,注明问题的性质。第三步把材料提到理论高度。占有材料,但不要淹没在材料中,要用马克思主义的观点去驾驭材料。也就是说,一篇论文必须有丰富的材料做基础,但一篇论文的价值并不在于堆积材料的多少,而在于反映事物本质的程度,因此必须把材料提到理论的高度。②当时思想政治理论课教师做科学研究的经验,仍然值得今天的教师学习借鉴。

总之,新中国成立初期的思政课教师水平不高,学术空气稀薄,参与科学研究工作提高了教师的写作兴趣,对于提升教师的业务水平帮助很大。当时的"许多教师,特别是助教,从来没有写过或发表过科学性文章。这种

---

① 高放:《我的学术生涯与心路历程》,《理论探讨》,2002年第2期,第95页。
② 彭明:《在进行科学研究工作中的一些体会》,《高等教育通讯》,1954年第8期,第50—53页。

沉默的空气现在起了变化。许多助教起初觉得自己写不出什么来或是不会写,但在老教师的督促指导下终于写成了,有的还在科学会议上做了报告。这就极大地鼓舞了他们钻研科学的兴趣,鼓舞了他们钻研科学的信心。同时在写作过程中围绕一个专题,收集整理各方面有关材料,加以选择与分析综合,就加深了对问题的认识,扩大了研究,也初步练习了分析能力和创造能力,较之单纯读书效果大得多"①。但当时的科学研究工作也存在不足之处,"往往把科学研究的范围看得过于广泛。如有些学校把学习马列主义的经典著作和钻研苏联教材也当作科学研究,把学习和钻研混淆起来"②。

---

① 西北医学院:《关于写作科学专题和召开科学会议情况的报告》,《高等教育通讯》,1954 年第 10 期,第 37 页。

② 中央高等教育部综合大学教育司:《全面综合大学 1953 年教学改革的基本情况及对今后工作的意见》,《高等教育通讯》,1954 年第 5 期,第 20 页。

第四章

新中国成立初期高校思想政治理论课的教学内容与教材

教学内容和教材是课程建设解决的基本问题之一。高校思想政治理论课的教学内容,主要通过课程设置呈现。而思想政治理论课作为政治性很强的一门课程,随着党的中心任务不同,课目设置有所变化,因而教学内容既相对稳定又有不同。新中国成立初期的高校思想政治理论课的教学内容,既重视对学生进行唯物史观和中国共产党带领人民艰苦探索的奋斗史教育,也注重借鉴苏联经验,学习苏联建设社会主义的历史。总的来说这一时期基本形成了以马克思主义基本原理和中国化的马克思主义为核心内容的课程体系。思想政治理论课教材作为传递中国共产党价值取向的重要载体,对于实现课程开设目的具有重要影响。这一时期的教材建设,主要围绕如何提高教师的教学水平,使思政课教师在备课和教学时有明确的参照,不发生原则性错误,因而党和政府重视教学大纲的编写,同时鉴于当时思想政治理论课教师多为新人,各方面基础薄弱,为了能保证课堂教学效果,要求教师必须编写讲义讲稿,才能走上讲台。

第一节　新中国成立初期高校思想政治理论课的教学内容

高校思想政治理论课作为一门国家课程,不仅体现中国共产党办学性质和方向,担负着培养新政权需要干部的重任,而且必须服从和服务于党的工作中心,因而教学内容除了重视系统讲授马克思主义基本理论,同时也加强对中国化马克思主义理论的宣传和教育,以表明中国共产党和毛泽东思想的伟大。这些教学内容的系统灌输,是依据学生的认知层次和国家建设需要,设置不同课程进行的。总的来说这一时期的课程内容呈现出结构合理、相对稳定、功能相对单一的特征。

一、课程体系设置

新中国成立初期,高校思想政治理论课处于起步阶段,科目设置不断调整变化,最终形成了以马克思主义理论和中国化的马克思主义为核心的课程体系。

(一)课程地位的确立

1949年到1952年,在不断教学实践中,三门思想政治理论课逐步确立了其在全国高校的地位。

1. 课程的最初设置及出现的问题

新中国成立后,中国共产党在废除国民党统治时期的"党义"等反动课程的同时,华北区高等教育部率先于1949年10月8号发布文件,要求华北区各大专院校各年级必修思想政治理论课。但由于文件规定得比较笼统,当时对旧教育的改革刚刚起步,因而思政课在实践中执行并不到位。据1951年教育部通报:"极少数校系的教学计划并未注意列入政治课;也有的把政治课作为选修的,如某些校系将'社会发展史'列为选修;也有开设了思想政治理论课但不完全的,如有些校系多缺'社会发展史'、'新民主主义论',文法方面的某些校系尚缺'政治经济学';也有的学校以'土改问题'、'中国革命问题'等课代替政治课的"①。一些私立高校则采取表面开设思想政治理论课,暗中阻挠的方法,如"①增加考试次数和项目,使学生无暇于学习政治。②把政治课排在考试课程之前,使学生无心听讲,或者干脆请假缺席。③对业务课程甚严,对政治课则采取放松态度。④籍口增聘政治教授,收取超额学费,刺激学生对政治课的反感"②。

这显示出课程设置初期,思想政治理论课得不到重视,任意变更或减少课目,或以参加社会活动代替思想政治理论课的情况时有发生。

2. 课程标准的形成

针对思想政治理论课开设初期出现的问题,教育部门明确课程性质和地位,提高广大师生认识,实地检查督导,并制定全国课程标准,为思想政治

---

① 《高等教育文献法令汇编(1949—1952)》,高等教育部办公厅,1958年2月,第62页。

② 《上海市公私立大专学校政治教学概况》(1949年12月8日),上海市档案馆,编号 B1-1-2198。

理论课在高校的稳定运行奠定了基础。

首先,明确思想政治理论课课程的性质和地位。1951年教育部指出思想政治理论课的"三门课目,是改造学生的思想,树立科学的世界观,革命的人生观和全心全意为人民服务的最基本的课程"①,各校必须重视,"克服过去有些学校将革命的思想政治教育和一般业务课程对立起来片面进行、不相联系的现象"②。"为了纠正政治课与业务课对立的错误认识和只有政治课才是进行思想政治教育的课目的不正确看法"③,教育部要求高校取消"政治课"这一名称,代之以相应的课程名称。并指出"政治课应作为业务课之一,着重于系统的理论知识的讲授"④,高校在制订教学计划时要"纠正轻视政治课、任意侵犯政治课时间或以社会政治活动代替政治课的现象"⑤。明确规定:"各系主任拟定本系教学计划时,不应单纯地从业务课着眼,而应把思想政治课目作为本系业务课的重要部分,并与其他业务课统一计划,并负责督导检查其进行。"⑥

其次,教育部督查各大区思政课开设情况。1952年教育部派出检查组,分别检查中南地区8校、东北地区3校、西南地区11校、西北地区9校。检查结果(见表6)可以看出,当时的思想政治理论课在各高校虽然已经开设,但仍出现开设科目不一致的情况。如中南地区和西北地区有的高校开设"马克思列宁主义基础"课,而西南地区有的学校还没有开设当时教育部要求各高校必须开设的"辩证唯物论和历史唯物论",有的高校开设"中国革命史"或"中国共产党党史"代替"新民主主义论"。不同地区开设课目不同,甚至同一地区不同学校也出现课程设置不一的情况,使教育部门认识到在全国设置统一的课程标准是非常有必要的。

---

① 《高等教育文献法令汇编(1949—1952)》,高等教育部办公厅,1958年2月,第82页。
② 同①,第83页。
③ 同①,第81页。
④ 同③。
⑤ 同④,第65页。
⑥ 同②。

表 6 1952 年教育部对四大区 31 所院校开设政治理论课情况统计

开设课目	中南地区（8 校）	西南地区（11 校）	西北地区（9 校）	东北地区（3 校）	合　计
新民主主义论	8	7	8	3	26
辩证唯物论和历史唯物论	3		1	2	6
政治经济学	7	4	3	3	17
马克思列宁主义基础	4		1		5
中国革命史		2			2
中国共产党党史		1			1

资料来源：《中南、东北、西南、西北 4 区政治科目进行情况》，教育部档案，1952 年长期卷，卷 33。

最后，制定全国课程统一标准。1951 年教育部对全国高校教学计划的检查，和 1952 年派出工作组对四地区高校的督查，暴露出思想政治理论课开设中出现名称不一、时数不一、课程不一样的情况，制定全国统一标准成为规范课程建设的关键。1952 年全国大规模院校调整结束，为执行统一计划提供了前提。同时经过近三年的教学实践，思想政治理论课在教学组织及师资力量等方面积累了一定的经验。因而，教育部于 1952 年 10 月下发《关于全国高等学校马克思列宁主义、毛泽东思想课程的指示》，对思想政治理论课的三门课程在不同类型高校的开设及开设的顺序、讲课时数、讨论时数都做了比较详细的规定(见表 7)。为各校在实际执行中提供了统一标准，并要求"各大行政区教育部应根据本规定制订全区的或重点地区的实施计划，统一教学步骤，进行具体领导，并须将该项教学计划及进度报我部备核"[①]。至此，"政治课作为大学课程的重要组成部分在中国的大学扎下了根"[②]。

[①]《普通高校思想政治理论课文献选编(1949—2008)》，中国人民大学出版社 2008 年版，第 13 页。

[②] 胡建华著：《现代中国大学制度的原点：50 年代初期的大学改革》，南京师范大学出版社 2001 年版，第 139 页。

表7 全国高校马克思列宁主义、毛泽东思想课程设立种类及上课时数（1952年）

	新民主主义论（第一学年）				政治经济学（第二学年）				辩证唯物论与历史唯物论（第三学年）				合计
	第1学期		第2学期		第1学期		第2学期		第1学期		第2学期		
	讲授	讨论	讲授	讨论	讲授	讨论	讲授	讨论	讲授	讨论	讲授	讨论	
综合大学、师范院校	34	16	34	16	51	17	51	17	34	16	34	16	336
其他院校	34	16	34	16	51	17	51	17					236
专科学校（3年）	34	16	34	16	51	17	51	17					236
专科学校（2年）	34	16	34	16									100
专修科（2年）	34	16	34	16									100
专修科（1年）	34	16	34	16									100

资料来源：《关于全国高等学校马克思列宁主义、毛泽东思想课程的指示》，《高等教育文献法令汇编（1949—1952年）》，1958年2月，第85页。

（二）课程体系逐步完善

1953年到1956年，思想政治理论课在高校稳步开设，但具体课目仍不断调整，最终形成了"政治经济学""辩证唯物主义与历史唯物主义""马列主义基础"和"中国革命史"四门课程，教学内容趋于系统化，教学管理逐步规范化，课程建设进一步完善。

1. 增设"马列主义基础"课

1953年之前"马列主义基础课"在高校没有普遍开设。最早开设这门课程的是中国人民大学，建校之初在苏联专家的指导下中国人民大学就成立了马列主义教研室，人大各系科的学员都学习这门课程。当时这门课程采用的教材是斯大林亲自主持编写的《联共（布）党史简明教程》，当时的中国思想政治理论课教员对教材内容和俄共历史知之不多，因而主要采用苏联专家给中国教员上课，中国教员根据记录写出讲稿，在教研室试讲讨论后

(有时来不及在教研室试讲),登上讲台给学生授课的方式进行。①

1953年随着新民主主义革命任务的逐步完成,党和国家的工作重心开始从新民主主义社会向社会主义社会过渡,为吸收苏联建设社会主义的宝贵经验,借鉴和仿造苏联社会主义改造模式②,培养在社会主义建设中,能掌握和运用马克思列宁主义理论的合格人才,尽快掌握社会主义建设规律,教育部规定全国高校除一年制的专修科学生外,全部学习马列主义基础课程。1953年2月,高等教育部下发通知,要求有条件的各个类型的高校和专修科学校,从1953年开始,二年级要开设马列主义基础为必修课。自此马列主义基础课成为高校思想政治理论课的重要组成部分。

2."中国革命史"替代"新民主主义论"

1953年6月,高等教育部要求各高校一年级开设的"新民主主义论"一律改为"中国革命史"。这次变更有两方面的原因:一方面为避免讲授内容重复。因为高三学生已学习了"共同纲领","新民主主义论"部分内容与之重复,因而影响了新民主主义革命史的充分讲授;同时"新民主主义论"有关经济内容,与"政治经济学"中关于新民主主义经济的部分内容重复。另一方面为配合国家建设的需要。当时过渡时期总路线成为中国各项工作的指路明灯,高校开设"中国革命史",重在通过"系统地讲授毛泽东思想的基础知识,使学生认识中国政治的发展规律,了解中国革命的基本问题和中国共产党的总路线总政策,领会中国共产党和毛主席的光荣、伟大、正确。借以加强爱国主义与国际主义的教育,从而提高思想与政治水平,树立与巩固革命的的人生观,为自觉地积极地参加祖国建设做好思想准备"。③

3.课程设置和管理更为细致规范

社会主义三大改造基本完成后,为适应大规模社会主义经济建设的需要,减轻学生学习负担,使思想政治理论课与专业课适当结合,更好地培养学生独立思考的能力。1956年9月,高等教育部发出《关于高等学校政治理论课程的规定(试行方案)》(见表8),第一次对思想政治理论课进行了全面详细的规定,例如:四门思想政治理论课目对文科和理工科的各系科学生和本专科学生要求不同,给予高校一定范围的自主选择权;提高了课堂讲授比

---

① 刘佩弦:《新中国成立后高校马列主义课程是如何建立起来的?——为人大校庆65周年而作》,http://www.weixinyidu.com/n_2810440。

② 许冲:《新中国成立后高校"联共(布)党史"课程设置始末》,《中国延安干部学院学报》,第2013年第3期。

③ 《高等教育文献法令汇编》第1辑,中央人民政府高等教育部办公厅编,1954年6月,第128页。

例,要求讲授四学时或五学时,可讨论一学时;规定了考核办法,同一门课程,半年学完和一年学完要采用不同的考核方式;规定了各门课程教学时所用的教学大纲,各校要严格按照教学大纲进行教学等。

表8　关于高等学校政治理论课程的规定(1956年)

院系专业类别		马列主义基础（学时数）	中国革命史（学时数）	政治经济学（学时数）	辩证唯物主义与历史唯物主义（学时数）	合　计（学时数）
综合大学	法律系和新闻系	102	136	136	102	476
	中国语文系	102	136	四年制不开 五年制90	102	四年制340 五年制430
	外国语文和理科各系	68	102	四年制不开 五年制90	102	四年制340 五年制430
师范	中国语文系、教育系	102	136	90	102	430
	外国语文理科各系	68	102	90	102	362
艺术院校		68	136	四年制不开 五年制90	102	四年制306 五年制396
体育院校		68	136	90	102	396
外交院校		102	136	90	102	430
农林	农业经济系	68	136	90	102	396
	兽医系	68	102	不开	68	238
	农林其他各系	68	102	90	四年制不开 五年制选修	260
医药院校		68	102	不开	102	272
工科	建筑学专业 海运类专业	68	102	四年制90 五年制136	68	四年制328 五年制374
	工科其他各系	68	102	四年制90 五年制136	四年制不开 五年制选修	四年制260 五年制306

资料来源:《中国教育年鉴(1949—1981)》,中国大百科全书出版社1984年版,第423页。

试行草案的规定,使思想政治理论课建立了稳定的课程体系,形成了以马列主义基础(包括辩证唯物主义和历史唯物主义、政治经济学、马列主义基础)和中国化的马克思理论(中国革命史)为核心的教学内容。

二、课程内容简介

新中国成立初期,思想政治理论课的教学内容通过五门固定课程体现出来。贯穿其中的是:马克思主义理论始终是授课重点;重视马恩经典著作和苏联建设经验;注重毛泽东思想教育,把中国化的马克思主义作为授课的重要内容。

(一)新民主主义论

本门课程主要采用的教学大纲是《新民主主义论讲授提纲》。它是由中央教育部负责人、华北革命大学革命问题研究室、京津各大学政治课主要负责教师,于1950年初的寒假期间讨论拟定而成,刊登在《光明日报丛刊》(第二辑)上,供全国各校思想政治理论课教师教学参考。教学内容分六个板块。

第一,中国革命的历史特点。具体地学习毛泽东同志如何应用马克思列宁主义,来分析中国的历史与社会的实际,和如何处理中国革命的基本问题。学习目的在于了解中国社会发展规律、了解中国革命发展规律。

第二,中国新民主主义革命的历史。通过对中国新民主主义革命历史的学习,加强对中国共产党的认识,了解到它是全心全意为人民服务的政党;认清毛泽东思想、毛泽东道路是救中国的唯一正确的思想与道路;"加强对于祖国、人民、革命政党、革命领袖的热爱"[①],同时激发学生对于国内外敌人的憎恨;以澄清存在于一部分青年学生头脑中的错误的历史偏见,旧的正统观念,中间路线等反动阶级所散播的错误思想以及糊涂观念。

第三,新民主主义的政治。指在推翻国民党反动统治之后建立了一个联合一切民主阶级的新民主主义的政治制度。包括四方面:人民民主专政是新民主主义的国体,民主集中制是新民主主义的政体,民族区域自治和人民军队。

第四,新民主主义的经济。讲清新民主主义经济要进行怎样的建设;必须扫除建设新民主主义经济的障碍,解放一切被束缚的生产力,就要没收官僚资本,进行土地改革;新民主主义经济的五种成分;新民主主义的经济政策是国有经济领导的,保证工商业者的合法财产和合法经营不受侵犯,填平城乡间的鸿沟,在平等和互利的基础上与其他各国政府和人民发展通商贸易关系。

---

① 段忠桥主编:《建国以来普通高校马克思主义理论课和思想品德教育课课程设置及教学内容历史沿革资料汇编》(上编),高等教育出版社2004年版,第39页。

第五,新民主主义的文化。新民主主义文化的性质是新民主主义政治经济的反映,是为巩固人民民主专政与发展新民主主义经济服务的;新民主主义文化的具体内容包括民族的形式、科学的内容、大众的方向,三者是一个有机统一体;实行文化上的统一战线,就要联合五四以来进步的资产阶级文化和世界上以苏联为首的进步的社会主义共产主义文化。

第六,中国革命的前途。坚决地贯彻完成新民主主义是争取社会主义胜利的基本条件;苏联社会主义的建设;共产主义社会的基本原则,生产力得到最高度的发展,知识为工人阶级所有,消灭了两大差别,即体力劳动与智力劳动的差别,城市与乡村的差别,劳动成为生活的第一需要。

(二)政治经济学

设立政治经济学的目的,在于增进对中国社会经济发展规律的了解,把握新民主主义经济建设的方针、原则、政策及各种基本知识,帮助树立科学历史观、人生观、社会观与世界观。《政治经济学讲授提纲》(以下简称《提纲》)是新中国成立初期本门课程教学的主要参考大纲,它刊登在1950年《光明日报丛刊》(第二辑)上。《提纲》主要包括资本主义经济部分、社会主义经济部分与新民主主义经济部分。其中资本主义经济占比重较大,约占一学年三分之二的授课时间,主要通过批判政治经济学各种范畴内资产阶级经济学的各种观点理论,克服学生中存在资产阶级政治经济学的各种思想因素,引导学生从日常生活中的经济现象、经济问题出发解决思想问题。内容除导论外有12个题目:前资本主义诸社会经济阶段;商品生产及价值与价格的关系;资本与剩余价值;工资与资本积蓄;剩余价值在资本家间的瓜分;资本主义农业与地租;市场问题与经济危机;资本主义独占阶段——帝国主义;由资本主义经济到社会主义经济;苏联社会主义经济的成长过程;社会主义经济的特点、优越性及其经济法则的特质;在社会主义壮大和帝国主义崩溃过程中出现的新民主主义经济。

(三)辩证唯物主义与历史唯物主义

新中国成立初期,辩证唯物主义与历史唯物主义课程教学的主要参考大纲也是1950年《光明日报丛刊》(第二辑)登载的《辩证唯物主义与历史唯物主义教学纲目》。该纲目引论部分指出:"为要使我们能够掌握马列主义的立场、观点、方法,要掌握一种研究自然现象和人类社会历史现象的最完备的科学观点和科学方法。""为了使我们能正确地认识自然,认识社会,使我们有可能正确地解决研究工作和革命工作中的各种实际问题",该课最主

要的目的"就是要改造思想,使不正确的思想变为正确的思想"①。主要内容包括"历史唯物论与社会发展史教学纲目"以及"辩证唯物论教学纲目"两部分。《历史唯物论与社会发展史教学纲目》包括五部分内容,即:从猿到人——劳动创造人、劳动创造世界;五种生产方式——阶级斗争;社会主义革命和新民主主义革命;国家与政治;社会的思想意识。《辩证唯物论教学纲目》分为《唯物论提纲》与《辩证法提纲》。其中《唯物论提纲》重点讲授四方面内容,即:世界是物质的(唯物论第一基本特征);物质是第一性的,精神是第二性的(唯物论第二基本特征);世界是可知的(唯物论第三基本特征);理论与实际的统一(唯物论的精神)。《辩证法提纲》包括引言及四个方面。引言指出:辩证法是与形而上学正相反的方法,用辩证法来研究事物,就是要分析和解决事物的内在矛盾,这种矛盾表现为斗争的各个对立的方面和势力,实质是新与旧的对立,最终的前进方向是新的战胜旧的。马克思主义的辩证法是以唯物论为基础的辩证法,它与黑格尔的辩证法有根本的不同。学习辩证法,必须将它和自己的思想方法密切联系起来。其他四方面的主要内容有:事物在相互联系中存在;事物在运动发展中存在;运动变化发展过程是由量变到质变,由低级到高级的升涨运动;从对立统一的观点上,研究事物的变化发展。

(四)中国革命史

该课程主要采用高等教育部教育司委托专人起草的《中国现代革命史教学大纲》(初稿),该大纲供全国高校中国革命史教师统一试用。本大纲共分十五章内容:五四运动和中国共产主义运动的兴起;中国共产党的成立和中国工人运动的发展;革命统一战线的形成和革命运动的高涨;北伐战争的胜利发展;第一次国内革命战争的紧急阶段;中国革命的低潮——中国共产党建立红色政权而斗争;中国共产党领导人民为反对日本帝国主义侵略和继续粉碎国民党反动派对红色区域的围攻而斗争;全国抗日民主运动的新高潮和中国共产党建立抗日民族统一战线而斗争;全国抗日战争的发动——中国共产党坚持抗日统一战线中独立自主原则和在敌后建立抗日根据地;抗日战争最困难时期——中国共产党为巩固人民解放区而斗争;解放区发动局部反攻——中国共产党第七次全国代表大会和为争取抗日战争的最后胜利而斗争;中国共产党领导人民为争取国内和平民主而斗争;第三次国内革命战争战略防御阶段;第三次国内革命战争战略进攻阶段,中国人民革命的胜利;中国共产党领导人民为巩固人民民主专政和恢复国民经济而

---

① 段忠桥主编:《建国以来普通高校马克思主义理论课和思想品德教育课课程设置及教学内容历史沿革资料汇编》(上编),高等教育出版社2004年版,第53页。

斗争。

(五) 马列主义基础

该门课程的教材主要采用苏联的《"马克思列宁主义基础"课程教学大纲》(初稿)。它由苏联高部社科司组织编写,中国人民大学马克思列宁主义教研室翻译,供各校教师参考。该书的导言部分重点介绍了学习马克思列宁主义理论的意义和共产党的纲领性文献《共产党宣言》一书。具体内容分为十四章:为在俄国建立社会民主工人政党而斗争(1883—1901 年时期);俄国社会民主工党的形成。党内布尔什维克派组织与孟什维克派组织的出现(1901—1904 年时期);孟什维克与布尔什维克在日俄战争和第一次俄国革命时期(1904—1907 年时期);孟什维克与布尔什维克在思托雷平反动时期。布尔什维克正确形成独立的马克思主义政党(1908—1912 年时期);布尔什维克党在第一次帝国主义大战前工人运动高涨年代(1912—1914 年时期);布尔什维克党在帝国主义大战时期。俄国第二次革命(1914—1917 年 3 月时期);布尔什维克党在准备和实现十月社会主义革命的时期(1917 年 4 月—1918 年);共产党在外国武装干涉和国内战争时期(1918—1920 年时期);共产党在过渡到恢复国民经济的和平工作时期(1921—1925 年时期);共产党为实现社会主义的国家工业化而斗争(1926—1929 年时期);共产党为实现农业集体化而斗争(1930—1934 年时期);共产党在战前年代中为完成社会主义社会建设并为从社会主义逐渐过渡到共产主义而斗争(1935—1941 年 6 月时期);共产党在苏联伟大卫国战争时期(1941 年 6 月—1945 年时期);苏联共产党在战后时期,为完成社会主义社会的建设并为从社会主义逐渐过渡到共产主义而斗争。

三、课程内容特征

新中国成立初期,高校思想政治理论课程内容呈现出结构合理、相对稳定、功能单一的特征。

(一) 结构合理

新中国成立初期的高校思想政治理论课,虽然课目几经变动,但课程设置已基本形成了一个合理的结构体系。当时的课程设置,主要把马克思主义三个重要组成部分和中国共产党党史作为课程内容,这样既让大学生了解马克思主义基本原理和重要组成部分,同时也让学生学习马克思主义中国化过程中形成的理论成果,这种课程结构有"史"有"论",史论结合,比较完整地呈现了马克思主义的基本理论,及其在中国的发展。纵观这一时期的课程设置,可以看作是一个包含两个层面的结构体系。

第一,以马克思列宁主义基本原理为核心内容来设置课程,包含"辩证唯物主义与历史唯物主义"和"政治经济学"。这两门课程实际上就是对大学生进行系统的马克思主义基本原理教育。其中青年大学生学习的重点内容是唯物史观和剩余价值理论。这是马克思主义影响世界的两个伟大发现，也是马克思主义理论的基石。其基本内容的系统展开就体现在上述课程中，也是新中国成立初期帮助大学生建立政治认同、树立科学世界观、改造思想的基本前提。

第二，注重马克思主义与中国实际相结合产生的理论成果为主题的课程设置。马克思主义作为影响世界，改变中国历史命运的科学理论，绝不是故步自封的，而是开放的、包容的、随实践发展而不断创新的理论。马克思主义在与中国国情、历史文化和实际斗争的结合中，产生了指导中国新民主主义革命，并取得伟大胜利的毛泽东思想。因而，不管是"新民主主义论"或"中国革命史"课的设置，其目的使学生明白理论只有与实践结合，才具有强大的创造力。马克思主义尽管是在 19 世纪中叶创立，但在与中国革命和建设结合的过程中，以毛泽东为首的中国共产党人，能够坚持为我所用的拿来主义态度，使其在实践中不断发展创新，指导中国革命走向胜利。使学生了解毛泽东思想与马列主义是一脉相承的，增强他们学习、掌握、运用马克思主义理论的自觉性。胡华在《怎样教学革命历史》中认为，"新民主主义论"和"中国革命史"的教学重点之一，要让学生了解"这一历史是毛泽东思想发展和胜利的历史"，在讲课时"毛泽东在各时期的革命活动其思想著作都要放到一个重要的地位"①。钱俊瑞在《为什么学习新民主主义论》中讲道，《新民主主义论》是马列主义的普遍真理与中国革命的实际结合，其主要表现是毛主席的全部思想，通过学习这门课，大学生更进一步用唯物主义的立场、观点、方法来看中国革命与建设的规律。②

新中国成立初期，高校思政课在课程内容的设计上，既注重马列主义基本原理的研究和掌握，同时又重视探讨中国化马克思主义理论教育，对中国近现代社会发展的历史进程、客观规律和发展趋势进行解读，形成了相对合理的思想政治理论课程结构体系，为后来思政课的课程设置奠定了基本框架。

（二）相对稳定

高校思想政治理论课是体现国家在意识形态领域导向性质的课程，一方面，对大学生进行系统的主流意识形态教育，是历史的必然。只要社会没有发生大的动荡局势，没有从根本上改变社会性质，高校思想政治理论课的

---

① 《清华大学史料选编》（第 5 卷）上，清华大学出版社 2005 年版，第 219 页。
② 同①，第 212—213 页。

教学内容不应发生巨大变动,会保持应有的连续性和稳定性。但是另一方面,任何一门课程不可能一成不变,高校思政课也必须根据形势发展和教学对象需要,不断调整自身教学方式、教学组织和教育内容,有某种程度的变革。新中国成立初期的高校思想政治理论课,虽然课程名称和内容有所变化,但明显具有相对稳定的特征。课程设置有两条主线贯穿其中。一以马克思主义基本原理为主线的课程设置。从课程名称上看,有"辩证唯物论与历史唯物论""政治经济学""马列主义基础""辩证唯物主义与历史唯物主义"(1956年称)。这些课程名称虽有差异,但主要讲授马克思主义理论的重要组成部分。二以中国化马克思主义历史进程及其取得的理论成果为主要内容的课程设置,像"新民主主义论""中国革命史",比较注重学习中国经验来解决中国问题。因而,新中国成立初期的高校思想政治理论课的教学内容随着课程设置有所变动,但稳定性是其明显特征。

(三)功能单一

高校思想政治理论课作为显性思想政治教育课程,不仅集中体现了无产阶级利益和愿望,为整个高校教育提供价值指向和标准,而且能促进学生个体思想道德的社会化,增进学生思想道德素质发展。但新中国成立初期思想政治理论课的教学内容注重政治意识形态教育,忽视学生个体心理、德育素质等方面。因而这一时期的高校思想政治理论课存在着"四重四轻"[①]的现象:一是价值取向上,比较重视社会和执政党的需求,重视思想政治内容教育,忽视受教育者个体,道德内容教育相对不足。二是在政治教育内容上,重特殊性轻一般性。比较重视官方意识形态政治内容教育,相对忽视有关基本政治知识及技能教育。三重理论轻实践。比较重视学生学习和掌握系统的理论知识,相对忽视政治社会化能力的培养。四课程设计上,比较重视以马列主义教育内容直接设计有关课程,相对忽视利用其他学科间接进行课程设计,不能提供多层次的德育课程结构。

综上所述,新中国成立初期思想政治理论课的教学内容通过课程设置展现,虽然具体课目有所变化,但课程内容构成相对稳定。同时,由于新中国成立初期面临复杂的意识形态斗争,课程内容过于强调满足社会需求,忽视青年学生个性发展,导致功能相对单一。

---

① 骆郁廷主编:《高校思想政治理论课程论》,武汉大学出版社2006年版,第117页。

第二节　新中国成立初期高校思想政治理论课的教材

教材是教学过程中使用教学材料的简称。新中国成立初期,由于条件所限,思想政治理论课没有供学生专门使用的课本,学生在课堂上以记笔记的方法学习教师讲课的主要内容。高校思想政治理论课的教材建设,主要围绕如何提高教师的讲课效果进行的。虽说这一时期也有一些参考资料辅助教师学习(关于这一时期思想政治理论课具体课目的参考书目和参考资料,王小静、李向勇[①]和李梁[②]的有关文章已经做了详细的归纳和介绍,故本书不再详说),但教育部门更重视规范的教学大纲的制定工作,要求教师必须编写出相应讲义讲稿才能走上讲台。但当时前学术界对于起步阶段,占有重要地位的教学大纲及讲义讲稿的编写工作缺乏关注,因而本节主要考察这两方面。

一、教学大纲的制定

"教学大纲是国家规定学生关于该课程所应获得的系统知识、技能和数量技巧范围的教学文件。它是教师进行教学的依据,是为讲授某一课程的教师用的,同时也是为学习同一课程的学生用的。"[③]教学大纲的主要功能在于给教师的备课和讲课提供一定依据,使学生在老师的讲解和指导下,能够掌握本课程的基本内容,又不至于负担过重。新中国成立初期,由于条件所限,思想政治理论课的其他教学资料很难在短期内得到统一,而教学大纲以其简短精练、重点突出,易于被老师们所掌握,能在一定程度上保证和提高教学质量,因而受到教育部门的高度重视,到1956年教育部门已经制定出各门思想政治理论课权威的教学大纲。

[①]　王小静,李向勇:《试析新中国成立初期高校思想政治理论课教材建设》,《湖北社会科学》,2013年第4期。

[②]　李梁:《建国初期思想政治理论课程教材建设的探索和经验》,《新课程研究》,2010年第2期。

[③]　《高等教育文献法令汇编》第3辑,高等教育部办公厅,1956年5月,第111页。

(一) 教学大纲的编制过程

新中国成立初期,高校思想政治理论课教学大纲的制定和规范经历了以下阶段。

1. 探索阶段(1949—1951年)

思想政治理论课在开设初期,虽然规定了一致课程,但没有统一教材,也没有固定大纲,因而各校上课较随意,有的以《共同纲领》为教材,有的以毛主席在新民主主义时期所著的文章为讲课内容,有的以经常的社会活动代替系统的理论讲授。1950年暑假,教育部召开了思想政治理论课教学讨论会,总结一年来思政课教学的不足和经验,通报了教师在教学中由于教学目的和方针不明确而发生偏差和失去重点的情况,并明确了社会发展史和新民主主义论两门课程的讲课重点,拟定了辩证唯物主义与历史唯物主义(包括社会发展史)、新民主主义论和政治经济学三门课程的教学纲目,发布在《光明日报》丛刊第二辑上。教学大纲的拟定和颁布适应了当时教学需要,"对于帮助教师、特别是经验较少的教师掌握讲课的内容,是有很大好处的"[①]。但这一时期,没有经验,缺乏统一标准,各校都在对教学大纲拟定和探索,从1951年教育部对华北区高校思想政治理论课教学发出的指示可以看出,各校三门思想政治理论课"各该教学研究指导组所拟教学大纲及教学与研究工作的计划,均应分别由各该教学研究指导组主任直接报请教务长批准后实施"[②]。

2. 重视和规范教学大纲阶段(1952—1956年)

初期的思想政治理论课教学大纲没有规范,"教育部曾拟定过某些课程的纲要和重点,各地区和各高等学校也自行编制教学大纲,有的课程用苏联教学大纲的译本"[③]。大纲编写和使用比较随意。随着教学实践的发展和经验的积累,特别是1952年开始,学校各项工作按照教学计划进行,教学大纲的重要性日显。高教部认为教学大纲"是指导性质的,因为它体现了国家对培养干部的基本要求,……绝不是可有可无,可用可不用的"[④]。

首先,对大纲工作进行规范。教育部要求思想政治理论课的教学大纲,要"明确地规定讲授的内容和范围,根据性质相近的课程,在必要的配合分

[①] 《高等教育文献法令汇编》第3辑,高等教育部办公厅,1956年5月,第113页。
[②] 《高等教育文献法令汇编》第1辑,中央人民政府高等教育部办公厅编,1958年2月,第83页。
[③] 《中国教育年鉴(1949—1981)》,中国大百科全书出版社1984年版,第423页。
[④] 《高等教育文献法令汇编》第4辑,高等教育部办公厅,1957年5月,第18—19页。

工和避免重复的情况下,还要保持该门课程的完整性和系统性"①,教师必须依照教学大纲进行讲课,因为教学大纲"在基本点上保证了向学生传授知识的系统性和连续性",它"是和资产阶级的自由主义的讲学有着显著的区别"②。

其次,对编写大纲提出具体要求。教育部要求制定出的教学大纲,一是要保持一定的科学系统性与完整性。首先,教学大纲要保证教学计划中的时数要求,即"教学大纲的内容须适合于教学计划中规定的时数与范围的要求"③。其次,教学大纲要照顾到各课程间的关系,即"大纲的内容应照顾到和以前学过的、同时进行的以及将来会学到的各个有关课程的内容上的联系与分工"④。"尽量减少课程之间内容上的不必要的重复"⑤。二是教学大纲应基本包括三部分:讲授章节,课堂讨论题目,教科书、教学参考书及其他参考资料。⑥ 三要求大纲须明确对于不同学时的教学对象,有不同的使用方法。

在此明确要求下,思想政治理论课各门课程的教学大纲逐步走向规范。以1955年高等教育出版社出版的《中国现代革命史教学大纲》为例。本大纲不仅包括上述三部分的基本内容,大纲后还附有讲课和课堂讨论时数表(见表9),每讲附有详细的教师必读参考书目和学生必读参考资料,甚至哪些是必须讨论的问题也用特殊的符号标记。对于在使用中需要注意的问题,编者在"前言"已经明确:"在试用这本大纲时,请注意以下几点:①这个大纲主要是供讲授136学时的《中国革命史》教师们使用的。讲授102学时的教师们在使用时,可着重讲授各章的基本内容和理论问题,至于历史过程,可由学生自学,教师加以指导。②大纲各章末尾所列的学习文件和参考读物,供教师们研究参考。学生学习文件由教研室研究确定。③课堂讨论题目,由各校教研室按讨论时数多少酌量选择。其中有记号的是必须讨论的。"⑦可见这一时期,思想政治理论课教学大纲对使用对象、使用时应注意的问题已做了明确的说明,为不同类型教师的备课提供了参考。

---

① 《高等教育文献法令汇编》第3辑,高等教育部办公厅,1956年5月,第112页。
② 《关于中国人民大学的教学方法中几个问题的简要说明》,《教学与研究》,1953年第4期,第7页。
③ 同①。
④ 同①。
⑤ 同①,第69页。
⑥ 同①,第111页。
⑦ 段忠桥主编:《建国以来普通高校马克思主义理论课和思想品德教育课课程设置及教学内容历史沿革资料汇编》(上编),高等教育出版社2004年版,第79页。

表9 《中国现代革命史教学大纲(初稿)》讲课和课堂讨论时数(1955年)

课程题目	时数		
	讲课	课堂讨论	合计
导言	1	0	1
第一章	9	6	19
第二章	4		
第三章	6	6	22
第四章	6		
第五章	4		
第六章	8	6	26
第七章	6		
第八章	12		
第九章	10	6	26
第十章	6		
第十一章	4		
第十二章	4	4	18
第十三章	4		
第十四章	6		
第十五章	6	6	18
第十六章	6		
合计	102	34	136

资料来源:段忠桥主编:《建国以来普通高校马克思主义理论课和思想品德教育课课程设置及教学内容历史沿革资料汇编》(上编),高等教育出版社2004年版,第109页。

(二)教学大纲工作取得的成效

1. 规范教学大纲的审定和出版

经过几年教学实践,教育部门认识到思想政治理论课教学大纲对教学的重要作用。针对思政课教学大纲编写种类多、出版混乱、质量不过关的情况,如"某些私营书店和出版社随意出版,质量低劣,很不严肃"①。1954年7月高教部《关于全国综合大学会议、全国高等财经教育会议、中国人民大学教学经验讨论会、全国政法教育会议的报告》中指出,"拟请马列学院负责编审中国革命史和有关马列主义课程的大纲和教材,以供各院校统一使用"②。并采取了审查和统一出版的方法。1955年2月高教部联合文化部颁发了《关于出版高等学校政治理论课程教学大纲的几项规定的通知》,要求今后凡出版的思想政治理论课教学大纲,不论是高教部自编或委托高校、个人编写的,必须经高教部审查,待批准后才能统一交高等教育出版社出版;对于有些课目在教学上确实需要参考苏联教学大纲,这些大纲不管是苏联个别学校编写的,或是苏联国家管理高等教育的机关批准编写的,"今后亦应统一由高等教育出版社或其他国家出版社出版。"③任何"私营书店和出版社,今后一律不能出版"④,过去已经出版的今后不能再版。上述对教材审查和出版的统一规定,保证了思想政治理论课教学的严肃性。

2. 编写出统一的教学大纲

1953年后,各校开始把提高教学水平作为教学改革的中心任务,针对高校自编的思想政治理论课教学大纲系统性、逻辑性不强,多有交叉重复的状况,教育部门重视高质量大纲的编写工作。1955年刘子载副部长把"将逐步编订出较完善的四门政治理论课程的教学大纲"⑤作为今后任务,并委托各门课程领域中有经验的教师和学者参与,集体讨论决定编写,供全国各校参考,并在实践中不断完善。例如:《中国现代革命史教学大纲(初稿)》(1955年,高等教育出版社)是高等教育部政治教育司"特委托北京师范大学中国革命史教研室负责起草,北京大学、清华大学、北京农业大学、北京政法学院、北京钢铁学院、北京俄语学院等六校的中国革命史教研室(组)讨论研究,中国人民大学教授何干之同志校订出版"⑥,供各校统一试用。《政治经济学教学大纲(初稿)》(中国人民大学出版社,1956年)"是根据高等教育部指示的精神编写的。参加编写的人有以下各校政治经济学教研室的同志:中国人民大学的宋涛、胡钧、陈秋梅同志,四川大学的周春同志,中山大学的张志铮同志。……这一大纲的草稿,承蒙北京市各兄弟政治经济学教研组

---

① 《高等教育文献法令汇编》第3辑,高等教育部办公厅,1956年5月,第122页。
② 《高等教育文献法令汇编》第2辑,高等教育部办公厅编印,1955年7月,第48页。
③ 同①。
④ 同①。
⑤ 同①,第16页。
⑥ 段忠桥主编:《建国以来普通高校马克思主义理论课和思想品德教育课课程设置及教学内容历史沿革资料汇编》(上编),高等教育出版社2004年版,第79页。

的一些同志们在讨论中提出了许多宝贵的意见"①。在高教部的努力下,思想政治理论课的统一大纲陆续出版。到1956年高校思想政治理论课再次调整时,"马列主义基础的新教学大纲已发出,中国革命史教学大纲仍用原来的,……辩证唯物主义与历史唯物主义和政治经济学教学大纲,正在编写"②。

由此可见,新中国成立初期,思想政治理论课的教学大纲编写工作逐步成熟。从最初为适应教学需要,只重视教学重点和主要内容编写的纲目,到后来权威的、相对统一的、规范的教学大纲的陆续颁布。人们逐步认识到教学大纲"是由在本门科学中最有造诣的学者们集体地并且经过反复地研究、讨论而编写出来的。它不仅能够考虑到教学上的实际需要,而且能够反映这门科学最高和最新的成就,……还反映了党和国家对于由高等学校所培养的一定类型的干部所要求具体的知识的规格水平"③。教学大纲给各校教学提供了依据,一定程度上保证了思想政治理论课教学质量。但在教学实践中也曾出现对教学大纲执行管得过死的现象,"妨碍了教师在教学中的积极性和创造性"④。

二、讲义讲稿的编写

新中国成立初期,由于思想政治理论课没有现成的统一教材,"社会发展史和新民主主义论主要以毛泽东的《新民主主义论》、斯大林的《辩证唯物主义与历史唯物主义》和艾思奇的《历史唯物论——社会发展史讲授提纲》为基本参考书,有的课程用翻译的苏联教科书"⑤。为提高教学质量,教师上讲台前必须根据参考资料写成讲义讲稿,经教研室集体讨论后才能在课堂上使用。因而这一时期,对编写讲义讲稿非常重视,当时来华的苏联专家和中国教师对怎样编写进行了有益探索。

(一)编写讲义讲稿的重要性

对于讲义讲稿的重要性,苏联伏芝龙军事学院马列主义教研室阿·

---

① 段忠桥主编:《建国以来普通高校马克思主义理论课和思想品德教育课课程设置及教学内容历史沿革资料汇编》(上编),高等教育出版社2004年版,第110页。
② 《高等教育文献法令汇编》第4辑,高等教育部办公厅,1957年5月,第81页。
③ 徐禾:《政治经济学讲授方法的基本要求》,《教学与研究》,1956年第3期,第45页。
④ 《中国教育年鉴(1949—1981)》,中国大百科全书出版社1984年版,第423页。
⑤ 同④,第423—424页。

阿·拉拉扬认为思想政治理论课教师"做好备课工作的首要条件是……编写讲义"①。在华专家姆·斯·谢列兹聂夫专门论述了编写讲义的好处:"第一,如果讲义已写出,就有可能适时地、从容地、深刻地考虑讲义的内容和结构,推敲词句。第二,教师有了写就的讲义,就不会忘掉任何材料,也不会从已经准备好的材料中遗漏任何东西,因此也就能够安心。第三,如果需要再讲授这门课程时,备课工作就大大减轻。第四,有了写就的讲义,就有可能事先在教研室和教研组进行讨论。这是事先检查讲课质量的一个很重要的因素。"②

1. 编写讲稿是教师登上讲台前的必备功课

新中国成立初期,思想政治理论课教师绝大部分是新教师,理论基础薄弱,文化基础不宽泛,需要多方面提升,而"教学大纲的内容规定某一课程学习的范围,在一定程度内也反映课程讲授的深度,但是并不明确指出其中各个章节究竟应该讲到怎样的深度。……因此教学大纲虽然是一个最重要的教学文件,却不能解决一切问题"③。任课教师要在对教学大纲研究的基础上,认真备课,结合学生水平进行教学,才能恰当地掌握深度,因而编写出讲稿是非常关键的一步。教育部要求"教师的讲课要严格依据教学大纲和讲稿去进行"④。山东大学把编写讲稿作为培养助教的一种方法,要求"助教独立编写讲稿,然后在教研组会议上提出讨论,改正编写的讲稿中的缺点;助教把所写的讲稿中的一部分进行试讲,大家再提意见,再加以修改"。助教同志们对这种培养方法是满意的,他们认为"编写讲稿是一种很好的进修方法,必须对课程内容透彻地了解后,才能很好地表达出来"⑤。

2. 编写出适宜的讲稿才达到课程开设目的

新中国成立初期编写讲稿的作用,不仅表现在帮助教师学习,达到有能力开课,同时编写的讲稿要适应学生和课堂的需要,达到课程开设目的。1953年11月13日,在京津各高等学校政治经济学经验交流会上,南开大学特别提到了这一点。南开大学进行教学检查时发现有的教师写讲稿很认

---

① 阿·阿·拉拉扬:《关于马克思列宁主义基础的备课工作》,《教学与研究》,1954年第9期,第34页。
② 姆·斯·谢列兹聂夫:《关于高等学校的讲课方法问题》,《教学与研究》,1955年第1期,第44—45页。
③ 《高等教育文献法令汇编》第3辑,高等教育部办公厅,1956年5月,第111页。
④ 《关于中国人民大学的教学方法中几个问题的简要说明》,《教学与研究》,1953年第4期,第6页。
⑤ 山东大学政治经济学教研组:《培养师资工作的几点经验》,《高等教育通讯》,1955年第9期,第486页。

真,但其目的是"把他的讲稿写得更充实更完整,以便将来出版,并不照顾同学的实际水平需要,因此他的讲授不但同学们听起来感觉吃力,而且教学进度也不能保证"。为提高学生学习思想政治理论课效果,克服教师教学中的主观主义,南开大学明确要求思政课教师"从实际出发,深入体会苏联教材,写出一份切合同学实际水平的、通俗的、重点突出的讲稿",教师"讲授时采用了切合同学实际水平的讲稿,同学容易理解讲授的内容,因而提高了同学对政治经济学的学习情绪",教学效果得以好转。①

(二)编写讲义讲稿的探索

由于讲义讲稿在提高教师水平和提升课堂效果方面有重要作用,教师们如何编写讲义讲稿成为解决问题的关键,这一时期来华苏联专家和一些高校进行了探讨,大致包括准备工作—动手写—修改等环节。

1.借鉴苏联经验,向苏联专家虚心学习

姆·斯·谢列兹聂夫1954年11月24日给中国人民大学教师所做的报告中专门谈到

讲稿编写问题。他说:教师在编写讲义前,应当对讲课题目有明确的概念,必须清楚了解授课对象,从而考虑讲课内容,选择适当材料;编写的讲义要有严整的结构,能正确而合乎逻辑地发挥议题,并有严密的内部联系;讲义通常是由前言、基本内容和结论三部分组成。其中第二部分是最主要和最复杂的部分。这一部分要阐明讲义的基本思想和基本论点,论证所提出的每一个论点,分析现象,指出各现象之间的联系,给事件以评价,并从评价中得出结论;要注意搜集材料,善于用恰当的具体材料填充每一论点。同时谢列兹聂夫教授还谈到了讲义的两种写法。一是由详细提纲和材料两部分构成的讲义,可将一张白纸分为两栏,左边写提纲,右边写材料。在左边扼要地写出大问题和小问题,在右边与提纲的每一项相对,写出实际材料:数字、人名、名词、日期、较短的引文等。二是把全文写出来。讲义写作时应注意三点:在语言上尽可能口语化,避免文字叙述距口语太远;正确处理引文和正文之间的关系,引文应当选择得当,并成为讲义中有机部分,避免讲义成为引文的堆砌;教师在讲课时尽可能不要念讲义。②

中国人民大学马列主义教研室的苏联专家弗·普·贝斯特雷赫,专门讨论了马克思列宁主义基础课程讲稿的写作问题。他认为思想政治理论课

---

① 南开大学政治经济学教研组:《克服教学中的主观主义》,《高等教育通讯》,1954年第1期,第10页。

② 姆·斯·谢列兹聂夫:《关于高等学校的讲课方法问题》,《教学与研究》,1955年第1期,第42—45页。

教师写作讲稿应做到下列工作:教员把该门课程大纲看过,在此基础上尽快抓住这一讲问题的中心,并了解各个问题的基本思想,提出这一讲中要阐明的三到五个主要问题(即构成这一讲的讲授提纲),然后着手研究这一章的材料,包括教材、参考资料、马克思列宁主义经典原著、苏联共产党各次代表大会的决议、中国共产党的决议。当教员已经学完基本材料,并觉得能很深刻讲解这一讲的全部主要问题时,就应该着手思考和系统整理材料,这是很重要很要紧的一个阶段,讲稿正是在这个阶段写成的。讲稿写成后,还要进行修改,要发挥集体力量,马克思列宁主义教研组应当给教员以帮助,把教员讲稿加以评论,提出意见,指出应当怎样改进讲课的内容与形式。此外,贝斯特雷赫教授认为,教员在编写讲稿过程中,要尽快培养研读经典著作的能力。①

2. 结合本国实际,探索讲义讲稿的编写工作

在苏联专家的指导下,许多高校的思想政治理论课教研组对编写讲义讲稿进行了探索。中国人民大学的经验是:教师先要熟悉教学提纲,根据教学内容要求拟定出自己的讲授计划,确定讲授的基本思想以及与此相适应的教学方法,然后还要系统地认真地阅读参考资料特别是经典著作,选择有说服力的典型材料,这一切准备妥当之后,应根据教学提纲分配时间,然后才能动手写讲稿;讲课前在教研组进行试讲,讨论讲稿,弄清问题,统一讲稿,帮助较差的教师改进;教师的讲稿经过讨论之后,上课前要把大大小小的问题弄清楚,考虑好。② 华南工学院马列主义教研室把"编好讲稿,开好讲稿讨论会,认真处理教材,正确表达教材内容的科学性和思想性,紧密联系实际"作为主要工作,教师"在讲授前必须准备好结构完整、材料充实、论点确切的讲稿,并且要很好地安排分量,使重点突出"。在编写讲稿时,"要明确每篇每章的目的、要求,正确地掌握其中的中心问题和关键问题,了解每篇每章的系统性和逻辑性"③。北京地质学院等校教研组"在个人备课的基础上举行备课座谈会或讲稿研究会,统一认识研究讲稿的目的性、系统性、各章的内容、重点及问题之间的联系等,之后进行个人熟悉消化讲稿及

---

① 弗·普·贝斯特雷赫:《如何进行"马克思列宁主义基础"课程的备课、讲课和课堂讨论》,《高等教育通讯》,1955 年第 20 期,第 968—970 页。

② 《关于中国人民大学的教学方法中几个问题的简要说明》,《教学与研究》,1953 年第 4 期,第 8 页。

③ 华南工学院马列主义教研室:《讲授"中国革命史"的几点体会》,《高等教育通讯》,1955 年第 20 期,第 976 页。

试讲"①。

(三)编写讲义讲稿取得的成效

1. 讲义讲稿的编写形成一定模式

经过几年摸索,讲义讲稿的编写逐渐形成了固定模式,即:教研室要求教员在备课时,多研究一些与问题有关的参考书,选择这一讲最需要的材料,经过慎重周密的思考,把材料加以系统化,提出其中基本思想,确定叙述这些思想时的逻辑次序,创造性地把它编写成讲义,在初次写成的时候不能当作定稿,细心补充修改后才成为比较完善的讲稿。一般新教员的讲稿都要经过教研室的讨论进行修改,并且在每讲一次课后都加以新的修改和补充。同时非常重视集体力量,反对个人主义,要求"讲稿必须经过集体审查,至少某些重要问题的解释特别是新的问题的解答,必须经过集体讨论。必须反对教学工作中的个人主义和分散主义,反对个人自以为是的任意发表意见,以便尽可能地避免讲授方面的错误,或同一问题在不同教员中间讲法不一致,使学员无所适从"②。

2. 及时补充最新内容

思想政治理论课教育教学的主要任务之一,是宣传和贯彻党和国家的路线政策,"以便为实现党在各个时期所规定的方针和任务而斗争"③。因而讲义讲稿内容也要随国家政治形势的变化而及时更新。新中国成立初期思想政治理论课教学中已经重视这方面的做法。如在《中国革命史》课程的教学中,随着"党在过渡时期的总路线和总任务的公布和党的四中全会的公报发表后",对原有大纲和讲稿"进行了必要的修订和补充","增加了第十六章:中国共产党领导人民为建立国家工业化和国防现代化的基础而斗争。在这一章中包括三节:第一节是关于过渡时期开始时的国际国内政治形势;第二节是关于总路线本身;第三节是关于国家建设的第一个五年计划和党的四中全会"④;1954年《政治经济学》教学中,已经把"中华人民共和国的社会主义改造"作为一章,"专门讲述中华人民共和国成立之后,各种社会改

---

① 《高等教育文献法令汇编》第2辑,高等教育部办公厅编印,1955年7月,第135页。

② 《马克思列宁学院第二部哲学教学的经验》,《人民日报》,1955年1月11日第3版。

③ 宋涛:《讲授政治经济学中精简教材和联系实际的问题》,《高等教育通讯》,1954年第1期,第1页。

④ 《中国人民大学中国革命史教研室学年教学工作总结》,《高等教育通讯》,1955年第1期,第21页。

革、经济恢复和改造的成就,以及逐步过渡到社会主义的问题"①。

3.重视讲义讲稿的交流和出版

这一时期,高教部为了使各校教同一门课程的教师"从编写讲稿的忙乱情况中抽出身来,集中力量进行备课和进修,从而使教学质量得以保证提高"②,已经注重出版和交流高水平高质量的讲义讲稿,为教师备课提供参考。1952年10月教育部《关于全国高等学校马克思、列宁主义、毛泽东思想课程的指示》中指出:"在进行教学工作中,希望各区选择较好的讲授提纲或讲稿报来我部。"③1955年高等教育部指出:"各教研组对讲义、讲稿应很好地进行讨论,由学校进行审查。对较好的讲义应加强交流。"④1956年10月18日,高教部发出《关于组织交流高等学校教师编写的讲义的几项规定》,要求"各高等学校对本校教师编写的讲义,都负有及时交流的责任。各学校或其他单位可以直接向有关学校洽取需要的讲义,以供参考或采用。印发讲义的学校可以收回必要的费用"⑤。教育部门的各项措施大大促进了讲义讲稿的建设工作,短短几年时间,各门思想政治理论课的讲义讲稿相继出版。其中中国人民大学的讲义讲稿影响最大。据不完全统计"建校三年来供给各地业务教材、政治理论教材及参考材料一百余种,一百六十六万余册"⑥。特别是1954年4月高等教育部召开了中国人民大学教学经验交流会后,"各高等院校要求中国人民大学经常供应马克思列宁主义理论……等业务方面的教学大纲与教材讲义"⑦。但需要指出的是,这一时期全国并没有统一使用的讲义讲稿。

新中国成立初期,思想政治理论课教材建设重视教学大纲的制定和讲义讲稿的编写,向苏联学习,注重发挥个人积极性和集体力量,重视出版和交流工作,为思想政治理论课建设提供了宝贵经验。

---

① 宋涛:《讲授政治经济学中精简教材和联系实际的问题》,《高等教育通讯》,1954年第1期,第7页。
② 《高等教育文献法令汇编》第2辑,高等教育部办公厅编印,1955年7月,第140页。
③ 《高等教育文献法令汇编》第1辑,中央人民政府高等教育部办公厅编,1958年2月,第84页。
④ 《高等教育文献法令汇编》第3辑,高等教育部办公厅,1956年5月,第45页。
⑤ 《高等教育文献法令汇编》第4辑,高等教育部办公厅,1957年5月,第104页。
⑥ 吴玉章:《中国人民大学三年来工作的基本总结》,《人民日报》,1953年10月4日第3版。
⑦ 胡锡奎:《关于中国人民大学教学经验讨论会的情况与目前的主要任务》,《教学与研究》,1954年第7期,第3页。

第五章

新中国成立初期高校思想政治理论课的教学方法与教学手段

思想政治理论课的教学方法和教学手段,是将思想政治教育理论内容运用于实践,以实现思政课开设目的的操作方法和方式,是有效进行政治理论教育不可分割的一部分。高校思想政治理论课教学方法和教学手段的采用,除了教育主体考虑教学内容外,还受教学对象和教学客观条件的制约。新中国成立初期,高校学生普遍缺乏马列主义的基本知识,绝大部分思想政治理论课教师也是在学习中成长,因而思想政治理论课教学比较注重调动学生学习的积极性、主动性。教学方法和教学手段的采用是在理论讲授不能脱离实际的原则下进行的,具有显著的实践性特征,同时比较重视和学习苏联经验。

第一节 新中国成立初期高校思想政治理论课的教学方法

教学方法是教师为达到一定的教学目标而采用的教学手段和行为方式。新中国成立初期高校思想政治理论课教学,教师不仅要完成传授知识的任务,更重要的是通过教学活动,帮助学生能用马列主义理论认清和改造自己的思想,能用马列主义理论观察和分析问题,从而成为新中国合格的建设者和接班人。从新中国成立初期的教学实践看,主要有理论讲授法、实践教育法和学习苏联的"习明纳尔"。这些教育方法融系统性、参与性和亲身体验于一体,使教育对象随教学活动的开展,内心世界不断得到启迪与参悟,同时身体力行的参与促使思想转变升华。

一、理论讲授法

理论讲授法是思想政治教育中最常用的、最基本的形式,是教育者有计划、有目的地向受教育者进行马列主义科学理论教育的教学方法。新中国成立初期,基于青年大学生缺乏科学理论的现状,教师通过思想政治理论课堂主渠道,坚持理论联系实际原则,结合党的方针政策和大学生思想状况实际,对学生进行系统的马克思主义理论讲授,从而帮助大学生逐步树立科学世界观。

(一)理论讲授紧密结合现实问题

马克思列宁主义是科学的理论,同时也是革命的学说,只有和革命实践密切结合起来,理论才能成为革命运动的伟大力量。高校通过思想政治理论课程进行系统的马克思列宁主义的教学,是为了让学生真正掌握马克思列宁主义理论的思想武器,使他们成为忠诚于社会主义建设的、有一定科学知识的革命战士,而不是只会熟记马克思列宁主义的个别词句和结论。因而在新中国成立初期的思想政治理论课教学中,始终强调不能单纯进行抽象的理论讲授,教师要善于联系实际讲授该门课程。

1950年教育部召开了第一次全国思想政治理论课教学讨论会,会上批评了课程教学中存在着教条主义的偏向,即一些思政课教师对理论与实际一致的真实意义不清楚,不明白什么是理论,什么是实际。会议要求教师在今后的讲授中要善于启发学生,分析他们的思想,"应着重于系统的理论知识的讲授,同时结合实际有重点地解决学生的主要思想问题,"①由此可见刚刚在高校开设的思想政治理论课教学就注重这一教学方法。

思想政治理论课经过几年的教学实践,理论讲解和社会现实紧密结合的教学方法取得了较好效果,并得到了苏共中央直属社会科学院的赞赏。1955年该院哲学教研室主任格列则尔曼同志,给中共中央党校校长杨献珍同志寄来一封信,他说:"理论与实践联系是你们的经验的最宝贵的方面。这完全符合马克思列宁主义精神。同时这种方法能够以学员最容易了解的形式阐明理论原理,实践联系的结果,理论原理成为听讲者最容易领会的东西。"②来信高度肯定了中国高校在思想政治理论课教学实践中的这一教学方法。这封信发表后,广大从事思政课教学的教师,对理论讲授与现实生活

---

① 《高等教育文献法令汇编(1949—1952)》,高等教育部办公厅,1958年2月,第64—65页。

② 《关于中共中央马克思列宁学院哲学教学经验——格列则尔曼同志寄来的一封信》,《高等教育通讯》,1955年第14期,第694页。

相联系的教学方法进行了认真探讨,认为理论联系实际不仅仅是教学要求问题,它"是教学目的问题,是对待马克思列宁主义理论的根本态度问题,是党性问题"①。同时认为思政课教师在教学中联系实际要做到四方面的内容:第一,联系我国革命和建设的实际,使大学生在整个学习过程中看到理论的各个部分对我国革命具有指导意义的现实。第二,联系国际工人运动和两大阵营的斗争。教师平时关心国内外大事,注意从报纸、各国社会主义兄弟党的纲领取得立论根据,同时也吸收苏联学者在这方面的最新研究成果,从一般原理特别是从苏联经验出发,引导学生研究国际工人运动经验和社会主义建设经验,培养学生国际主义精神,同时吸取兄弟党的经验,以利于我国革命事业。第三,批判社会上和学生中存在的各种错误思想。思想政治理论课的学习过程就是思想斗争的过程,就是用社会主义的思想体系武装学生思想的过程,必须用马列主义的理论观点清除学生意识中的一切反马克思主义和非马克思主义的观点,批判和肃清各种错误思想。第四,大力宣传党。教师在理论讲授中重视联系党的纲领,宣传党的政策的科学性和党的领导的伟大作用,尽可能密切依据党在各个时期的宣传任务,用理论原理分析我党各项现行政策,充分发挥理论威力,使学生了解政策的由来及其正确性,从而自觉地执行它、掌握它。

  同时,许多高校结合自身教学中的缺点对这一教学方法进行了具体探讨。如西北医学院马列主义教研组教学研讨会中指出,由于"教师多半是埋头读经典著作,对于党的政策和国内外大事,以及学校的各种措施、同学的活动,不多过问"②,因而在教学中还存在着教条主义的倾向,应采取的措施为:"对讲课的讲稿应该加强集体研究,除了明确每讲的讲授重点和阐述的中心思想外,还应该着重讨论每章每讲的讲授目的和要求,能够给同学们解决什么问题,在联系到国际国内形势,或者是党的重大政策和决定的时候,也应该具体研究联系什么实际,怎样联系实际?只有这样做细致的艰苦的工作,才能把理论联系实际的教学方针从口号变成行动,我们的讲课质量在实际上才能有所提高。"③同时思想政治理论课教师要"尽可能地参加同学的一些活动,例如党团的组织生活,同学们的读书座谈会、晚会等。因为只有这样才能摸清同学们各个时期的思想情况,才能谈到在讲课中紧密地有机

---

① 清华大学政治经济学教研组:《我们怎样在教学中贯彻"理论联系实际"》,《高等教育通讯》,1955年第17期,第841页。
② 肖东波著:《中国共产党理论建设史(1949—1956)》,中国共产党党史出版社2006年版,第386页。
③ 同②,第387—388页。

地联系同学的思想实际"①。

从以上可见,新中国成立初期的思想政治理论课教学,尽量克服理论讲授中教条主义的倾向,因而20世纪50年代的大学生对思政课的学习有较高兴趣,这对于他们树立革命的人生观和科学的世界观有深远影响。

(二)理论讲授紧密结合学生接受能力

青年学生学习马列主义理论的过程,是一个逐渐生长和积累的过程,其接受能力的发展也是循序渐进的。因此,新中国成立初期思想政治理论课的理论讲授,注重从学生思想发展实际出发,激发学生学习兴趣。

对于刚入校的大学生,大多没经过正规的系统的政治理论学习,其理论基础和理解能力都比较低,教师在讲授中注意深入浅出,理论分析时力求做到通俗易懂,切合学生初入高等学校的水平。这就要求思政课教师的系统理论讲授不是要把所有的问题全部讲清楚,而要有具体的明确的教学目的和要求,"需要知道"的是教师明确规定的教学要求,"可能知道"的就是同学的实际水平,如果讲授内容和方法脱离教学要求和同学接受能力,只凭教师的主观意图去大讲特讲所有的东西,就必然不能为学生所理解。对于已经系统学过思想政治理论课的高年级学生,由于他们已经积累了一些知识,也初步了解了什么是马克思列宁主义的立场、观点和方法,理解能力也较过去增强了,这就要求教师加深讲授内容,使学生能从本质上认识问题。

教师要做到系统的理论讲授切合学生的实际接受能力,不仅仅是教学方法问题,也体现教师对思想政治理论课教学内容的取舍和对教学大纲的驾驭水平。这就要求教师必须努力提高自己的理论水平、思想水平,真正掌握所讲授的全部教材,而不单纯熟记史料。教师要深入了解教材的实质和全貌,把握教材整体性与各个问题的内部联系才是最重要的。只有这样,教师才能更深入地理解理论的各个基本问题,才能有机地前后呼应联系,把整部教材安排得像一个阶梯,以引导学生理论水平步步提高,层层深入。②

二、"习明纳尔"

"习明纳尔"是苏联高校社会科学学科常用的一种教学方法。"习明纳尔"一词是从俄文直接翻译过来的,是在教员领导下有计划、有组织进行的

---

① 肖东波著:《中国共产党理论建设史(1949—1956)》,中国共产党党史出版社2006年版,第388页。

② 刘炼:《讲授中国革命史的两点体会》,《高等教育通讯》,1953年第10期,第25页。

关于课程内容的讨论与研究。它不同于普通的讨论,也不同于数学或自然科学方面的实习和实验,主要用于理论课方面。中文没有恰当的名词表达它的意思,为了不失去这种教学方法的真谛就直译为"习明纳尔",后来此法也被称为"课堂讨论"。

新中国成立初期伴随着苏联教育专家来华,这种方法首先在中国人民大学思想政治理论课堂试行。张腾霄在《人民教育》上发表的《在政治理论学习中应该很好利用上课的方式》(二卷二期)和《中国人民大学的教学概述》两文均提及中国人民大学使用的"习明纳尔"的教学方法,而刘经宇发表的《中国人民大学的"习明纳尔"》(《人民教育》三卷一期)则对此有了更为详细的介绍。刘经宇认为这种教学方法经过中国人民大学一年的教学应用,"它在巩固教学效果上与培养同学的思考能力上起着非常重要的作用"[①]。因其效果良好且是向苏联学习的重要经验之一,得到教育部门的大力推广。1951年教育部要求各大区在暑期分别召开高校思想政治理论课讨论会,各地"如有条件,可重点试行'习明纳尔'的教学方法"[②],同时附上刘经宇的文章供各地参考讨论。此后,这种教学方法在中国高校思想政治理论课堂被普遍采用。

(一)"习明纳尔"目的

思想政治理论课的教学目的是把科学理论知识教给同学,课堂讲授是主要途径,但教师由于受内容与时间的限制,往往不可能对每一问题都深入讲解。而学生方面往往一面听讲,一面记笔记,来不及深入思考,难以把教师教授的知识变为自己的。通过习明纳尔,一是加深学生对课程内容的理解,巩固教学成绩;二是养成学生独立钻研专业的习惯;三是培养学生系统地说明问题与分析问题的能力;四是检查教员教学效果与学生学习成绩。学生能梳理主讲教员所讲的观点,系统其基本材料;教员则密切结合学生发言中的疑难问题、模糊问题,特别是错误问题,进行分析批判并做出明确结论。

(二)"习明纳尔"的准备工作

要想在课堂上做好讨论工作,必须做好"习明纳尔"的准备工作。一是选择题目。"习明纳尔"的题目是由主讲教师根据讲授内容拟定,不同于过

---

① 刘经宇:《中国人民大学的"习明纳尔"》,《人民教育》,1951年第3卷第1期,第29页。

② 《高等教育文献法令汇编(1949—1952)》,高等教育部办公厅,1958年2月,第82页。

去的政治大课或政治训练班的小组讨论会的题目(先从小组内搜集意见,集中起来出几个题,后进行讨论,主要是解决思想问题),这些题目注意问题的系统性和完整性。如"商品"这个题目,就要有系统地弄清楚商品的产生及其属性,创造商品劳动的二重性,价值法则在资本主义发生发展中的作用等。二是师生分头准备。题目宣布后,教员与同学分别进行准备。同学们必须复习笔记,必须阅读所指定的最低限度的参考书,最后必须写出发言提纲。准备过程中同学写出发言提纲是关键,这是独立钻研的过程,避免原封不动地抄书本讲义等。负责"习明纳尔"的教员们要做的准备:在每次"习明纳尔"之前召开准备会,主讲教员主持,并解决下列问题:①本次"习明纳尔"要达到的目的,答案论点是否正确,对选材是否恰当等问题进行讨论,使负责"习明纳尔"的助教在思想上十分明确;②把同学中的疑难问题以及教员尚未解决的问题则要加以讨论,最后有主讲教员做结论。①

(三)"习明纳尔"存在的困难

"习明纳尔"在中国高校思想政治理论课堂实施也存在着一些困难。

首先,苏联高校实行"习明纳尔"的班级人数一般是30—50人,但新中国成立初期中国高校的思想政治理论课班级人数较多,教员要想熟悉学生情况,照顾到每位学生有一定的困难。

其次,"习明纳尔"要求专门的教师领导,但各校思想政治理论课教师缺乏,即使把助教和主讲教师全部纳入也往往不够。

再次,在讨论过程中出现学生往往只准备自己发言稿,不认真听取别人发言的情况,违背了采用"习明纳尔"的初衷。

最后,同学们对讨论有抵触。有些学生把自己主观条件不够,完全归因于"习明纳尔"制度和"习明纳尔"题目上,认为"课堂讨论不能结合思想,重复理论不能改造思想","题目太教条,不结合思想",想通过一次讨论就解决思想问题等。②

(四)"习明纳尔"的探索

"习明纳尔"引进中国后虽遇到一定的困难,但在一心一意学习苏联经验的背景下,教育部门在教学计划中统一安排专门课时,要求各高校运用时

---

① 刘经宇:《中国人民大学的"习明纳尔"》,《人民教育》,1951年第3卷第1期,第29—31页。

② 《高等教育文献法令汇编(1949—1952)》,高等教育部办公厅,1958年2月,第90页。

"要充分准备,心中有数,加强领导,不要自流"①。并及时选取一些高校经验进行推广。下面以天津大学和中国人民大学的经验为例,以窥这一方法全貌。

1. 天津大学的探索②

第一,如何克服辅导人少的困难。一是从学生中组织干部扩大辅导力量,各班学委及重点小组长参加。二是增加助理教务的人数。助理教务是由高年级有一定政治水平的同学组成。三是主讲教员和辅导教员有计划地普遍参加到各小组中。

第二,准时召开干部武装会,帮助干部(学委及小组长)掌握原则及明确如何开展工作。每次"习明纳尔"前召开干部武装会,要求干部协助辅导,针对每次汇报所得的具体情况加以总结,指出改进工作的方向;着重指出这次讨论首先要在理论上注意的重点,其次要解决什么问题,最后要达到什么目的。

第三,提出发言的原则。要求学生注意倾听别人发言,并结合自己准备的提纲,提出补充与纠正的意见,避免只顾自己不听别人发言;在发言时应分析和补充前面发言同学不完整及错误的地方,再提出重点,然后展开全面的讨论。

第四,启发学生自觉应用系统理论联系思想。一是要让学生从理论上认识问题的实质,即"习明纳尔"是帮助学生巩固课堂学习效果,改造自己思想中错误的认识。二是如何结合自己思想。三是指出讨论这一问题所应接受的教育。如,对于新民主主义革命主要经验的讨论题目"统一战线政策为什么是中国革命主要经验之一? 通过'三反'我们应怎样体会毛主席统一战线政策和方针的重要意义?"要求学生从理论上认识问题的实质:①统一战线是根据中国社会性质、革命性质所决定的,它符合革命人民的最大利益;②革命政策是利用各种矛盾,集中一切力量壮大自己击败敌人;③明确统一战线是毛泽东思想总结中国革命实际斗争的主要经验之一;④着重指出统一战线是"独立自主"的又联合又斗争的基本原则。要求学生这样结合思想:①结合"三反"联系自己对这问题的看法;②检查自己的看法是站在什么立场的,③分析出这种想法对革命的影响。学生应接受的教育:①认识思想的片面性基本上是非工人阶级立场的观点和方法;②任何片面性都将给革命带来损失;③建立正确的阶级斗争的观点。

---

① 《高等教育文献法令汇编(1949—1952)》,高等教育部办公厅,1958 年 2 月,第 89 页。

② 同①,第 89—91 页。

第五,辅导老师的总结尽可能结合同学的发言。辅导老师在总结中,要结合同学讨论中的发言,其正确部分加以肯定,以鼓舞同学学习的信心,对其错误的部分,指出其错误所在,并用理论加以分析与批判,使同学易于接受并能提高认识,而不能简单地给予否定。

2. 中国人民大学的探索①

第一,重申"习明纳尔"的目的。加深学生对讲授内容的理解是一个方面,更重要的是锻炼学生对理论的实际运用能力。

第二,重视讨论题目的设置。为避免"笔记搬家"式的形式主义的课堂讨论,对课堂讨论计划和题目进行严格把关,要求讨论的问题不宜过大和过多,应注意讨论问题的深度,以取得重点突破的效果。

第三,严格考试标准(当时的思想政治理论课主要采取的口试)。在制定考试题签和给学生打分时,不以背诵条文为标准,而以学生对课程内容的理解和应用程度打分数,并以此作为考试的唯一正确的标准。

由以上两校的探索可见,从苏联引进的"习明纳尔"在高校思想政治理论课的教学实践中存在一些困难。但由于这种教学方法注重发挥学生学习的自觉性与创造性,强调独立思考和应用习惯,要求学生对于讲授内容加以深入的思考、分析与综合,以求真正领会和消化。这与新中国成立初期反对理论讲授脱离实际的教学原则是一致的,因而在教学中被广泛应用。多年后,有的同学对这种方法仍记忆犹新。中国人民大学马列主义研究班1956届毕业生张启承回忆,"课堂讨论一般放在一个教学单元结束后进行,事先由老师确定讨论中心,并归纳几个思考性问题,交同学们准备。课堂讨论开始后,先由一位同学发言,然后大家围绕主题加以分析补充、发表见解,老师则随时加以引导点拨。最使大家感兴趣的是发生了不同的理解和争论,这往往是课堂讨论的高潮,非常热闹,也是成功的重要一步,最后由辅导老师归纳总结,引出一些明确的结论和带规律性的认识,以加深认识、巩固课堂讲授内容。课堂讨论实际上是教学相长、发挥学生分析思考和议论表达能力,也有利于巩固记忆的一种生动活泼的教学辅助形式。虽然讨论比较肤浅,但从我们当时的实践看,还是觉得颇有帮助的。"②

20世纪60年代,这种曾经大力推行,在思想政治理论课堂上普遍使用的教学方法随着中苏关系破裂受到冷落。

---

① 《切实改进教学方法》,《教学与研究》,1955年第11期,第1页。
② 刘葆观主编:《在神州大地上崛起——中国人民大学回忆录(1950—2000)》上卷,中国人民大学出版社2007年版,第251页。

三、实践教育法

新中国成立初期的思想政治理论课教学实践中,一方面重视系统理论的讲授;另一方面为了提高思想政治教育的实效性,使受教育对象在社会实践中受到教育、得到锻炼,对实践教育方法也极为重视。1949年12月钱俊瑞副部长在第一次全国教育工作会议上强调,大学的课程要进行教学方法的改革,重点在于反对书本与实际分离的教条主义,必须坚决走向理论联系实际的教学方法。为了有效进行政治思想教育工作,要求学生的理论学习"应当与自己参加生产劳动,参加群众斗争,参观解放军或工厂等活动结合起来"①。新中国成立初期,中国社会处于大变革中,这给高校思想政治理论的实践教育提供了重要的课堂。学生参加的社会实践主要表现在三方面。

(一) 参加土地改革运动增强阶级观念

通过参加土地改革实践,广大青年学生提高了思想水平,阶级觉悟和阶级立场都有了很大的变化,唯物史观理论得到了具体而生动的印证。"知识分子惯常从理性去考虑问题,很少感性的体验,往往容易发生偏差。"②实践是马克思主义的理论基石,同样青年学生要想成为真正的马克思主义者,必须关注现实的生动的生活。有些同学通过课堂学习虽然承认阶级观点、认识到人民群众是历史的创造者,但这些理论抽象而模糊,经过参与土改实践,深入农村,与农民同吃同住,召开诉苦会等形式,"了解农民过去经济上政治上受压迫受剥削的情形。认识了国民党地主、中统、军统、一贯道、乡保长'一身而几任',地主是'小蒋介石'。在斗争会上看到地主狡赖的情形,认识到'地主不斗,不肯自动放弃利益'。'农民不齐心,地主不死心'。"③有的学生联系到自己的出身,认识到"自己过去毫不劳动却能生活优裕,居然能上大学,深深体会到自己是喝劳动人民血汗长大的,劳动人民才是自己的真正父母。……深刻体会到农民并不愚蠢,他们很智慧并且勇敢。在生产过程中,翻身以后,农民的积极及热情的创造,复活了土地的生气,比较深刻地认识到这些事我们国家今天以及以后发展的支柱"④。正是置身于实践中,青年学生对于马克思主义的基本原理才有了深刻理解。

---

① 《高等教育文献法令汇编(1949—1952)》,高等教育部办公厅,1958年2月,第7页。
② 马特:《从参观土地改革中得到的教育》,《人民日报》,1951年4月6日第3版。
③ 《清华大学史料选编》(第5卷)下,清华大学出版社2005年版,第1150页。
④ 同③,第1172页。

(二)参与抗美援朝爱国主义教育活动

通过参与抗美援朝爱国主义教育活动,青年学生加深了对帝国主义本质的认识,对党和社会有了新的了解。1950年抗美援朝战争爆发后,教育部要求"各级和各类学校通过各科教学,并配合各种课外活动,普遍进行抗美援朝爱国主义教育",要求"各级和各类学校的学员对全国广大群众进行宣传"①使每一处每一人都受到这种教育。思想政治理论课结合运动发展,邀请专家学者做报告、召开讨论会、下乡宣传等活动,帮助学生认清问题实质,树立国际主义和爱国主义精神。如抗美援朝爆发初期,许多青年学生对美帝国主义的本质认识不足,存在模糊和不正确的看法,表现为:"①美帝掌握了天下无敌的原子弹武器,世界大战是不可避免要爆发的。②因为美国在侵朝失败后,战略上改变,和日本同是帝国主义国家,在侵略中国的一点上的矛盾统一起来了,它要武装日本侵略中国。③美帝武装日本势在必行,我们阻止是阻止不了的,一切运动游行只有对我们人民能起教育作用,对于敌人是否要挑起战争,是起不到制止作用的。"②经过各种形式宣传教育活动后,高校学生认清了自己思想上的错误,如清华大学经济系一年级的一位同学在听完范长江的报告后,说出了当时大部分学生的真心话,他说:"我怕原子弹就是因为我自己怕死,因而怕三次大战,所以才不积极赞成援朝,听了范长江同志的报告,觉得自己怕死实在很无聊。我现在认识了我们这个斗争的伟大而神圣的意义,我决心响应祖国的任何号召,到最危险的地方去贡献自己的一切力量甚至鲜血和生命。"③大同大学的学生认为"美国帝国主义并不强大,它在军事上有许多弱点,的确是一个纸老虎。"④有的同学提高了身为中国人的自信心和自豪感,如浙江大学化工燃料的同学说:"过去恨自己为什么不生长在外国,但今天我认识到做一个中国人是无上的骄傲。"⑤还有一些青年学生真切地感受到了帝国主义是我们民族的敌人,而苏联才是中国的真正朋友,建立起"中苏团结无敌于天下的信念,认识到保卫和平制止战争的可能性"⑥。正是组织青年学生参与社会实践,在实践中检验所学

---

① 《高等教育文献法令汇编(1949—1952)》,高等教育部办公厅,1958年2月,第23页。
② 《大同大学学生学习时事情况》,上海市档案馆,Q241-1-126-121,第3页。
③ 《清华大学史料选编》(第5卷)下,清华大学出版社2005年版,第1203页。
④ 同②。
⑤ 《浙江大学政治辅导处辅导科关于1952年度上学期政治课教学综合总结报告》,上海市档案馆,编号A26-2-154-103,第110页。
⑥ 同②。

习的理论,他们的思想有了很大转变,由衷地感受到新中国成立后所发生的变化,增强了对国家和共产党的认同,对党的政策更加拥护和支持。

(三) 培养共产主义道德品质,进一步树立唯物观

当时全国高校进行了一项大规模的"培养青年一代的共产主义道德品质"的活动,进一步树立了唯物主义的世界观。1954年高校青年学生中出现了和社会主义经济建设不和谐的现象,"不少学生中不问政治的倾向在滋长着,轻视政治,不关心国内外大事",有些同学违反学校纪律,甚至出现了道德败坏的现象,他们"在资产阶级腐化堕落的思想侵蚀和影响之下沾染了偷窃、赌博、诈骗,……极少数学生被美帝国主义和蒋匪特务引诱利用"[①]。针对这种现象,1955年3月中央发出《关于宣传唯物主义思想、批判唯心主义思想的指示》,要求加强高校中的马克思列宁主义课程,思想政治理论课教师要引导学生自觉地把学习与批判结合起来,在青年团中央的积极倡导下,全国高校掀起了对青年学生进行共产主义道德教育的活动。团中央指出"必须紧密结合当前的阶级斗争来进行,必须注意以阶级斗争的活人活事来教育青年,逐步培养青年具有工人阶级的立场和思想,成为对敌人的无限憎恨、对劳动人民和共产党无限忠诚和热爱的战士"[②]。高校纷纷采取报告会、讨论、座谈、参观等方式,培养学生的共产主义道德品质,树立唯物主义世界观。如武汉大学为了使学生通过具体事例深入了解资产阶级思想对青年一代毒害的严重性,请武昌人民法院王智勇院长向全校学生做了"从司法工作中处理的社会危害分子看资产阶级思想对青少年的毒害"的报告;云南大学由该校政治辅导处主任方仲伯做了关于批判胡适、俞平伯、胡风等反动思想的报告;西南师范学院学生访问荣军学校,见到那些为了保卫祖国、保卫人民的幸福,在抗美援朝的最前线立了伟大功劳的残废的荣军同志,有的失去了双手还用口叼着笔杆子学写字,有的双目失明,还在努力地学盲字与练乐器,人人都是那样积极、乐观、思想健康,生活愉快,这些英雄的事迹使学生们受到了深刻教育,有的被感动得流下了眼泪;许多高校组织学生进行义务劳动教育,兰州大学组织了"清洁卫生"的义务劳动,同济大学组织了"开河填洼地"的义务劳动,华中师范学院组织了"为祖国种植向日葵"的义务劳动,通过这些劳动,培养了学生热爱劳动、互助合作、克服困难的优良品质。一系列紧密结合学生实际生活和实际斗争活动的展开,增加了学生的感性知识,加深对革命理论和革命斗争的认识,取得了良好效果。

---

① 《高等教育文献法令汇编》第3辑,高等教育部办公厅,1956年5月,第13—14页。

② 《中共中央文件选集》第20册,人民出版社2013年版,第321页。

第二节 新中国成立初期高校思想政治理论课的教学手段

教学手段是教学活动得以维持的基本要素之一,是教师在教学活动中维持学生的学而采取的教学信息传播方式的总和。它既是教与学的媒介,也是教与学的交流方式。新中国成立初期,在思想政治理论课的教学中,既重视课堂语言、无线电广播、报刊等传统教学手段的运用,也重视利用挂图、照片、举办展览等一些直观教具,同时创制袖珍型扩音器、利用优秀电影等电化教具辅助教学。多种综合手段的应用,使思想政治理论课的教育教学具有明确的目的性、广泛的参与性,增强了教学的趣味性,提高了受教育对象学习课程的兴趣。

一、采用传统教学手段

语言、报刊、广播电台等是中国共产党在新民主主义革命时期思想政治教育活动中常用的教学传统,新中国成立后仍然发挥着重要作用。

(一)课堂语言

语言作为传统的教学手段,是维持教师的教与学生的学不可或缺的因素,是在长期的教育教学过程中传承和积淀下来的财富。虽然可能有时单调,影响课堂的感染力和吸引力,但在物质条件匮乏的新中国成立初期,课堂语言却是思想政治理论课教师完成教学任务所使用的最基本和最主要的方式。

在新中国成立初期复杂的阶级斗争中,思想政治理论课不只具有传递知识的功能,在很大程度上担负着改造学生思想的作用,教师的语言魅力对于提高课堂效果,促进学生思想改变有重要作用。斯大林曾这样描绘列宁的讲演:"非常大的说服力量,简单明了的论据,简短通俗的语句,没有半点矫揉造作的色彩,不玩半点令人昏眩的手势,不用半句故意刺激听众的辞藻。"[①]这种语言魅力是思想政治理论课教师的终极追求。新中国成立初期的思政课教师,就提升课堂语言方面进行了如下探讨:一是语言要注意科学

---

① 《斯大林选集》上卷,人民出版社1979年版,第176页。

性、通俗性。语言的科学性,就是表达的内容要确切要清楚。"比如我们表达每一个经济范畴的含义都不应该是任意杜撰的。因为在这里往往一字之差,就会弄出错误,像劳动力和劳动就是如此。"通俗性就是"教师要善于用自己的语言来传达理解了的原理,避免过多的、不适当的引证","不能有太多的形容词,口头的修饰,并且要努力克服语言贫乏以概念解释概念的现象。"①二是教师的语言要生动、有说服力。要做到这一点,要求教师在课堂上不能拘泥于讲稿,在备课时要思考大量材料,深入领会所讲的那些思想和材料,一直到它们成为自己本人的思想,并用自己的、易懂的语句在讲课中转述。三是教师要形成自己的语言风格。教师在讲课中应该用自己的论据,用自己的话说服学生,形成自己的语言风格。如果听众从教员身上感觉不到个性,那就会感觉他的讲话是抽象和枯燥无味的,而不是亲切生动的。四是教师要避免矫揉造作。教师不能在课堂上乱开玩笑,醉心于列举很多有趣的例子,从而损害应当成为讲课的基本内容的重要思想。因为,讲课中列举的例子,如果不能说明任何问题或很少说明问题,就会妨碍学生对课程主要内容的了解。而没有限度的俏皮话和双关语,往往留在学生的记忆中,讲课的主要内容却没有打进他们脑海,这只会降低学生的口味。②

讲课是一门艺术,教师对传统教学手段——语言的应用,实际上是自身整体教学素质的展现。好的教师需要有渊博的知识、伶俐的口才、随机应变的能力、对讲课对象的熟悉等,当然这样的思想政治理论课教师的魅力往往是令人难忘的。多年后,张启承在《往事杂忆》中仍记得当年教马列主义基础课的高放老师,他说:"高放教师讲课不仅理论观点严密,而且感情特别丰富,表达十分清楚,非常善于吸引同学,往往每堂课都会自然而然地让同学们感受到当年革命斗争的氛围,令大家深为赞叹和钦佩。"③"老师的讲授往往声情并茂,富有很强的鼓动性和启示性,深深地吸引和感染了课堂上每一位同学,使大家受到了生动而又富有哲理的革命斗争教育,这确是课堂教学的极大成功。"④

---

① 苏星:《政治经济学讲授中的几个问题》,《高等教育通讯》,1954年第19期,第27页。
② 弗·普·贝斯特雷赫:《如何进行"马克思列宁主义基础"课程的备课、讲课和课堂讨论》,《高等教育通讯》,1955年第20期,第972—973页。
③ 刘葆观主编:《在神州大地上崛起——中国人民大学回忆录(1950—2000)》上卷,中国人民大学出版社2007年版,第250页。
④ 同③,第251页。

(二)无线电广播

新中国成立之初,中央就重视广播电台在意识形态中的宣传作用,"广播电台及其收音网运用得好,在城市人民政治生活中可以产生极大教育作用"①。自1950年全国宣传工作会议之后,各地广播电台陆续设立,这为当时高校师生的政治理论学习带来了很大便利。

首先,收听广播电台的政治讲座,是高校师生政治学习的一部分。中央人民广播电台从1950年4月开始专门开设社会科学讲座,"星期一至星期三请艾思奇讲社会发展史;星期四和星期五请于光远、王惠德轮流讲列昂节夫著的'政治经济学';星期六请各方面的专家讲社会科学各科的学习方法"②。有时广播电台配合党的中心工作进行政策宣传。如新中国成立时主要宣传土改政策和对待反革命措施。新中国成立一周年的时候,则集中宣传新中国成立一年来所取得的成就,世界上民主进步力量斗争的胜利成果,以帮助学生树立爱国主义思想,加强国际主义合作,共同反对帝国主义。朝鲜战争爆发后,则每天广播朝鲜战事。当时不少高校组织学生收听广播时很认真,有的要求学生做笔记,定期讨论。上海市要求各高校必须按时组织和督促学生集体收听,学校负责汇集学生收听广播后的反馈信息和提出的各种问题,并定期向上级汇报。

其次,广播电台举办讲座解答师生难题。1950年3月,中央人民政府教育部高等教育司为了解答学生在思想政治理论课学习中的疑难问题,特在北京市人民广播电台举办定期的广播学习讲座,邀请专家学者主讲。如针对大学生学习"新民主主义论"中存在的问题,邀请钱俊瑞副部长主讲"中国革命的历史特点"(四月一日上午十时至十一时半)和"中国新民主主义革命的历史"(于四月一日、十五日及二十九日,分三次播讲)。中国人民大学胡华同志主讲了"五四运动到第一次国内革命战争时期及第二次国内革命战争时期的革命领导权问题",③对于提高学生的政治理论水平有很大帮助。

(三)报纸杂志

重视并利用报纸杂志进行科学理论宣传,是马克思主义创始人和各国共产党人的一贯做法,也是中国共产党革命战争年代进行思想政治工作的

---

① 《中共中央文件选集》第5册,人民出版社2013年版,第377页。
② 《中央人民电台社会科学讲座 十余省机关部队等组织收听》,《人民日报》,1950年5月8日第3版。
③ 《教育部高教司举办广播讲座》,《人民日报》,1950年3月31日第3版。

有力武器。毛泽东同志常常在百忙之中亲自为报纸撰写社论,邓小平同志也认为"拿笔杆子中,作用最广泛的是写文章登在报纸上和出小册子,再就是写好稿子到广播电台去广播。出报纸、办广播、出刊物和小册子,……这在官方实现领导意图上,就比其他方法更有效、更广泛,作用大得多。"①新中国成立后,中央对此专门指示,要求"各部门应随时利用报纸(报纸不便登载的可用通报形式)指导下级工作。在工作、学校……内部,可利用墙报、黑板报、读报组、广播收音站等形式,并组织和发挥宣传员的作用,进行时事政策和业务的宣传教育"②。高校思想政治理论课作为宣传党的意识形态工作的重要阵地,也非常重视报刊的力量,帮助教师和学生提高理论素养。

首先,创办一些高水平刊物,为提高师生政治理论水平提供了平台。像《学习》《高等教育通讯》《人民教育》《教学与研究》等,这些报纸杂志有的是全国发行,有的是校内发行,但都关注教育动态、各地高校教学工作经验,包括苏联专家在华的讲学报告、讲稿,甚至包括苏联高校的经验,这为当时高校思想政治理论课教师提高教学水平提供了重要借鉴。以《学习》为例,这份期刊在新中国成立初期宣传马克思主义理论方面影响广泛,它是供学习马列主义和毛泽东思想的杂志,"印数最多的一期达二十八万五千份……《学习》杂志所以有较大的销路,……是数以百万计的干部和学生在学习时,迫切需要有一种刊物能实际上帮助他们,领导他们。"③《学习》杂志适应了这一需求,所以受到读者欢迎。

其次,报刊上的文章为师生的思想政治理论学习提供了素材,有助于提高教学效果。清华大学中国革命史教研组说:"我们讲到第一次国内革命战争苏联对中国革命各方面无私的援助时,恰好报纸上公布了中朝两国代表团的谈判公报,我们在讲课中以此公报为例,联系到苏联援助中国的国际主义精神和它的阶级基础,这不但加深了同学们的国际主义教育,并且澄清了同学对这事件的一些模糊的观念。"④西南政法学院马克思列宁主义基础教研组,在讲到过渡时期总路线的精神实质时,"我们根据报纸上刚刚发表的材料,分析了高岗、饶漱石反党联盟的社会根源,指出这是过渡时期阶级斗争复杂化和尖锐化在党内的反映,说明高、饶反党联盟的被粉碎是我们党的历史性的胜利,我们应从这个事件中吸取教训,并批评了学生中正在滋生着

---

① 《邓小平文选》第 1 卷,人民出版社 1994 年版,第 145 页。
② 《中共中央文件选集》第 6 册,人民出版社 2013 年版,第 315 页。
③ 《〈学习〉杂志一年来的编辑工作》,《学习》,1950 年第 18 期。
④ 清华大学中国革命史教研组:《对于面向同学、理论联系实际、发扬集体主义精神的一些体会》,《高等教育通讯》,1954 年第 6 期,第 52 页。

的骄傲自满的情绪和妨碍团结的不良现象"①。

再次,报刊有助于学生自学。新中国成立初期的思想政治理论课教学中,教师一贯重视理论讲授与实际结合,注重用鲜活事例讲清基本原理,鼓励学生关注社会、关注实际。各校成立读报组,每周有固定的时事学习时间,经常展开对当前形势的讨论,反对不问政治的倾向。在这种制度的设计引导下,学生自发订阅报刊,关心时事。据浙江大学政治辅导处的报告,"全校几乎每个学习小组至少都有一份党报和一份青年报刊,并保证每天读报半小时。"②可见当时报纸杂志对提高青年学生政治觉悟方面所起的作用。

二、重视直观教具

思想政治理论课的直观教具主要是利用图表、挂图等辅助教学资料,使学生通过观看,获得具体形象,帮助他们理解教学内容实质与教材表述的含义,加深对所学内容的理解。新中国成立初期教育部主要学习苏联经验,重视直观教具的编制,并就教学中如何使用直观教具进行了探讨。

(一)利用直观教具

新中国成立初期为提高思想政治理论课的教学效果,教育部要求"各校应建立和健全马克思列宁主义教研组的资料室工作,大量搜集政治理论课程的资料、图表、挂图及其他直观教材,予以陈列"③。一些高校采取各种措施利用直观教具配合教学,像收集实物、绘制图片、举办展览等。这里以举办展览为例简单介绍这一教学手段。展览主要采用摆放模型、实物、图片等方式,突出某一主题,有时还配有讲解帮助人们理解相关内容,比较适合把思想政治理论课中抽象理论简单明了地勾勒出来,使讲课内容更加生动。例如:为帮助学生理解劳动创造人类,燕京大学政治课程委员会布置了"从猿到人"的科学展览会,"展览的内容有模型、图表和相片等,给参观者以明确的科学根据,证明了'劳动创造人类本身'。……一星期中,来参观的有一千多人"④。参观过展览会的学生认为收获很大,"从前以为'从猿到人'还不是那么一套,谁都能解说清楚,但是一经'解说'后,才知道学的不够,非得

---

① 西南政法学院马克思列宁主义基础教研组:《对学生进行政治思想教育的情况和体会》,《高等教育通讯》,1955年第19期,第852页。
② 《浙江大学政治辅导处辅导科关于1952年度上学期政治课教学的综合总结报告》,上海市档案馆,编号 A26-2-154-103,第109页。
③ 《高等教育文献法令汇编》第3辑,高等教育部办公厅,1956年5月,第16页。
④ 《燕大政治课程委员会举办从猿到人展览》,《人民日报》,1949年12月08日第3版。

老老实实地学习不可"①。

(二)编制直观教具

直观教具有重要的作用,像"图片、照片、地图、图表,这样学生不只听到生动的讲解,而且看到证明教员的话的具体情景"②。但开发研制教具对于一般学校或教师来说都面临不少困难,参照苏联方面的经验,"有必要组织直观教材的集体制作,并吸收几个主要高等学校的教师参加,社会科学教育司教学法委员会应领导这项工作"③。新中国成立初期,我国的高等教育部主动承担了这项工作。1955年高教部把"将组织编制直观教材来帮助学校工作"④列为1955年的工作计划。1956年高教部已经"翻译、编绘马列主义基础、政治经济学、中国革命史3门课的直观教材"⑤,弥补了高校思想政治理论课教学的不足之处。这些教具大都是多名专家学者或多校联合编制或译制而成,其中有的直接来自苏联。如1956年3月由高等教育出版社出版的《苏联共产党历史教程挂图选编》,它是由中央党校马列主义基础教研室和中国人民大学马列主义教研室合译的。原挂图系苏共中央直属高级党校社会经济科学研究室编纂而成,"它能够使联共党史的教学生动活泼,激发学习者的兴趣;能够弥补某些课题在讲授方面的不足,使学习者加深理解和巩固记忆"⑥。这部挂图的出版,对我国各级党校和各高等学校的学生以及广大干部学习苏联共产党历史,提高我们党和国家干部的马克思列宁主义理论水平有很大帮助。

(三)探讨如何使用直观教具

新中国成立初期的思想政治理论课教学借鉴苏联经验,直观教具在思政课堂上普遍采用。如清华大学中国革命史教研组的教师,在讲到毛主席的军事路线和三次反围攻时,为生动地讲解毛主席战略战术原则的具体运用,用挂图来加强教学的直观性,使同学从感性到理性,再回到实践中。不

---

① 《师大同学重视政治学习》,《人民日报》,1950年4月16日第3版。
② 弗·普·贝斯特雷赫:《如何进行"马克思列宁主义基础"课程的备课、讲课和课堂讨论》,《高等教育通讯》,1955年第20期,第972页。
③ 托克玛拉叶娃:《政治经济学资料室的工作经验》,《高等教育通讯》,1955年第14期,第710页。
④ 《高等教育文献法令汇编》第3辑,高等教育部办公厅,1956年5月,第16页。
⑤ 《高等教育文献法令汇编》第4辑,高等教育部办公厅,1957年5月,第7页。
⑥ 《介绍〈苏联共产党历史教程挂图选编〉》,《高等教育通讯》,1955年第19期,第922页。

但加深了同学对理论的理解,并大大提高了同学学习理论的兴趣。① 同时,为提高使用效果,对如何正确使用直观教具也进行了探讨。如"在一堂讲课中,使用直观教材应不多于二到三个,因为大量地使用,只有分散注意力,使学生厌腻";教师"使用直观教材应该根据讲述材料的程序而定,不用一下子全部挂出";"某些直观教材,可在上课前挂出,使学生能在休息时初步认识一下"②。

三、使用电化教具

电化教具指教师在教学活动中使用的教具大多需要利用电做能源的教学辅助手段。这种教学手段或以多种便利形式帮助教学,或展示教学内容时给学生提供全方位的立体的形象,直接作用于学生的各种感官,极大地激发学生学习兴趣与热情,对提高教学效率大有裨益。

(一)改制教学设备

新中国成立初期的电化教具主要是少数学校(像北京师范大学)的技术人员为解决教学中的困难,攻坚克难,研制出一些先进的教学设备,给思想政治理论课教学带来很大便利。

首先,研制出袖珍型扩音器。北京师范大学电化教育馆工作人员,为解决公共政治必修课人多教室大,听课发生困难的现象。经过细心研究,创制了袖珍型扩音器。它的全部机械放置在一只体积仅相当四大厚本书籍大小的小箱子里,携带安装很方便,音质音量也很好,能供二百多人的大教室用。袖珍型扩音器试装成功以后,受到各系教授和学生的热烈欢迎。③

其次,改进幻灯片。为有计划地配合教学工作,解决教师使用幻灯片方面的一些困难,北京师范大学电教馆的工作人员试用玻璃珠幕代替一般银幕,增强反差和光源;玻璃珠幕的四周再加上局部防光斗,这样在普通有日光的教室中不必挂上窗帘就可以放映幻灯片,克服了过去放映幻灯时不能记笔记的缺点。④

北京师范大学的创制给包括思想政治理论课在内的大课教学提供了很大便利,受到师生欢迎,同时他们的经验还提供给其他院校,促进了先进教

---

① 清华大学中国革命史教研组:《对于面向同学、理论联系实际、发扬集体主义精神的一些体会》,《高等教育通讯》,1954年第6期,第51—52页。

② 托克玛拉叶娃:《政治经济学资料室的工作经验》,《高等教育通讯》,1955年第14期,第710页。

③ 《北京师范大学创制了四种重要的教学用具》,《高等教育通讯》,1953年第12期,第47页。

④ 同③。

学手段的传播。

(二)利用电影教学

除了致力于技术创新改进教学手段外,新中国成立初期拍摄的许多优秀电影也成为辅助政治理论课教学的方式。

新中国成立之初,《人民日报》就撰文指出"电影是宣传和教育群众的有力工具之一"①。严格的审查制度,使新中国成立初期的电影注重思想政治立场、阶级斗争和对美好新生活的宣传,同时善于运用通俗化、形象化和艺术化的手段。常见的电影主题高度契合了社会倡导的核心价值观,真实表现了劳动人民翻身做主人的喜悦,歌颂了在革命战争中不怕苦不怕死的战斗英雄形象,表达了工农大众爱憎分明的阶级立场。这种寓教于乐的形式成为培养学生价值观的重要手段,如"讲土地改革组织学生看《土地》,讲农业集体化看《被开垦的处女地》等电影"②。电影在思想政治理论课教学中受到师生的欢迎,上海财经学院认为"通过上学期的初步采用,今天已感到课堂上形象化的教材的重要了。特别对中国革命史和马列主义基础来说"③。青年学生通过影片对某一主题的着力表现,常能加深对课堂理论的理解,如浙江医学院的"同学们看《偷自行车的人》及《一个女矿工》这些影片时,已能透过这些影片暴露出来的现象来认识资本主义制度。有一个同学说,他过去认为一个国家之所以不好,是因为执政的人不好的缘故,现在才知道是社会制度的问题"④。

为了把电影播放和课堂效果结合起来,教育部门对如何利用电影进行了探讨。如要求教师"在放映时为了了解某一个镜头,可以使影片随时停下来。虽然影片本身带有广播解说,但是需要教师配合课堂的讲授进行必要的讲解"⑤。以帮助学生提高学习课程的兴趣,为他们开始更积极地听课和更有创造性地钻研教材服务。

---

① 《加强电影效果的四项建议》,《人民日报》,1950 年 5 月 8 日第 4 版。
② 《培养为社会主义事业忠诚服务的劳动知识青年——胡克实同志在青年团中央第四次学校工作会议的报告》,《高等教育通讯》,1955 年第 15 期,第 736 页。
③ 《上海财经学院马列主义教研组工作汇报》,上海市档案馆,编号 A26-2-391-71。
④ 《浙江医学院马列主义教研室政治经济学小组 1954 年第一学期教学总结》,上海市档案馆,编 A26-2-287-134,第 139 页。
⑤ 《电影在讲课中的使用》,《高等教育通讯》,1955 年第 12 期,第 636 页。

第六章

新中国成立初期高校思想政治理论课的成效、不足及经验

新中国成立初期,思想政治理论课在探索中起步,在实践中发展,取得了很大成就,不仅赢得了高校学生对新政权思想和行动上的拥护与支持,而且确立了课程在高校的地位,形成了相对完善的课程体系和基本的教学管理模式,但由于时代局限也出现了一些失误。全面分析新中国成立初期课程建设的成效得失,同时认真总结这一时期课程建设的一些基本经验,对我们充分认识这一时期高校思想政治理论课价值有重要意义。

第一节　新中国成立初期高校思想政治理论课的成效

新中国成立初期的思想政治理论课,在党和政府的高度重视下,虽然困难重重,且时间短暂,但取得了一定效果。除前面几章详细分析的组织机构运行、师资队伍建设、主要教学方法和教学手段的运用、教材大纲编制取得的成就外,还体现在系统的理论教育在改造学生思想方面效果显著,几年的实践摸索奠定了现今课程建设的基本模式。

一、赢得了高校学生对新政权的拥护与支持

"一场全面的革命包括摧毁旧的政治制度以及旧的正统模式,动员新的集团进入政治,重新界定政治共同体,接受新的政治价值观和新的政治

合法性概念"①。新中国成立初期,党和政府通过思想政治理论课,以系统的马列主义理论教育青年学生,赢得了他们对新政治价值观和共同体的认同。学生们关心政治,积极入党入团,拥护各项变革,投身新中国建设洪流。

（一）关心政治,入党入团

"一场革命最有意义的成就便是政治价值观和政治态度方面的迅速变化。"②革命不仅意味着破坏原有的社会政治基础,更重要的是重建新的政治文化。从人的认知规律发展来看,人们的政治认同要经历一个从传统到现代、从不确定到确定的较长的演进过程。新中国成立初期,大学生由于出身和接受长期的反共教育,思想状况比较复杂,京津地区的政治报告显示:"15个专科以上学校学生有12 666人,进步、中间、落后之比约为2∶3∶1"③,通过社会政治运动和系统的马列主义理论学习,青年学生改变了对政治理论的淡漠和对思想政治理论课的排斥,关心政治成为普遍现象。一位二十世纪五十年代毕业的大学生回忆:"那个年代的年轻人,人生观都充满了热忱和虔诚。……同学间谈论最多的话题不是体育、不是游戏、甚至不是学业,而是政治,我们都坚定地笃信马列主义"④。对政治的热情,对时事的关心,不仅仅表现在课堂上,读书看报、床铺上的争论,随时随地关注成为青年学生的习惯,"从乡下进京城,我见到许多老同学将菜盖在饭上,一边吃,一边在饭厅周围橱窗看报,我也跟着走了过去。……从这个橱窗到那个橱窗,这张报到那张报。"⑤边吃饭边看报这样的校园一景,正是那时学生的真实写照。由于对新社会政治体系和政治理想的认同,而"组织一直是共产主义力量与众不同的力量源泉"⑥,加入党、团组织成为青年大学生的追求目标。截

---

① [美]塞缪尔·P.亨廷顿著,王冠华译:《变化社会中的政治秩序》,三联书店1989年版,第282页。

② 同①,第283—284页。

③ 段忠桥主编:《建国以来普通高校马克思主义理论课和思想品德教育课课程设置及教学内容历史沿革资料汇编》(上编),高等教育出版社2004年版,第62页。

④ 吴经裕:《西大撷忆——我是一名50年代的大学生》,《美文》,2007年第4期。

⑤ 赵为民,郭俊玲主编:《精神的魅力1988》,北京大学出版社2008年版,第156页。

⑥ 同①,第311页。

至1954年11月,北京市高校中就有学生党员9913人①。作为党的主要助手的青年团组织,也成为吸收优秀学子的重要途径。新中国刚成立时青年大学生中团员只占少数,到1956年高校学生中团员人数则达23万,占当时全国40万大学生的57.3%②,正如邓小平在八大上做的《关于修改党章的报告》中指出的:"当青年团在一九四九年恢复它的组织的时候,它的名称是中国新民主主义青年团。从那时以来,青年团的团员……在各个战线上,我们都可以看到他们的积极活动。"③

(二)拥护变革,全力支持政府政策

"革命的实质是政治意识的迅速扩展和新的集团迅速被动员起来投入政治"④。在高校思想政治理论课的系统教育学习下,广大青年学生不仅思想觉悟提高,而且对新政权的各项政策欢欣鼓舞,积极参与。最明显的表现是,他们能用阶级观点看待社会变化,认同并支持政府政策。

在新中国成立初期的社会变革中,青年知识分子面临着亲情与社会认同和阶级认同的关系,这一矛盾的一个重要表现,就是处理家庭与社会关系时所表现出来的复杂心态。中国传统文化中具有强烈的伦理色彩,人们心中只有家族观念而无阶级观念,这与中国共产党强调的阶级意识有根本区别。在历次运动中,对于出身不好的大学生来说,坚持哪方面的立场,是他们追求进步与甘愿落后的试金石。通过思想政治教育工作,青年学生的阶级意识和阶级观念增强,阶级认同逐渐取代了家庭认同。中国共产党的话语权成为他们的思维方式和行动标准。例如,学习过政治经济学后,一些青年学生比较深刻地认识到剥削制度和剥削阶级的实质,对于资本主义制度和资产阶级有了"仇恨"。浙江医学院华侨学生陈钦赐说:"以前我受资产阶级所说的'节俭起家'的思想影响很深,在南洋时看到印尼人个个很穷,我认为是印尼人笨和懒惰所致,现在明白这是由于荷属殖民者残暴掠夺的结果,我的家庭也是靠剥削而活的,我并不是由父亲培养长大的,而是工人的血汗养大的,我必须好好学习,坚决与资产阶级划清界限,献身于无产阶级事业。"⑤

---

① 周良书:《1949年—1956年:中国共产党在高校中的建设》,《党史研究与教学》,2009年第2期。
② 《中国教育年鉴(1949—1981)》,中国大百科全书出版社1984年版,第427页。
③ 《邓小平文选》第1卷,人民出版社1994年版,第254页。
④ [美]塞缪尔·P.亨廷顿著,王冠华译:《变化社会中的政治秩序》,三联书店1989年版,第242—243页。
⑤ 《浙江医学院马列主义教研室政治经济学小组1954年第一学期教学总结》,上海市档案馆,编号A-2-287-134,第138页。

青年学生的变化不仅是思维方式,而且体现在行动上。1956年毕业于北京大学中文系的郭超人回忆自己毕业时自愿到西藏去的决心和行动。他说:"尽管当时的边疆对于我还是一个未知的世界,因而不切实际地为它涂抹了许多浪漫主义的色彩,但是为祖国社会主义事业献身的愿望不仅是异常坚定的,甚至是迫不及待的。然而,当我几经申请终于获准到西藏工作以后,为了抢在大雪封山以前赶到拉萨报到,我无法等待与其他同学一道去领取毕业证书(这份证书直到28年之后才领到,多谢学校为我妥善地保管着它),……便匆匆忙忙登上了西去的列车"①。这只是当时很多青年大学生毅然决然抛开大城市舒适生活,自愿走向遥远边疆,参与祖国建设的一个真实场景。中国共产党所宣扬的爱国主义、集体主义等共产主义品质,在青年大学生身上得到了具体生动的体现。

二、明确了思想政治理论课在高校的地位

自新中国成立起,党和政府就十分重视并确立了思想政治理论教育在高校的地位,把它作为中国共产党建设新教育的重要标志。

中国共产党接收城市后,派出一批得力干部到高校,帮助各校师生组织"校务委员会",召开课程改制会议,陆续颁布高等学校课程改革措施,使传递中国共产党意识形态的思想政治理论课在高校开设,并把思想政治理论教育列为高等学校的首要任务。要求"在中国境内的学校,必须设革命的政治课程"②,明确提出"政治理论课是解决学生的世界观人生观的根本问题"③,这是学生思想改造和转变的基础,要求各校把马列主义政治理论课作为"一切专业教育的基础",并列入教学计划,批评了各种忽视系统的马列主义理论教育的做法,提出"系统的马克思列宁主义理论教育是提高青年社会主义觉悟,培养青年辩证唯物主义世界观,培养青年共产主义道德和行为的基础"④,各校必须重视思想政治理论课的教育教学工作,"校长和副校长对政治理论课教研组应负直接领导的责任"⑤,同时颁布各种教育法令法规,从制度上保证其在高校的地位。

---

① 赵为民,郭俊玲主编:《精神的魅力1988》,北京大学出版社2008年版,第131—132页。
② 《高等教育文献法令汇编(1949—1952)》,高等教育部办公厅,1958年2月,第34页。
③ 《高等教育文献法令汇编》第4辑,高等教育部办公厅,1957年5月,第79页。
④ 《高等教育文献法令汇编》第3辑,高等教育部办公厅,1956年5月,第15页。
⑤ 同④,第8页。

三、建立了一个相对完善的课程体系

课程是一切教育活动的核心问题,是实现一定教育目的的媒介。在新中国成立初期的课程建设探索中,思想政治理论课在内容上坚持系统的马克思主义基本理论教育、中国化成果教育和时事政治教育;课程设置根据教育对象不同而有区别;课程涵盖的教育对象不仅包括专科生、本科生,研究生也纳入其中,形成了相对完善的课程体系,奠定了思想政治理论课长期的基本格局。

(一)教育内容的明确性

新中国成立初期思想政治理论课的教学内容,已经形成了明确的教育中心,主要由三部分构成。

1. 马列主义基本原理教育

开课初期,马列主义基本理论教育一直是思想政治理论课讲授的基本内容,这与苏联高校政治理论课程的设置高度相似。"辩证唯物主义与历史唯物主义""社会发展史""马列主义基础"和"政治经济学"等这些课目在不同时期名称不同,但实际上仍是按照马克思主义三个基本组成部分(即哲学、政治经济学和科学社会主义)来设置的。

2. 马克思主义中国化成果教育

新中国成立初期的思想政治理论课把马克思主义中国化成果教育,作为课程内容的一部分。不管是最初的"新民主主义论",还是1953年开设的"中国革命史",都重在结合中国历史反映行动中的马克思主义,注重宣传中国共产党集体力量的结晶毛泽东思想。这门科目在设立过程中与苏联专家发生过争议,没有完全按照苏联政治理论课程框架设置,"具有本土色彩"①。课程内容着重关注中国的历史与现实,反映了思政课随理论发展而发展的实践特性,成为此后思想政治理论课不断改革的基点。

3. 时事政治教育

对大学生进行时事政治教育,是新中国成立初期思想政治理论课程内容的一个重要组成部分。抗美援朝战争爆发后,1950年教育部指示各高校要系统地、深入地进行对美帝实质的宣传,并要求各高等学校设立时事学习讲座,这是时事教育的开端。1951年教育部对时事政治教育与思想政治理论课的关系进行了指导,指出时事学习主要侧重于形势和政策教育,要"配

---

① 耿化敏:《中国人民大学与高校中国革命史课程的创设与停开(1950—1957)》,《党史教学与研究》,2012年第6期。

合社会政治活动,解决学生现存的一般思想问题"①。而思想政治理论课作为一门业务课,侧重于讲授系统的理论知识,重点解决学生主要思想问题。1956年共青团第一书记胡耀邦指出,"学校里的时事和政策教育是学校政治思想教育的一项重要组成部分,应当作为对学生进行思想教育的一个课程"②。至此,时事政治教育作为思想政治理论课的一部分正式提了出来。

在实际工作中,时事政治教育有力地配合了思想政治理论课的工作,取得了良好效果。当时的时事教学主要通过讲座、报告、收听广播、阅读报刊等各种形式进行。每周安排有专门的学习时间,并有专人负责。如北京外国语学院马列主义教研室,"跟随国内外形势的发展,并在一定程度上结合学生的要求和思想情况",对学生的时事政策学习"采取读报、时事政策综述、时事政策大报告等方式进行",1953—1954年度第二学期对学生进行了五次时事政策大报告。③ 因时事政治教育重视党和国家政策的宣传,帮助大学生了解国内外大事,有利于开阔学生眼界,防止学生忽视政治的倾向;同时有利于学生养成读报习惯,从思想上关心世界大事;这对于大学生提高其政治觉悟,逐渐树立起辩证唯物主义的世界观大有好处。

(二)课程设置的差异性

思想政治理论课经过几年实践,在课程安排上能根据国家建设需要和受教育对象不同有所区别,体现出差异性和层次性的特征。比如"中国革命史""马列主义基础"是所有系科学生必须要学习的,但属于历史系和哲学系的业务课,学时则和其他系科不同,由主管部门另定;"政治经济学"有些系科四年制不开,五年制的学习时数也相对较少;"辩证唯物论和历史唯物论"是综合性大学、政法、师范等院校必须设立的,农林各系和工科有的系甚至定为选修课。④ 可见,课程设置和学时安排上能根据培养对象和培养目标不同而较为灵活。

(三)教育对象全覆盖

新中国成立初期,教育部门不仅仅要求本、专科生学习思想政治理论课,而且随着高校招收研究生工作开始,思想政治理论课也列入研究生的培

---

① 《高等教育文献法令汇编(1949—1952)》,高等教育部办公厅,1958年2月,第81页。

② 《中国教育年鉴(1949—1981)》,中国大百科全书出版社1984年版,第426页。

③ 郭戈奇:《必须加强高等学校学生的时事政策学习》,《高等教育通讯》,1954年第16期,第29页。

④ 参见《高等教育文献法令汇编》第4辑,高等教育部办公厅,1957年5月,第80页。

养计划中。1953年中央人民政府高等教育部发布《高等学校培养研究生暂行办法(草案)》通知,要求凡承担研究生培养任务的单位,必须把"马列主义理论、俄文课程及教育实习均应列入教学计划以内","并报中央高等教育部备案"①。1956年7月高等教育部又发布了《1956年高等学校招收副博士研究生暂行办法》,对思想政治理论课做了更为详细的要求。一是规定研究生入学考试时必须考政治理论。思想政治理论课正式成为研究生入学考试的必考科目始于此,并延续至今;二是入学后的副博士研究生必须学习马列主义理论课程,且在入学后的前两年要学完辩证唯物主义和历史唯物主义的内容。可以看出,思想政治理论课伴随着我国研究生的培养工作,从一开始就纳入了正常轨道②。

四、形成了基本的教学管理模式

新中国成立初期,与高度集中的政治经济体制相适应,教育领域也表现出高度的组织性和计划性,思想政治理论课作为突出宣传意识形态的一门课程,教学管理更为严格,逐步形成了一套模式。

(一)教学要严格按照计划进行

在新中国成立初期的思想政治理论课教学中,教师的教学严格按照计划进行。教学计划"是在每位教师积极参加之下制定的","在教学计划中严格规定了课程的分量和时数,以及采用何种教学形式等。"③教师的教学要根据课程表拟定教学进度,依据教学大纲和讲稿进行教学。一般来说,教研室在每学期的开学之初就已经订出了本学期的教学计划和教学大纲,思想政治理论课教师必须认真执行这些计划和大纲。而教师的讲稿、课堂上要求学生讨论的问题等,必须事先经教研室统一讨论批准后,才能在课堂上实施。特别是"属于论点性质的问题,决不允许自由主义自以为是地讲授,必须按提纲进行讲授;如果有新的讲法,必须经教研室同意"④。以确保该课程的政治性、思想性和战斗性。

---

① 《高等教育文献法令汇编》第1辑,中央人民政府高等教育部办公厅编,1954年6月,第137页。

② 石云霞著:《高校思想政治理论课程建设史研究》,武汉大学出版社2006年版,第15页。

③ 教务部:《关于"中国人民大学的教学方法"中几个问题的简要说明》,《教学与研究》,1953年第4期,第6页。

④ 《中国人民大学中国革命史教研室学年教学工作总结》,《高等教育通讯》,1955年第1期,第23页。

第六章　新中国成立初期高校思想政治理论课的成效、不足及经验

（二）遵循基本的教学环节

新中国成立初期思想政治理论课的教学过程，是由各个教学环节构成的相互联系的有机统一体，包括课堂讲授、自习、讨论、辅导、答疑等。其中课堂讲授是最重要的，它是教育学生的基本的、最重要的形式。在课堂讲授中，教师不仅以生动形象的语言叙述着知识，还要对所讲授的各种现象进行分析与综合，确立观点，引导学生积极思维，为学生自学指引方向。因马克思主义理论具有严密的科学性和知识性，青年学生只有掌握了理论武器才能转变思想，从而指导实际工作，因而高校非常重视系统理论知识的讲授。但是学习理论的根本目的为了灵活应用，其他教学环节在培养学生独立思考、善于钻研方面不可或缺。因而学习动员、课堂讨论、辅导答疑等也一样受到重视。但在整个教学过程中，教师占着主导地位。如果教师在某一环节不能及时地和正确地给学生以指导和帮助，"一味依靠学生自己摸索，在学习上，不仅不可避免地要走许多弯路，而且会削弱学生的学习兴趣和信心"①。由于思想政治理论课刚刚起步，教师们对相应的教学环节不太熟悉，教育部门对一些学校的典型做法及时刊出，或以文件形式下发，以供其他高校教师学习。比如关于课堂讨论的实施，《人民教育》三卷一期刊登了《中国人民大学的"习明纳尔"》，教育部下发《天津大学试行课堂讨论的一点经验教训》（1952年）和《北京医学院中国革命史教研组领导学生课堂讨论正确提出启发性问题的几点体会》（1954年）等文件，进行了详细介绍，供各校参考。

（三）制定了学生成绩评定标准

学生学习一门课程，成绩如何判定，评分依据是什么，这实际上涉及对教师的教、学生的学和教学内容如何评定的问题。同时成绩评定对于课程建设具有引导和激励作用。新中国成立初期思想政治理论课对评分标准、评价主体、评分形式等进行了探索。

1. 把正确的培养目标作为课程评价标准

开设思想政治理论课的目的，是培养学生正确应用理论解决中国的实际问题，而不是死记硬背书本上的各项原则，应当以"是否善于应用为标准"②。教育部反对一些学校在实际工作中把学生的平时表现和平时的学习态度作为评分标准的做法，认为如果以学生的平时思想作风表现为依据，容

---

① 教务部：《关于"中国人民大学的教学方法"中几个问题的简要说明》，《教学与研究》，1953年第4期，第6页。

② 《高等教育文献法令汇编》第4辑，高等教育部办公厅，1957年5月，第78页。

易造成学生不重视系统理论学习,或限制了学生平时积极运用基本理论和原理的范围,给落后生带来消极情绪,造成评分困难,因此要求各校要以课程考试或考查的成绩为准。

2. 探讨了成绩评定的主体、方法、形式等

对思想政治理论课成绩的评定,新中国成立初期进行了多种尝试。一般来说教师是评定主体。采取的方法有:教师以学生的思想总结汇报为主要依据,参考学生或小组意见给分;采取口试制度,教师在考试中注重测试学生理解和运用能力,同时把学生平时的课堂讨论、考勤等表现纳入评分依据;出卷考试,教师以学生答题的卷面作为唯一依据。评分方式,有考试和考查两种。教育部明确规定,一门课程半年学完采取考试形式,如果一年才能学完,第一学期采取考查形式,第二学期采取考试形式。

上述方法在不同学校不同时期都曾使用,但侧重点不同,焦点问题在于是否把学生平时的政治思想、道德品质、行为规范等表现纳入评分范围。其实质是如何处理理论联系实际的问题。因为理论学习是改造自身思想的有力武器,评分是检验学生理论学习的结果,而学生平时的行为表现反映了理论是否转化为行动。这一问题直到1956年高教部下发《关于高等学校政治理论课考试评分问题的意见》才得以解决。《通知》要求"考试时按实际成绩给分",学生的平时表现不能作为评分标准,因为"政治理论课是解决学生世界观人生观的根本问题,也就是说,用马列主义的立场观点方法去教育学生,这是思想改造的基础,没有这个基础,学生的思想改造工作是不能深入进行的,但要求政治理论课解决学生的一切具体问题,而不考虑学校政治工作的配合"①,是不切实际的。这一评分标准把思想政治理论课与平时高校思想政治教育工作的重点区分开,为以后思想政治理论课的成绩评定提供了依据。

第二节　新中国成立初期高校思想政治理论课建设的不足之处

新中国成立初期,高校思想政治理论课经过几年探索,取得了很大成效,但在实践中也有一些不足之处,比如,在课程建设中存在简单照搬苏联

---

① 《高等教育文献法令汇编》第4辑,高等教育部办公厅,1957年5月,第79页。

模式,教学内容过于重视其政治功能,忽略其他方面的育人效果,教育方法简单粗暴等,这些不足是新中国成立初期严峻的斗争形势和中国共产党在新的历史条件下缺乏经验造成的,有其时代局限性。

一、课程建设机械照搬

新中国成立初期,冷战的国际格局和苏联建设取得的辉煌成就,加上普遍存在"学苏联能够取天下,学苏联同样能建天下"①的社会心理,百废待兴的中国在建设中实行"一边倒"的外交政策。在"苏联的今天就是我们的明天"的号召下,政治、经济、文化等各领域学苏全面展开。当时在全国第一次教育工作会议上,教育部门就提出了建设新教育的原则,要"以老解放区新教育经验为基础,吸收旧教育有用经验,借助苏联经验,建设新民主主义教育"②,但是在实际工作中,特别是大批苏联专家来华后,全社会形成了感谢和崇拜苏联的氛围,认为"苏联代表的是世界上完全新的科学知识,我们只有从苏联才能学到这些"③,把生动活泼的老解放区教育经验逐步丢弃,对旧教育则采取完全批判的态度,苏联经验成为建设新教育的唯一参照,学习中存在机械照搬盲目模仿的情况。苏共二十大暴露出自身问题后,反思中国高等教育工作,刘少奇认为高教部"学习苏联是好坏一起学,不顾中国条件,结合实际不够,有相当严重的教条主义倾向"④。

具体到高校思想政治理论课,在课程建设中存在同样情况。作为一门宣传统治阶级意识形态、与现实政治又密切相关的国家课程,在学习苏联试点的中国人民大学,思想政治理论课地位显赫,来华苏联专家的权威不容置疑,在课程设置、教学内容、教学大纲、教学计划、教学环节等方面都离不开苏联专家的指导,因而政治理论课各方面,都不同程度地仿照苏联高校模式进行,而后向全国推行。各校对待苏联经验的态度和做法,"已成为衡量教师、学校领导政治觉悟的一个重要标准"⑤。从开设的科目看,除《中国革命史》外,基本依据苏联高校政治理论课的课程和开课顺序进行。《中国革命史》虽然具有中国特色(成仿吾等教师向苏联专家争取的结果),但通常做法也是"只能参照联共(布)党史的结构与讲述,只能在胡乔

---

① 张俊洪:《建国后教育实行"以俄为师"的历史教训》,《教育评论》,1989 年第 1 期。
② 《高等教育文献法令汇编(1949—1952)》,高等教育部办公厅,1958 年 2 月,第 4 页。
③ 《建国以来刘少奇文稿》第 1 册,中央文献出版社 2005 年版,第 87 页。
④ 《刘少奇年谱(1898—1969)》下卷,中央文献出版社 1996 年版,第 377 页。
⑤ 同①。

木的《中国共产党的三十年》《毛泽东选集》以及根据这些著作编写的统一教材讲稿的范围内,……逐章逐节地系统讲授,……教师难以进行独立思考和独立授课"①。其余几门课程,"教学内容上,广泛地采用苏联教材,……讲苏联多,讲中国少"②。教学计划和教学大纲是依据苏联高校制定的,分量很重,"没有考虑或者很少考虑中国师生水平、地区特点、建设需要等实际情况,……以口试为例,大家都认为口试比笔试优越,但是在课程师资少,学生人数过多的情况下,就产生了不少困难"③。过分依赖苏联经验,教师们在讲课中不结合教学对象,存在照搬苏联专家讲授内容的情况,"年轻的教员们,举例说,从中国人民大学毕业后,到上海某个高等学校去工作,他们到那里就把学习期间记下了的专家讲稿拿出来转述一遍"④,因而理论讲授中存在抽象化、概念化、一般化的现象,其实质正如蒋南翔、杨述、宋硕在《关于高等教育工作中的几个问题》中所说,"苏联存在着某些只知摘引和阐发经典著作的倾向,而我们也有人跟着模仿"⑤。在教学环节中表现为简单的形式主义,苏联的"习明纳尔"本应生动活泼,启发学生的思考和兴趣,但由于中国班级学生多,教师水平低,在课堂讨论中"学生仅作'笔记搬家',很少通过自己的头脑。到讨论时,教师局限于自己的总结提纲,机械地套学生的发言,第一个学生系统发言后,教师对照自己的总结提纲有什么遗漏或错误就问其他学生,结果形成问答式。学生的提纲几乎一样,因此第一个系统发言后其他人就觉得无可补充,不同意见也难以出现,讨论不起来。"⑥清华大学课堂讨论尚且如此,其他高校由此也可见一斑。

当然,新中国成立初期,在思想政治理论课课程建设中向苏联学习,取得的成绩是第一位的,这是首先应该肯定的,但不顾我国实际情况生搬硬套的做法也出现了许多问题,削弱了思想政治教育工作的实效性。这种"苏式

---

① 耿化敏:《中国人民大学与高校中国革命史课程的创设与停开(1950—1957)》,《党史教学与研究》,2012年第6期。

② 陈大白主编:《北京高等教育文献资料选编(1949—1976)》,首都师范大学出版社2004年版,第316页。

③ 《高等教育文献法令汇编》第4辑,高等教育部办公厅,1957年5月,第13—14页。

④ 弗·普·贝斯特雷赫:《如何进行"马克思列宁主义基础"课程的备课、讲课和课堂讨论》,《高等教育通讯》,1955年第20期,第972页。

⑤ 同②,第318页。

⑥ 清华大学政治经济学教研组:《我们怎样在教学中贯彻"理论联系实际"》,《高等教育通讯》,1955年第17期,第841页。

的教条主义、烦琐哲学、条条框框，以及官僚主义、文牍主义等，向为毛泽东深恶，并成为毛泽东抵制和斗争的对象"①。这恐怕也是在后来教育革命中四门思想政治理论课被社会主义教育所取代的主要原因。

二、教育内容有所偏颇

思想政治理论教育是科学性、意识形态性与价值属性的统一。不包含价值属性和意识形态性的思想政治理论教育是盲目的，同样失去科学性的思想政治理论教育则是空洞的。② 思想政治理论课不仅要用系统的科学的理论来宣扬统治阶级的政治要求、价值取向，而且要提高受教育对象的思想道德素质，它是政治教育、思想教育和道德教育的统一。但新中国成立初期高校思想政治理论课单纯以政治取向作为其价值诉求，过于强调马列主义的战斗性，要求思想政治理论课教员"应当具有政治上的尖锐性，对工人阶级的敌人毫不留情，对资产阶级思想毫不调和，坚决揭露即便是稍微离开马克思列宁主义的现象"③。而思想教育和道德规范未受到应有的重视，特别是1954年批判唯心主义宣传唯物主义运动开始后，高校对学生正常的言行缺乏正确的道德和美学评价标准，动辄被冠以"个人主义"和"小资产阶级"之名对其进行批判。一位1953年考入北京大学的学生曾这样回忆，"记得有个暑假，一位去海滨旅游归来的同学为他的好朋友带回一瓶海水，说：你没机会去大海，我给你带来了大海的一角。这里，该凝聚了多少真诚的友谊！然而，拿发臭的海水当宝贝，非小资情调不可！于是，团小组来过问了。说也可笑，当时小资情调似乎比洪水猛兽还可怕"④。这种"突出政治""阶级斗争"的观点影响和决定了当时高校思想政治理论课的教育教学走向，为后来思想政治理论课成为政治运动的附庸和阶级斗争的工具埋下伏笔。

三、教育方法简单生硬

教育方法主要是通过教师的主导作用实现的。新中国成立初期，高校思想政治理论课教师，作为接受过旧社会教育的成员，成为历次政治运动批

---

① 杨东平主撰：《艰难的日出——中国现代教育的20世纪》，文汇出版社2003年版，第125页。

② 周茜蓉，程金生著：《走向历史的深处：思想政治教育基本问题研究》，江西人民出版社2006年版，第11页。

③ 弗·普·贝斯特雷赫：《如何进行"马克思列宁主义基础"课程的备课、讲课和课堂讨论》，《高等教育通讯》，1955年第20期，第971页。

④ 赵为民，郭俊玲主编：《精神的魅力1988》，北京大学出版社，2008年4月第3版，第135页。

判和思想改造的对象,同时他们又是新政权意识形态的说教者和宣传员,这种矛盾的结合体使他们的工作小心翼翼、战战兢兢。因而在思想政治理论课的教育教学上,教师认为"自己对理论武器掌握不够,政策水平低,联系中国问题没有材料;怕联系学生思想会犯庸俗化、经验主义的错误"①。教员特别"在思想改造后过于谨慎,不敢结合实际进行发挥"②。"为了稳定,怕不对就不谈,苏联没有谈过的也不谈。"③而思想问题往往与立场有关,学术问题与政治问题混同的氛围,使教师只敢充当官方意志的传声筒,"常常只敢讲马克思、恩格斯、列宁、斯大林或其他名流讲过的话"④,教师不但自己不敢独立思考,许多学生思想认识上的问题,都被简单打上阶级斗争的烙印,阶级分析变成了灵丹妙药。这种简单教育方法不但无益于学生创造力的发展,"而把对集体和权威的铁的纪律与竞争化的顺从行为作为教育系统的主要目标"⑤。当然不是说这一时期思想政治理论教育,根本没有做过细致的工作,但从总体上看基本形成了简单灌输和强制接受的模式,缺少对受教育对象心理需求和自身发展特点的关照。

考察上述不足之处,可以看到课程建设与中国共产党采取的政策息息相关。一方面社会急剧转型,此时的共产党人,仍然习惯于长期革命年代所形成的简单、有效的敌我斗争的方式办教育。在学习外来经验时,以意识形态作为取舍标准,把欧美科学的、进步的方面统统加以批判;另一方面引进的苏联经验,其思想政治教育工作也以服从权威、强调阶级斗争为主要特征,加剧了中国共产党教育模式的固化;同时,在对待知识分子问题上,以知识分子的出身和受教育背景等因素来定位其阶级属性,因而把批判和改造知识分子作为主要政策,抛弃了新中国成立前夕提出的"使用"和"改造"并用的方针。而这些正是新中国成立初期严峻的形势和中国共产党在新的历史条件下经验缺乏造成的,有其时代局限性。

---

① 清华大学政治经济学教研组:《我们怎样在教学中贯彻"理论联系实际"》,《高等教育通讯》,1955年第17期,第841页。
② 《上海俄文专科学校1952年度政治课教学总结》,上海市档案馆,编号A26-2-218-157,第163页。
③ 陈大白主编:《北京高等教育文献资料选编(1949—1976)》,首都师范大学出版社2004年版,第333页。
④ 同③。
⑤ 阿妮达·陈著:《毛泽东的孩子们》,渤海湾出版公司1988年版,第21页。

第三节　新中国成立初期高校思想政治理论课建设的经验

新中国成立初期,党和各级政府围绕新民主主义革命和社会主义革命的斗争实践,在高校开设系统的思想政治理论课,大力进行唯物史观教育,对于保证学校的社会主义办学方向,提高师生革命政治觉悟做出了重要贡献。通过几年探索,也逐步形成了一些行之有效的课程建设的基本经验,这就是:党和政府的高度重视是课程建设顺利和有效推进的关键,建章立制是课程保持稳定性、持续性的重要条件,领导干部走上思政讲台有助于提高课程认同力,重视和推广基层经验是课程建设的活力之源。

一、党和政府高度重视是课程建设的关键

党和各级政府对思想政治教育工作真正高度重视,是新中国成立初期高校思想政治理论课设置、发展的关键,也是取得骄人成果的保障。新中国成立初期思想政治理论课建设的经验表明,社会变革时期,往往是多元价值观念碰撞、冲突并存期,如要取得意识形态的领导权,党和政府必须高度重视思想政治教育工作,采取有力措施并保证落实到位。

(一)统一思想,目标明确

新中国成立初期,百废待兴,党和政府在巩固政权、创建新秩序的过程中,重视意识形态领域工作,在改革旧教育、发展新教育的过程中,始终把思想政治教育工作放在学校工作首位。面对接收过来的国民党政权统治下的200多所高校,遵循先解决学校领导权再到教学权,继而把德育权作为学校工作重点的思路。在第一次全国教育工作会议上,教育部副部长钱俊瑞就提出"新区学校安顿以后的主要工作,是有计划,有步骤地在教师和青年学生中进行政治与思想教育"[①]。课程改革方案制定下发后,为保证思想政治理论课的贯彻落实,教育部门对高校的课程教学计划进行严格审查,对"只

---

① 《高等教育文献法令汇编(1949—1952)》,高等教育部办公厅,1958年2月,第6页。

在形式上重视,而未真正贯彻政治思想教育精神"的高校,要求"必须及早改正"①。为防止思政课边缘化倾向,凝聚多方共识,及时取消"政治课"名称,代之以相应课目的名称。同时,利用各种场合大力宣传思想政治教育的重要性,明文规定校长、教务长对思想政治理论课负责,设立专门机构如政治辅导处,选派一批老干部到高校主抓思想政治教育工作。随着国家大规模进入社会主义建设时期,党和政府仍然坚持思想政治理论课是高校必须长期开设的课程,是学生系统学习政治理论的最基本途径,批评了高校师生中存在的"思想政治理论教育该告一段落"的想法。高教部明确提出"政治思想工作是教学改革的关键"②,"应该特别加强,它是全部教育内容的灵魂,没有它作为基础,其他教育是会落空的"③,同时着力解决课程建设中的细节问题。

(二)措施得力,着重落实

课程建设涉及方方面面,思想政治理论课因起步晚、规模大、任务重、困难多需强力推进。不管在文化接管委员会、高等教育委员会、教育部的领导下,还是在高等教育部的管理中,相关部门都本着对党、对人民、对教育高度负责的态度,把采取措施与检查落实相结合,一步步推进课程建设。一是结合实际制定文件,从课程设置、课程名称、组织交流、讲义大纲、苏联专家讲学等方面提出具体实施意见。二是成立相应的组织机构保证课程的正常运行。从组建总教学委员会,政治课各科目委员会,到固定的教研组(室),为思想政治理论课各科的教学、辅导答疑和开展科学研究等提供保证。三是明确责任。从最初要求"校务委员会"负责各校思想政治理论课的实施,到1951年要求教务长对各思政课教学小组直接领导,再到1954年提出"要切实改进政治理论课教学的组织和领导,校长和副校长对政治理论课教研组应负直接领导的责任"④。教育部门从战略高度要求学校专人负责政治理论课工作,因为只有责任明确,才能协调各方力量把思想政治理论课搞好。四是及时交流反馈信息。高教部要求"司以上的负责干部必须轮流深入学校,接近群众,了解情况发现问题,吸取经验,……对于过去不常去的地区和学校,尤须注意了解,加强联系"⑤。通过座谈会、专题检查、定期汇报等途径,了解思想政治理论课的实施情况及存在的问题,如果发现基层典型,常通过

---

① 《高等教育文献法令汇编(1949—1952)》,高等教育部办公厅,1958年2月,第62页。
② 《高等教育文献法令汇报》第3辑,高等教育部办公厅,1956年5月,第3页。
③ 同①,第86页。
④ 同②,第8页。
⑤ 《高等教育文献法令汇编》第4辑,高等教育部办公厅,1957年5月,第10页。

经验交流会、组织观摩、下发文件、在重要刊物(如《高等教育通讯》《人民教育》等)登载等方法,及时总结推广。五是编制计划。把师资培训、教材大纲编写、考试方式方法等各项工作有组织、有规划地进行顶层设计。

正是有党和政府的关怀,才能排除阻力、统一思想,奠定了思想政治理论课建设的基础;在实施过程中,又把宏观指导、组织协调与有效监督等措施结合,为课程建设的顺利推进保驾护航。

二、建章立制是课程建设的重要条件

"学校制度是学校价值观转化为学校成员的行为方式和行为习惯的中介,传统德育观念之所以得到普遍遵行,就在于它们得到了学校现实制度的支持"①。新中国成立初期,高校进行的思想政治教育工作是一场断代性的革命,是对国民党遗留下来的学校德育工作进行的一场全面颠覆。要建立全新的思维方式、价值观必须设立规章制度来保障,因"制度确立后能够对相应的观念给予极大的强化"②。新中国成立初期,为保证高校思想政治理论课的顺利实施,党和政府除大力宣传马列主义的科学性、重要性,引导师生重视思政课外,还出台了大量的"通知""规定""指示"等文件,为思想政治理论课的地位、组织机构、教学管理方面提供制度保障。

从内容结构上看,这一时期的规章制度,一方面有专门针对学校思想政治理论课而出台的相关规定。如《关于全国高等学校马克思列宁主义、毛泽东思想课程的指示》(1952.10.7),《关于确定马列主义基础自1953年度起为各类型高等学校及专修科(二年以上)二年级必修课程的通知》(1953.2.7),《关于高等学校政治理论课程的规定(试行方案)》(1956.9.9)等;另一方面,也有一些综合性的文件涉及对于思想政治理论课的规定。如《高等学校暂行规程》(1950.7.28)中,规定高校有进行"革命的政治及思想教育"的任务,校(院)长负责领导全校师生的政治学习;《关于"全国高等学校1950年度教学计划审查总结"的通报》,则指出部分高校存在对思想政治理论课重视不够、流于形式的现象,要求及时改正。

从制度体系层次看,有关于基础制度的规定、实施制度的规定和监督制度的规定。基础制度的规定是指为确保思想政治理论课在学校总体工作中的地位而做的相关安排。思想政治理论课名称在几年内略有变动,但都规定为必修。思政课几年来在高校教学计划中所占比例略有调整,但都占有一定比重,以保证学生得到必要的系统的政治理论教育。实施制度指依据

---

① 刘长海:《德育变革中的制度建设问题》,《教育科学研究》,2010年第2期。
② 同①。

党和政府的教育理念,关于如何具体实施思想政治理论课工作而做的规定。如《关于各门政治课学期总结办法的规定》(1953.7.6),对高校的思想政治理论课定期总结汇报作了规定;《关于试行组织一地区校际间交流政治理论课教学经验的通知》(1956.4.26),则对一地区组织校际间交流思想政治理论课教学经验时,要交流的内容、采取的形式、举办观摩课和召集人的指定等方面,作了具体规定。监督制度是保障思想政治理论课能有效运行而做出的制度安排。主要通过检查、督导、及时反馈信息来保证思想政治理论课的基础制度和实施制度能落到实处。如《关于视察华东、中南各高等学校后对全国高等学校的指示》(1955.3.16),高教部派人随同中共中央宣传部工作组参加华东各高等学校的政治工作会议,专门检查学校的政治工作,发现校委会的性质任务不明确,"政治课教研组缺乏领导,教学质量低,师生滋长着不问政治的倾向"①。因而发出《指示》要求校长或副校长直接对思想政治理论课负起责任。

这一时期思想政治理论课处于探索时期,总体上看制度建设还不成熟,一些具体内容变化较快,比如科目、课时数等;监督检查的规定则较少。但不可否认正是一系列规章制度的出台,保障了思想政治理论课在高校的主渠道地位,使课程建设呈现出正规化和系统化特征,这为后来思想政治理论课遭到严重破坏后,能迅速恢复奠定了坚实基础。

三、领导干部上讲台增强课程认同力

领导干部上讲台是我党思想政治教育工作的优良传统。革命战争年代,毛泽东、邓小平、周恩来、张闻天等中央领导同志,都曾亲自到学校做报告或演讲。新中国成立初期,领导干部也出现在学校课堂上。来自校外的领导干部,有的从事教育工作,有的是各省、市党政军系统的负责人。由于事务繁忙,他们主要做专题报告或政治讲座。来自校内的主要是学校校长或是政治辅导处主任,除做报告外,少数人长期坚守思政课讲台(如山东大学校长华岗,浙江大学政治辅导处主任刘亦夫等)。领导干部上讲台,能引领学校工作方向,提升思想政治理论课公信力,增强理论学习效果,对课程建设推进作用不言而喻。

(一)高级领导干部上讲台

高级领导干部上讲台,往往赢得思想战线上的极大成功,增强课程说服力。像刘少奇、周恩来、陈毅等领导同志,曾亲临学校发表演说,在师生中产

---

① 《高等教育文献法令汇编》第3辑,高等教育部办公厅,1956年5月,第3页。

生深远影响。这是因为他们自身具有独特的人格魅力,加之知识渊博,演讲常以解决问题为导向,能使理论变成强大的物质力量。如,1951年周恩来总理在百忙之中,为平津地区的高校教师学习会做了一场《关于知识分子的改造问题》的报告。在报告中,总理结合自身经历,以平等身份说明学习和改造思想,是每一位知识分子不落伍于时代和实践发展的需要。对于教师们关心的如何学习来提升自己的思想觉悟,以适应建设新社会需要的问题,周总理从七个方面进行解答。周总理的报告深入浅出、循循善诱,在知识分子中引起了很大反响,广大师生认识到学习马列主义理论在改造思想、融入新社会的重要性,迅速掀起了全国范围内思想改造运动和学习科学理论的热潮。

(二)教育部门领导同志上讲台

教育部门领导同志(像钱俊瑞、黄松龄、刘子载等)上讲台,能把政策解读到位,拉近课程与学生间的距离,增强课程可接受度。如副部长钱俊瑞曾深入高校解答同学中普遍存在"为什么政治课要必修? 为什么思想改造要带有强制性?"的疑问。他说:"政治课是人民政权应当办的教育工作,在共同纲领中有规定,配合整个国家的教育工作。我们是不是应该强制学生必修这课程呢? ……要看这课程的内容是否学生所需要的,所讲授的是否真理,是的,那就应该。……马列主义,无产阶级的立场,辩证方法和唯物观点是真理,所以强制学生学习真理是应该的。"[①]钱俊瑞的解答既从国家政策层面分析问题,又落脚于学生成长发展的实际,入情人理,易与接受。显而易见,教育部门领导由于对国家大政方针有深入了解,甚至有时本人参与决策的制定,因而在对理论政策的解读、决策的制定与执行、实践得失等方面有透彻把握,能围绕中央或教育部门的重大部署,对热点和难点问题给予回应,代表国家教育部门发声,有利于课程政策的顺利实施。

(三)校级领导干部上讲台

校级领导干部上讲台并坚持授课,既能引起全校师生对该门课程的重视,又能丰富教学方法手段,为"怎么讲"提供新的素材和元素,收到良好的教学效果。如山东大学校长华岗,亲自为全校师生上思想政治理论课(主讲内容:"共同纲领"1950年1月7日至1月31日讲授;"社会发展史"1950年4月1日至7月底讲授;"辩证唯物论"1953年9月至1954年12月讲授;有时华岗还作时事报告)。由于其具有深厚的理论功底,兼有长期的革命实践经历,每次课前还对全校师生思想进行摸底总结,因而他的课"讲得充实生

---

① 《清华大学史料选编》(第5卷)下,清华大学出版社2005年版,第187—188页。

动,而不流于泛泛"①。有时报告虽长达4个多小时,但到课人数极多,场面宏大壮观。《山大生活》曾报道:"各院同学与教职员均全部参加,附属医院、护士学校、家庭联谊会也都列席旁听。大众礼堂、学生会及大众音乐团办公室均拥挤不堪,窗外与走廊也都挤满了听众。"②1952年浙江大学各年级的思想政治理论课,全部由政治辅导处刘亦夫主任担任主讲,同学们听了刘主任的课后转变了对这门课的态度,"普遍反映刘主任讲课例子多,材料很丰富,每一个问题都拿出很多的实际例子来讲解,越听越爱听,……学习情绪非常高"③。在长期的教学实践中,他们亲自收集素材、认真备课写讲义,并及时总结经验,为课程建设增添了鲜活的生命。如华岗给学生讲课的内容整理后,1955年由华东人民出版社以《辩证唯物论大纲》为名出版,此教材被其他一些高校采用,是新中国成立初期思想政治理论课教师的主要教学参考资料之一。而刘亦夫在教学中注重整合各方力量,把思想政治理论课和团委举办的"争优"(争取优等生)和"创模"(做模范团员)运动结合,取得了良好效果,他在经验总结中说"政治学习必须和各种政治活动密切配合,不能孤立的脱离实际的去搞"④。

可见,领导干部在百忙中到学校进行演讲或亲自授课,往往能站在战略高度,从政治立场、培养目标、办学方向和办学性质等角度,结合自己的革命经历和人生历程,谈体会、做报告,传达最新政策,能把问题讲清楚、讲透彻,使大家认识到思想政治教育工作的重要性,增强了思想政治理论课的认同力。

目前,新中国成立初期的这一经验已受到了高度重视,中共中央组织部、宣传部、教育部于2015年7月已联合发出《关于领导干部上讲台开展思想政治教育的意见》(教思政〔2015〕4号),将为"进一步推动领导干部上讲台,使之制度化、常态化"⑤工作提供了政策依据,对于提升思想政治理论课的吸引力将产生积极影响。但笔者认为,下一步应把高校的校级领导干部或主管思想政治理论课的领导纳入其中。因为,高校领导干部特别是主抓

---

① 孙思白:《怀念你,华岗校长》,《山东大学报》,1988年5月31日。
② 徐畅著:《战士品行 学者风范——山东大学校长华岗》,山东教育出版社2012年版,第138页。
③ 《浙江大学政治辅导处辅导科关于1952年度上学期政治课教学综合总结报告》,上海市档案馆,编号A26-2-154-103,第108页。
④ 同③,第121页。
⑤ 《关于领导干部上讲台开展思想政治教育的意见》(教社科〔2015〕4号),中华人民共和国教育部网站,http://www.moe.edu.cn/srcsite/A13/moe_772/201508/t20150811_199379.html。

思想政治教育工作的干部走进思政课讲堂,一方面起到示范效应,带动全校师生重视思想政治理论课;其次通过课堂教学实践,了解学生情况或思想政治理论课现状,有助于从整体上把握全校思想政治工作;再次,为广大教师特别是青年教师提供了难得的学习观摩机会。

四、重视基层经验是课程建设的活力之源

基层经验因来自教学、来自生活、来自实践而生动鲜明,为思想政治理论课的教育教学和改革创新,提供了鲜活素材,使课程建设充满活力。在新中国成立初期思想政治理论课程建设中,教育部门重视基层经验,主动创造条件为实践开路。

(一)典型示范

典型示范就是在工作中抓重点学校,培养典型,并及时总结经验发挥其示范作用。

新中国成立初期,思想政治理论课建设刚刚起步,各项措施都处于边制定边实践边总结的探索中,教育部门非常重视经验交流工作。认为"现在我们的高等学校里,到处都有,而且每天不断地产生先进经验,问题在于彼此之间的交流做得太不够,太不及时。"要求"学校内部、同一城市、同一地区以及全国范围内的经验交流,必须大力加强。"①同时对于发现的典型经验及时通报,号召各地学习。例如,中国人民大学作为新中国建设新型大学的试点学校,在办学三年后,高等教育部为了总结人大经验,成立了由黄松龄副部长领导的工作检查组,经过一个月的深入调查,肯定了人大教学经验,并于1954年举办专场讨论会向全国高等学校推广。其中思想政治理论课作为经验之一受到参会高校的广泛关注。杨秀峰副部长认为:"中国人民大学不但在教学计划中参照苏联经验予政治理论课以重要的位置,一切课程均以马克思列宁主义为基础进行教学,而且一切工作也都是以马克思列宁主义为指导思想来进行的。"②参会代表们对照人大经验,纷纷认识到以往工作中的偏差。会上,各高等院校除要求中国人民大学经常供应思想政治理论课教材、大纲外,希望能和各教研室直接建立经常联系,继续交流经验。③ 人大思想政治理论课的教育教学在会后成为全国高校长期学习的榜样。

---

① 《高等教育文献法令汇编》第3辑,高等教育部办公厅,1956年5月,第116页。
② 陈大白主编:《北京高等教育文献资料选编(1949—1976)》,首都师范大学出版社2004年版,第179页。
③ 胡锡奎:《关于中国人民大学教学经验讨论会的情况与目前的主要任务》,《教学与研究》,1954年第7期,第2页。

(二)定期总结

教育教学工作离不开人的主观能动性的发挥,相同的教育政策因实施主体不同而方法各异。为及时了解各高校思想政治理论课进行情况,教育部门主要采取全面汇报与重点联系的方法,要求各高校定期总结,并上报最高教育部门。这样做一方面督促各校重视思想政治理论课,另一方面上级部门能汲取基层经验教训,有利于改进工作。

全面汇报是指所有高校每学期必须在固定时间(每学期期终考试后进行总结,于二周内寄出)上报本校关于思想政治理论课的总结。高等教育部曾于1952年发出第493号通知、1953年发出第79号通知,要求"各校平时必须注意经常的调查研究,积累资料。总结时应在教研组会议上反复讨论,达到肯定经验、提高认识、改进工作的目的;然后送请学校的有关负责同志审阅,经提意见修改后,再送我部"①。并对各校思想政治理论课总结汇报工作作出具体要求:一是教研组的工作经验。即教研组在备课、试讲、教学、辅导、培养师资、学习和研究等各方面的经验,要有重点并写得具体一些。二是存在的问题和改进的意见。要把教研组存在的较大缺点和问题深入总结,找出原因,拟出初步改进办法。三是各校还应尽量提出具体翔实的意见。如对中央高等教育部的希望和建议,对四门课程设置的意见等等。②

重点联系是指高等教育部门选择固定学校,这些学校的思想政治理论课教研组要"经常地、有重点地、具体地向我部汇报"③。教育部对汇报内容也做了细致的规定:一是介绍这些学校思想政治理论课教研组的基本情况,即"领导关系、工作计划、集体备课、培养助教、学生的政治思想及自学、辅导、课堂讨论等情况,问题和经验"④等。二是列出需要教育部门解答的问题。"各校在政治课中如遇有理论上的某些问题,经过讨论后仍不能明确或有分歧意见者,可提交我部设法予以解答。但只限于重大的疑难问题,至于一般性问题或查阅参考书即可解决的问题,由各校自学解决,不必提交我部解答。"⑤这种方法克服了时间限制,有利于教育部门适时掌握思想政治理论课运行中出现的问题,并及时予以指导,同时能发现和推广一些教学单位创造的新做法,提高了工作的时效性。当时高教部指定的高校主要有"华东区

---

① 《高等教育文献法令汇编》第1辑,中央人民政府高等教育部办公厅编,1954年6月,第130页。
② 同①。
③ 同①,第127页。
④ 同③。
⑤ 同③。

的复旦大学、交通大学、华东师范大学;东北区的东北工学院、哈尔滨工业大学、东北师范大学;中南区的武汉大学、华南工学院;西南区的四川大学、重庆大学;西北区的西北大学等"①。这些高校的一些经验常常在《高等教育通讯》《人民教育》上刊出,不仅推动了当时思想政治理论课相关措施的落实,而且为研究这一时期的思政课面貌留下了珍贵资料。

全面汇报和重点联系的方法帮助教育部门洞悉课程动态,及时调整工作思路,适时推广各地经验发挥了重要作用。当然,新中国成立初期思想政治理论课建设取得很大成效,除了教育部门注重顶层设计与重视基层经验外,离不开高校一大批教职工的努力,不管对教学大纲内容的整合、教学方法的选择,课程设计的创新,还是备课、授课、讨论等教学环节方面的改进,都是一线教师的鲜活创造。他们抱着对党和革命事业的忠诚,努力工作锐意进取,创造了一个个鲜活经验,成为课程发展的加速器。因而在课程建设中,教育部门要注意激发学校和教师的创新热情,并努力创造条件为他们服务。

---

① 《高等教育文献法令汇编》第 1 辑,中央人民政府高等教育部办公厅编,1954 年 6 月,第 127 页。

结 语

新中国成立后,我国高校的思想政治理论课建设,虽然只经历短短的七年时间,但取得了巨大成效,积累了丰富经验,同时也有深刻教训。回顾历史是为了更好地创造未来,新中国成立初期高校思想政治理论课建设为今天搞好课程建设,更好地发挥思想政治理论课在培养人才中的应有地位,具有重要的启示意义。

一、确保主渠道地位

坚持社会主义办学方向是中国大学的鲜明特征,在高校设置思想政治理论课,系统宣传马克思主义理论,是中国共产党的政治优势。新中国成立初期党和政府从战略高度出发,在高校设置思想政治理论课,坚持发挥其在意识形态建设中的主渠道地位,为处于急剧转型期的新中国培养了大批合格的建设者和接班人。

当前,转型期的中国面临与建国初期一样复杂的局面:国际上伴随着多元思想文化交流交融背后的是该领域复杂尖锐的斗争形势;国内曾经大一统的封闭的文化教育环境已不复存在,高校成为国内外各种思潮的集散地;和平环境下成长起来的年轻一代,是国内外敌对势力"和平演变"的对象;社会主义建设道路中曾发生的失误和市场经济的冲击,严重淡化了人们对于理论的热情,大学生对政治理论冷淡是不争的事实。可以预见,中国特色社会主义事业愈前进、愈发展,思想领域面临的风险与挑战就会愈大,遇到的新情况和新问题也会愈多,各种错误思潮还会以新的面孔出现。高校作为意识形态工作的前沿阵地,而"资本主义在现今世界不平等的政治经济结构中的优势地位,使得它们在思想影响和渗透上也必定具有很大优势"①的情况下,思想政治理论课的主渠道地位只能加强,不能削弱。习近平总书记在哲学社会科学工作座谈会上的讲话也强调:"如何巩固马克思主义在意识形态领域的指导地位,培育和践行社会主义核心价值观,巩固全党全国各族人民团结奋斗的共同思想基础,迫切需要哲学社会科学更好发挥作用。"②在高校设置马克思主义理论相关课程,在青年大学生中理直气壮、旗帜鲜明地宣传和讲授马克思主义,不断增强他们的情感认同、政治认同和理论认同,是占领舆论阵地制高点的迫切需要。各级干部特别是高校领导,要认真贯彻落实中央文件有关精神,从固本铸魂的理念出发,把"建设学生真心喜爱、终身受益的高校思想政治理论课"③作为学校工作的重心,充分发挥思想政治理论课在宣传主流意识形态中的主渠道作用,是历史和现实的必然选择。

二、注重政策的落实

课程建设涉及方方面面,需要有顶层设计、传达、监督、执行等环节,每一环节涉及的主体不同,任务和责任也不一致,如要达到政策制定初衷,监督落实很重要。只有落实政策才能指导实践,只有落实到位才能通过实践检验及时反馈修正政策,推动课程发展,否则政策是一纸空文。回溯新中国成立初期思想政治理论课的运行情况,可以看出课程建设取得的成效离不开相关政策的制定,更离不开各方的积极落实。不管是组织机构、课堂讨论、教材编写等每项规定出台后,教育部门往往后续跟进,通过定期汇报和重点联系,了解情况;派专门检查组会同中央宣传部与各省市党委密切联系④,亲自督导检查高校思想政治工作;从全国高校抓典型,然后通过多种渠道公开号召各校研究学习,并在实践中运用,使各项政策落实到位,推动课程建设发展。

今天,中华民族面临为实现两个一百年奋斗目标和伟大复兴中国梦而奋斗的艰巨任务。习近平总书记指出:"马克思主义中国化取得了重大成

---

① 侯惠勤主编:《正确世界观人生观的磨砺——马克思主义著作精要研究》,南京大学出版社2002年版,第28页。

② 习近平:《在哲学社会科学工作座谈会上的讲话》,《人民日报》,2016年5月19日第3版。

③ 中共中央办公厅、国务院办公厅印发:《关于进一步加强和改进新形势下高校宣传思想工作的意见》,人民网,http://edu.people.com.cn/n/2015/0119/c1006-26412100.html。

④ 《高等教育文献法令汇编》第2辑,高等教育部办公厅编印,1955年7月,第52页。

果,但还远未结束。"①高校思想政治理论课在推进马克思主义时代化和大众化方面,发挥着主阵地作用,在提供人才支持方面有不可替代的优势。然而,当前为加强和改善高校思想政治理论课,相关部门下发了大量文件采取各种措施,但该课程实效性、针对性不强,高校不重视的情况仍然存在。新中国成立初期思想政治理论课建设中,主管部门在各项政策制定后,注重监督落实和及时反馈,并重视在全国推广的有效做法,可以为现今的思政课课程建设提供思路。教育主管部门一要转变观念,在注重顶层设计的同时,在落实上下功夫,真正做到政策掷地有声,招招见效。还要重视和利用网络,打造全国思想政治理论课教育的权威平台。互联网的出现打破了空间和时间界限,使过去烦琐、费时的工作变得轻快便捷,但如果没有精品意识和服务意识,同质化网站很多,对该课教育教学工作发挥作用却很有限。最近几年各省市、各高校都建立了思想政治理论课网站,但限于人力、实力和财力,存在模仿性、重复性太多的问题,而实效性较差和资源可利用率不高的情况正说明了这点。因而,主管思想政治教育工作的权威部门,需跟上"互联网+"时代步伐,不妨效仿中央纪律检查委员会网站,只需全力打造一个权威平台。通过这个平台把政策的制定、跟踪、了解、落实相结合,把曝光与表扬相结合,形成一定的震慑和激励机制,扭转长期以来思想政治理论课形成的"上面重视,下面忽视"的尴尬局面,避免实际工作中"马克思主义被边缘化、空泛化、标签化"②的危险。同时,通过网站公开某些高校关于具体政策落实的典型做法,达到资源共享。相信会对师资力量薄弱、创新能力不强、经费不充足、相对闭塞的高校产生广泛影响,从整体上提高课程效果。

三、增强课程吸引力

思想政治理论课的最终目的是帮助大学生树立正确三观,使他们成为中国特色社会主义事业的合格建设者和接班人。正确三观一定是建立在科学理论基础上,但也离不开个体主观能动性的发挥。理论往往需要经过每一个个体的认识、判断、选择和积极思考之后,才能外化于行动。思想政治理论课在青年学生中是否具有吸引力和话语权,取决于该课程能否反映和解决广大青年学生的利益诉求。因而关注受教育者的利益,最大限度地发挥理论的引领作用,是历来教育者所关注的。

---

① 习近平:《在哲学社会科学工作座谈会上的讲话》,《人民日报》,2016年5月19日第3版。
② 同①。

革命战争年代毛泽东就明确反对"为了单纯地学理论而去学理论"①的做法,提出"要使群众认识自己的利益,并且团结起来,为自己的利益而奋斗"②的原则。新中国成立初期的高校思想政治理论课正是在此原则指导下,明确要求思政课教师注重"搜集、整理、研究各种问题,然后针对问题,有的放矢地以系统理论知识有重点的加以解决"③。这种用马克思主义理论解决学生思想实际困惑,帮助其转变观念的做法,受到了学生的欢迎,真正发挥了理论向导的作用。当然建国初期巨变的社会环境,给政治理论学习客观上提供了的一个重要机遇,当时受过旧教育的人们普遍感到,如果不学习新理论就跟不上时代步伐,所以他们学习的自觉性和主动性较强。

当前,"05"方案实施之后,高校思想政治理论课在大学生育德方面发挥了重要作用,但仍存在课程对学生吸引力不够,学生学习理论动力不足的现象。武汉大学课题组2014年度对30所大学的调查数据显示,大学生不关心政治理论,主要原因有:"内容难以让人信服(44.9%)"和"与自己现实生活关系不大(29.2%)"④。因而要提高思想政治理论课吸引力,不光是怎么说、怎么讲的问题,核心在于应使学生清楚地感受到,这种理论与他们的生活息息相关,因为"学生对科学理论的需要是实际上的需要而不是观念的需要,"⑤换言之,"马克思主义对我们之所以重要,首先不在于它在理论上的完善,而在于它是生活的需要"⑥。因而思想政治理论课教学,必须关心学生、关注现实,这是理论的生命力所在,也是激发大学生学习理论热情的根本。习近平总书记强调:"要加强对当代中国马克思主义的学习研究,引导学员学而信、学而用、学而行,……要坚持理论联系实际的马克思主义学风,坚持问题导向,注重回答普遍关注的问题,注重解答学员思想上的疙瘩,反对主观主义、教条主义、形式主义,防止空对空、两张皮。"⑦因而,思想政治理论课的改革创新工作,不论是教学内容、教学方法、教学手段的改进或是学科建设研究,仍然需要把科学理论和党的路线、方针、政策融入活生生的现实中,

---

① 《毛泽东选集》第3卷,人民出版社1991年版,第799页。
② 《毛泽东选集》第4卷,人民出版社1991年版,第1318页。
③ 《高等教育文献法令汇编(1949—1952)》,高等教育部办公厅,1958年2月,第79页。
④ 沈壮海,段立国:《2014年度大学生思想政治状况分析——基于全国30所高校的调查》,《思想理论教育导刊》,2015年第8期,第103页。
⑤ 孙少平编著:《新中国德育50年》,福建出版社2002年版,第215页。
⑥ 谢万里:《新形势下要有新的思想解放——纪念真理标准问题讨论20周年》,《江南论坛》,1998年第7期。
⑦ 习近平:《坚持党校姓党根本工作原则 切实做好新形势下党校工作》,中国共产党新闻网,http://cpc.people.com.cn/n1/2015/1213/c64094-27921195.html。

善于从理论高度解答学生所关心、关注的问题,增进其情感认同,才能发挥理论权威性,赢得学生自觉信仰并转化为具体行动。

四、重视教师思想素质

高校作为意识形态工作的前沿,教师就是坚守前沿阵地的战士。不论是新中国成立初期,还是改革开放深入的今天,要守住高校对意识形态话语权的掌控,"思想政治理论课的教学则是前沿的前沿"①,思想政治理论课能否搞好的关键在于教师,而过硬的思想政治素质是思政课教师的灵魂。因为思想政治理论课教师作为马克思主义理论和党的方针、路线和政策的宣讲者,作为社会主义意识形态和精神文明的传播者,"如果在是非、曲直、善恶、义利、得失等方面老出问题,怎么能担起立德树人的责任?"②教师自己在基本立场、理想信念、价值取向上东倒西歪,就不可能要求学生站稳站直。

当前,广大高校思想政治理论课教师视野较宽,知识较新,学历层次较高,学习能力较强,他们爱岗敬业、勤奋工作是思想政治理论课教学的主力军。但不可否认,社会转型和市场经济的发展对他们也有一定的影响,教师群体中也出现一些在岗不敬业,对马列主义没有真正弄懂,价值观出现偏差,只追求个人利益,注重实惠的人。有的把工作当饭碗,对教书育人不感兴趣,日子得过且过,甚至对工作有厌倦情绪;有的缺乏严谨的治学态度,不认真备课,课堂上信口开河;有的自身马克思主义理论素养不足,对于一些热点难点问题,无法深入实质;有的甚至在课堂发牢骚,抹黑党和政府。因而重视思想政治理论课教师的思想素质,不断强化他们的责任意识、政治意识、底线意识和阵地意识,提高他们的使命感、责任感显得刻不容缓。

新中国成立初期教育部门提高教师思想政治方面的一些做法,仍然值得借鉴。首先,从学校领导来看,在引进思想政治理论课教师时要重视思想政治素质,严把标准关,不能只看是否有无博士学位,还应看是否是共产党员,对马克思主义理论是否真学真信,是否对此职业具有强烈的责任感、荣誉感与使命感。其次,学校领导要重视思想政治理论课教师的思想理论学习。新中国成立初期,除教育部门举办的培训班、学习班,教师通过外出学习提高思想理论素质外,各校党委行政也做了大量工作。学校召开的会议

---

① 陈先达:《马克思主义理论工作者的社会责任》,《光明日报》,2015年3月25日第13版。
② 习近平:《做党和人民满意的好老师——同北京师范大学师生代表座谈时的讲话》,《人民日报》,2014年9月10日第2版。

和学习改造运动,都是从党和国家前途命运的高度出发,要求教师重视思想政治素质,做好教书育人工作。中国人民大学首任校长吴玉章在讲话中说,教师"不但要有专门业务和教育科学的知识,而且要锻炼自己的思想品质,提高政治觉悟。"①同时校领导定期为思想政治理论课教师做时事报告,并为思政课教师发报纸文件,组织学习研讨,让他们时刻关注国内外大事,提高战斗意识。有的高校创办理论学习班或夜大学,制订详细的学习计划,配备一定辅导老师,对马列主义原著的著名篇章逐篇详细阅读,达到真懂真信。再次,重视教学骨干和教研室主任的人选工作。新中国成立初期,高等教育部提出"为加强教学中的思想性,必须在教研组中加强对教师的思想领导"②的工作思路。教研室对于保障课程教学质量和提高教师思想觉悟方面负有重要责任。教育部门对思想政治理论课教师带头人的选拔工作非常重视。当时人才缺乏,一些立场坚定、业务能力强、理论素养高的校级领导干部亲自担任思政课教研室主任。如中国人民大学的副校长成仿吾担任"辩证唯物主义与历史唯物主义"教研室主任,对中国人民大学思想政治理论课教学和教师队伍建设发挥了重要作用。当前,各高校党委也要重视思想政治理论课教研室骨干和负责人的选拔工作,对政治强、业务精、作风正、懂管理的学术带头人和骨干教师,要"关心好、培养好、使用好",对他们要委以重任,充分发挥他们的示范带头作用,让他们"成为先进思想的倡导者、学术研究的开拓者、社会风尚的引领者、党执政的坚定支持者"③。最后,坚持集体备课、教学观摩制度。新中国成立初期教研室作为思想政治理论课教学的基本组织单位,在培养和提高教师思想政治素质方面发挥着重要作用。教研室备课会和教学观摩讨论会,每位教师都能够畅所欲言,对疑点和难点问题展开讨论,解决思想困惑,不仅保证了课堂教学的学术性、思想性和严肃性,同时这种方式也促使教师在课下自觉学习钻研,不断提高自身理论和业务素质。当前仍要重视教研室工作,充分发挥教研室成员的集体智慧,把交流和观摩作为提高教师思想理论水平的重要方式,不搞形式主义。

只有广大思想政治理论课教师具备过硬的思想政治素质,才能自觉做中国特色社会主义的坚定信仰者和忠实实践者,自觉把党的教育方针贯彻

---

① 刘葆观主编:《在神州大地上崛起——中国人民大学回忆录(1950—2000)》上卷,中国人民大学出版社2007年版,第97页。

② 《高等教育文献法令汇编》第2辑,高等教育部办公厅编印,1955年7月,第52页。

③ 习近平:《在哲学社会科学工作座谈会上的讲话》,《人民日报》,2016年5月19日第3版。

到教学管理工作全过程,才能用好课堂讲坛,用自己的阅历、学识、经验和行动点燃学生对真善美的向往,才能增强学生的价值评判能力和选择能力,引领大学生健康成长。

参考文献

[1] 中共中央马克思恩格斯列宁斯大林著作编译局.马克思恩格斯选集(1-4卷)[M].北京:人民出版社,2012.
[2] 上海师范大学教育系.马克思恩格斯列宁论教育[M].北京:人民教育出版社,1993.
[3] 华东师范大学《列宁教育文集》编辑组.列宁教育文集[M].北京:人民教育出版社,1986.
[4] 毛泽东.毛泽东选集(1-4卷)[M].北京:人民出版社,1991.
[5] 毛泽东.毛泽东文集(1-2卷)[M].北京:人民出版社,1993.
[6] 毛泽东.毛泽东文集(3-5卷)[M].北京:人民出版社,1996.
[7] 毛泽东.毛泽东文集(6-7卷)[M].北京:人民出版社,1999.
[8] 中共中央文献研究室.建国以来毛泽东文稿(1-3册)[M].北京:中央文献出版社,1987.
[9] 中央文献编辑委员会.刘少奇选集[M].北京:人民出版社,1981.
[10] 中共中央文献研究室编辑委员会.周恩来选集[M].北京:人民出版社,1984.
[11] 中共中央文献编辑委员会.邓小平文选(1-2卷)[M].北京:人民出版社,1994.
[12] 中共中央文献编辑委员会.邓小平文选(第3卷)[M].北京:人民出版社,1993.
[13] 人民教育出版社.毛泽东论教育[M].北京:人民教育出版社,2008.
[14] 中共中央文献研究室刘少奇研究组,中央教育科学研究所.刘少奇论教育[M].北京:教育科学出版社,1998.
[15] 中央教育科学研究所.周恩来教育文选[M].北京:教育科学出版社,1984.

[16]董必武.董必武选集[M].北京:人民出版社,1985.

[17]中共中央文献编辑委员会.任弼时选集[M].北京:人民出版社,1987.

[18]中共中央文献编辑委员会.彭真文选:1941—1990年[M].北京:人民出版社,1991.

[19]《陆定一文集》编写组.陆定一文集[M].北京:人民出版社,1992.

[20]胡乔木.胡乔木文集(1—3)[M].北京:人民出版社,2012.

[21]中央教育科学研究所.成仿吾教育文选[M].北京:教育科学出版社,1984.

[22]中央教育科学研究所.董纯才教育文选[M].北京:教育科学出版社,2005.

[23]中央人民政府高等教育部办公厅编.高等教育文献法令汇编(第1辑)[M].1954年6月.

[24]高等教育部办公厅编印.高等教育文献法令汇编(第2辑)[M].1955年7月.

[25]高等教育部办公厅.高等教育文献法令汇编(第3辑)[M].1956年5月.

[26]高等教育部办公厅.高等教育文献法令汇编(第4辑)[M].1957年5月.

[27]高等教育部办公厅.高等教育文献法令汇编(1949—1952)[M].1958年2月.

[28]辽宁省教育科学研究所.东北解放区教育资料选编[M].北京:教育科学出版社,1983.

[29]中共中央文献研究室.建国以来重要文献选编(1—3册)[M].北京:中央文献出版社,1992.

[30]中共中央文献研究室.建国以来重要文献选编(4—7册)[M].北京:中央文献出版社,1993.

[31]中共中央文献研究室.建国以来重要文献选编(8—9册)[M].北京:中央文献出版社,1994.

[32]中央档案馆,中共中央文献研究室.中共中央文件选集(17-18册)[M].北京:中共中央党校出版社,1992.

[33]中共北京市委党史研究室.北京市抗美援朝运动资料汇编[M].北京:知识出版社,1993.

[34]中共北京市委党史研究室,中央档案馆.北平的和平接管[M].北京:北京出版社,1993.

[35]陈大白.北京高等教育文献资料选编(1949—1976)[M].北京:首都师范大学出版社,2004.
[36]段忠桥.建国以来普通高校马克思主义理论课和思想品德教育课课程设置及教学内容历史沿革资料汇编[M].北京:高等教育出版社,2004.
[37]教育部社会科学司组.普通高校思想政治教育课程文献选编(1949—2008)[M].北京:中国人民大学出版社,2008.
[38]中央档案馆.中共中央文件选集(1949年10月—1966年5月)第1-24册[M].北京:人民出版社,2013.
[39]中共中央组织部,中共中央文献研究室.知识分子问题文献选编[M].北京:人民出版社,1983.
[40]共青团中央青运史研究室,中央档案馆.中共中央青年运动文件选编:1921年7月—1949年9月[M].北京:中国青年出版社,1988.
[41]国家教育委员会.中华人民共和国现行教育法规汇编(1949—1989年)[M].北京:人民教育出版社,1991.
[42]何东昌.中华人民共和国重要教育文献[M].海口:海南出版社,1998.
[43]哈尔滨工业大学教材资料编译室.苏联高等教育四十年[M].哈尔滨:哈尔滨工业大学,1957.
[44]熊立民.苏联学校思想政治教育概说[M].上海:上海中华书局,1951.
[45]中央教育科学研究所.中华人民共和国教育大事记(1949—1982)[M].北京:教育科学出版社,1984.
[46]《中国教育年鉴》编辑部.中国教育年鉴(1949—1989年)[M].北京:中国大百科全书出版社,1984.
[47]中央教育科学研究所.中国现代教育大事记(1919—1949)[M].北京:教育科学出版社,1988.
[48]皇甫束玉,宋荐戈,龚守静.中国革命根据地教育纪事[M].北京:教育科学出版社,1989.
[49]北京市教育志编纂委员会.北京市普通教育年鉴(1949—1991)[M].北京:北京出版社,1992.
[50]刘英杰.中国教育大事典(1949—1990)[M].杭州:浙江教育出版社,1993.
[51]金铁宽.中华人民共和国教育大事记[M].济南:山东教育出版社,1995.
[52]滕纯.毛泽东教育活动纪事[M].长沙:湖南教育出版社,1993.
[53]逄先知.毛泽东年谱(1893—1949)下卷[M].北京:人民出版社,1993.
[54]李维汉.回忆与研究[M].北京:中共党史出版社,2013.

[55] 艾思奇.艾思奇全书(1-4卷)[M].北京:人民出版社,2006.

[56] 斯诺.毛泽东自述[M].北京:人民出版社,1993.

[57] 上海高教局.高等学校学生思想政治教育[M].北京:教育科学出版社,1984.

[58] 谈松华.中国高等学校思想政治教育史纲[M].北京:高等教育出版社,1992.

[59] 许启贤.中国共产党思想政治教育史[M].北京:中国人民大学出版社,2004.

[60] 石云霞.新中国成立以来高校思想理论教育史研究[M].北京:人民教育出版社,2005.

[61] 石云霞.高校思想政治理论课程建设史研究[M].武汉:武汉大学出版社,2006.

[62] 石云霞.新中国成立以来中国共产党思想理论教育历史研究(上)[M].北京:中国社会科学出版社,2007.

[63] 石云霞.新中国思想理论教育60年(1949—2009)[M].武汉:华中科技大学出版社,2009.

[64] 肖东波.中国共产党理论建设史(1949—1956)[M].北京:中共党史出版社,2006.

[65] 骆郁廷.高校思想政治理论课程论[M].武汉:武汉大学出版社,2006.

[66] 顾海良,佘双好.高校思想政治理论课程教学改革论[M].武汉:武汉大学出版社,2006.

[67] 顾海良.高校思想政治教育导论[M].武汉:武汉大学出版社,2006.

[68] 张耀灿,郑永廷,吴潜涛,等.现代思想政治教育学[M].北京:人民出版社,2006.

[69] 陈万柏,张耀灿.思想政治教育学原理[M].北京:高等教育出版社,2007.

[70] 汪家镠.建国后十七年高校学生思想政治工作的回顾与思考[M].北京:中国广播电视出版社,2008.

[71] 李德芳,李辽宁,杨素稳.中国共产党思想政治教育史料选编[M].武汉:武汉大学出版社,2009.

[72] 张耀灿,王茂胜.中国共产党思想政治教育简史[M].武汉:华中师范大学出版社,2010.

[73] 王树荫.中国共产党思想政治教育史[M].北京:中国人民大学出版社,2011.

[74] 王树荫,王炎.新中国思想政治教育史纲[M].北京:人民出版社,2010.

[75] 黄蓉生,白显良,王华敏,等.改革开放30年大学生思想政治教育论[M].北京:中国社会科学出版社,2012.

[76] 王员.建国初期党的思想政治教育及其基本经验[M].北京:社会科学文献出版社,2013.

[77] 王铁.中国教育方针的研究(中册)——社会主义教育方针的理论与实践[M].北京:教育科学出版社,1982.

[78] 中央教育科学研究所.发展中的苏联教育[M].北京:教育科学出版社,1989.

[79] 顾明远.战后苏联教育研究[M].南昌:江西教育出版社,1991.

[80] 高奇.新中国教育历程[M].石家庄:河北教育出版社,1996.

[81] 程凯.当代中国教育思想史[M].开封:河南大学出版社,1999.

[82] 金一鸣.中国社会主义教育的轨迹[M].上海:华东师范大学出版社,2000.

[83] 郝维谦,龙正中.高等教育史[M].海口:海南出版社,2000.

[84] 方晓东,李玉非,毕诚,等.中华人民共和国教育史纲[M].海口:海南出版社,2000.

[85] 胡建华.现代中国大学制度的原点:50年代初期的大学改革[M].南京:南京师范大学出版社,2001.

[86] 孙少平.新中国德育五十年[M].福州:福建教育出版社,2002.

[87] 杨东平.艰难的日出:中国现代教育的20世纪[M].上海:文汇出版社,2003.

[88] 何一成.融合与创新:马克思主义思想政治教育理论中国化的历程和经验[M].北京:社会科学文献出版社,2004.

[89] 赵德强.1949—1957:共和国教坛风云[M].福州:福建教育出版社,2005.

[90] 李国芳.初进大城市:中共在石家庄建政与管理的尝试(1947—1949)[M].北京:社会科学文献出版社,2008.

[91] 刘颖.除旧布新——新中国成立初期中共对高等教育的接管与改造[M].北京:人民出版社,2010.

[92] 陈明远.那时的大学[M].太原:山西人民出版社,2011.

[93] 徐畅.战士品行学者风范:山东大学校长华岗[M].济南:山东教育出版社,2012.

[94] 苏渭昌.中国教育通史·中华人民共和国卷(上)[M].北京:北京师范大学出版社,2013.

[95] 学府丛刊编辑组.学府丛刊:北京师范大学校友会文录(第1辑)[C].

北京:北京师范大学出版社,1985.

[96]谭双泉.教会大学在近现代中国[M].长沙:湖南教育出版社,1995.

[97]何兹全.爱国一书生·八十五自述[M].上海:华东师范大学出版社,1997.

[98]浦江清.清华园日记 西行日记[M].北京:三联书店,1999.

[99]德克·博迪.北京日记——革命的一年[M].洪菁耘,陆天华译.上海:东方出版中心,2001.

[100]沈学善,张怀亮.历史的足迹——南京大学离休老同志回忆录[C].南京:南京大学出版社,2003.

[101]马嘶.百年冷暖:20世纪中国知识分子生活状况[M].北京:北京图书馆出版社,2003.

[102]中国人民政治协商会议辽宁省委员会学习宣传和文史委员会.一代师表[M].沈阳:辽宁人民出版社,2004.

[103]刘葆观.在神州大地上崛起——中国人民大学回忆录(1950—2000)(上、下卷)[M].北京:中国人民大学出版社,2007.

[104]赵为民,郭俊玲.精神的魅力2008[M].北京:北京大学出版社,2008.

[105]魏宏运.南开往事[M].天津:南开大学出版社,2009.

[106]季羡林.清华园日记[M].北京:外语教学与研究出版社,2009.

[107]埃德加·斯诺.大河彼岸[M].新民,译.北京:新华出版社,1984.

[108]斯图尔特·施拉姆.毛泽东[M].《国外研究毛泽东思想资料选辑》编辑组编译.北京:红旗出版社,1987.

[109]K.S.卡罗尔.毛泽东的中国[M].刘立仁,贺季生,译.贵阳:贵州人民出版社,1988.

[110]费正清.伟大的中国革命(1800—1985)[M].刘尊棋,译.北京:国际文化出版公司,1989.

[111]塞缪尔·P·亨廷顿.变化社会中的政治秩序[M].王冠华,刘为,译.北京:三联书店,1989.

[112]J.R.麦克法夸尔,费正清.剑桥中华人民共和国史(1949—1965)[M].谢亮生,杨品泉,黄沫,等,译.北京:中国社会科学出版社,1990.

[113]洛伊宁格尔.第三只眼睛看中国[M].王山,译.太原:山西人民出版社,1993.

[114]大塚丰.现代中国高等教育的形成[M].黄福涛,译.北京:北京师范大学出版社,1998.

[115]费正清.美国与中国[M].张理京,译.北京:世界知识出版社,2000.

[116]许美德.中国大学(1895—1995):一个文化冲突的世纪[M].许洁英,

译.北京:教育科学出版社,2002.

[117] 罗斯·特里尔.毛泽东传[M].胡为雄,郑玉臣,译.北京:中国人民大学出版社,2006.

[118] 张首映,戴莉莉.外国人眼中的新中国[M].北京:人民出版社,2009.

[119] 约翰·布莱恩·斯塔尔.毛泽东的政治哲学[M].曹志为,王晴波,译.北京:中国人民大学出版社,2013.

[120] 南京大学校庆办公室校史资料编辑部.南京大学校史资料选辑[M].南京:南京大学印刷厂,1982.

[121] 北京师范大学校史编写组.北京师范大学校史(1902—1982)[M].北京:北京师范大学出版社,1984.

[122] 厦门大学校史编委会.厦大校史资料(1949—1966)[M].厦门:厦门大学出版社,1989.

[123] 燕京大学校友校史编写委员会.燕京大学史稿1919—1952[M].北京:人民中国出版社,1999.

[124] 《河北大学史》编纂委员会.河北大学史[M].石家庄:河北大学出版社,2001.

[125] 《山东大学百年史》编委会.山东大学百年史[M].济南:山东大学出版社,2001.

[126] 河南大学校史编写组.河南大学校史[M].开封:河南大学出版社,2002.

[127] 马敏,汪文汉.百年校史(1903—2003)[M].武汉:华中师范大学出版社,2003.

[128] 清华大学校史研究室.清华大学史料选编(第5卷)[M].北京:清华大学出版社,2005.

[129] 清华大学校史研究室.清华大学史料选编(第6卷)[M].北京:清华大学出版社,2009.

[130] 厦门大学档案馆,厦门大学校史室.厦门大学校史(1949—1991)[M].厦门:厦门大学出版社,2006.

[131] 刘献君.建国五十年大学德育研究的回顾与展望[J].高等教育研究,1999(4):29-38.

[132] 莫岳云,李鸿庄,李振连,等.面向21世纪高校马克思主义理论课程体系与教学内容调整的构想[J].教育研究,1999(5):25-32.

[133] 段忠桥,周华珍.新中国成立以来高校马克思主义理论课程设置沿革[J].思想理论教育导刊,2001(4):50-54.

[134] 朱效梅.建国初期高校思想政治教育考察[J].学校党建与思想政治教

育,2004(7):18-20.

[135]王康.高校思想政治理论课的历史考察[J].毛泽东思想研究,2005(6):147-150.

[136]胡晓伶,胡斌武.新中国成立以后高校思想政治理论课程教材建设述略[J].当代教育论坛,2006(12):42-43.

[137]高正礼.关于我国高校思想政治理论教育的几个问题[J].科学社会主义,2007(7):97-100.

[138]舒文.建国初期清华大学政治课研究[J].长春工业大学学报(社会科学版),2008(1):107-116.

[139]崔秋灏.改革开放前高校思想政治理论课课程设置沿革[J].世纪桥,2008(1):117-118.

[140]刘辉.中国人民大学与建国初高校"新民主主义论"、"中国革命史"课程的开设[J].教学与研究,2008(11):87-92.

[141]曲利敏.新中国成立初期高校政治课改革的历程及影响[J].北京党史,2010(3):16-19.

[142]韩丹.论建国以来我国高校思想政治教育政策变迁[J].华北电力大学学报(社会科学版),2010(6):113-117.

[143]刘颖.北平军管会对清华大学的接管[J].当代中国史研究,2010,(4):63-68.

[144]徐向东.建国初期高校思想政治教育工作方法的借鉴运用[J].高教探索,2011(2):146-150.

[145]陈红.1949年至1952年上海地区高校思想政治教学研究[J].中共党史研究,2012(3):24-33.

[146]耿化敏.中国人民大学与高校中国革命史课程的创设与停开(1950—1957)[J].党史教学与研究,2012(6):69-81.

[147]吴惠凡,刘向兵.苏联专家与中国人民大学学科地位的形成[J].中国人民大学报,2013(6):143-151.

[148]许冲.新中国成立后高校"联共(布)党史"课程设置始末[J].中国延安干部学院学报,2013(3):129-132.

[149]姚春林.建国初期高校思想政治教育改革探析(1949—1952)[J].武汉理工大学学报(社会科学版),2014(6):1098-1102.

[150]王永华.高校思想政治教育队伍建设的历史考察与时代启示——以建国初期为例[J].南昌师范学院学报,2015(1):59-64.

[151]翁传洁,赵新居.建国初期高校思想政治教育工作方式及意义[J].兰台世界,2015(7):38-39.

[152] 张玉刚.新中国初期思想政治教育的唯物史观解读[J].晋中学院学报,2016(2):10-12.

[153] 易春秋.建国十七年中学思想政治教育研究[D].北京:中共中央党校,2005.

[154] 俞海洛.当代中国大学生思想史研究(1949—1988)[D].浙江:浙江大学,2005.

[155] 何光全.1949—1981年中国教育批判研究[D].重庆:西南大学,2010.

[156] 赵秋静.东北解放区思想政治教育研究[D].长春:吉林大学,2010.

[157] 周耀宏.中国共产党新民主主义革命时期思想理论教育研究[D].武汉:武汉大学,2011.

[158] 周震.新中国成立初期革命大学研究[D].北京:中共中央党校,2012.

[159] 彭学宝.建国初期中共肃清外国在华文化势力研究[D].北京:中共中央党校,2013.

[160] 丁毅.抗战时期中国共产党意识形态建设研究[D].郑州:郑州大学,2013.

[161] 樊雪芳.新中国成立后中学思想政治课改革探索[D].广州:广州大学,2006.

[162] 刘宝祯.高校思想政治教育体系的建立与话语研究(1949.10—1956.12)[D].天津:天津大学,2006.

[163] 章杨.建国初期我国高校政治理论课探析[D].天津:南开大学,2007.

[164] 李冰.高校思想政治理论课的历史沿革[D].聊城:聊城大学,2007.

[165] 田金鹏.1949—1956年高校思想建设研究[D].北京:北京师范大学,2008.

[166] 赵艳霞.建国初期高校学生思想政治教育[D].成都:西南交通大学,2008.

[167] 郭春华.建国初期中国共产党思想政治教育工作述评(1949—1957)[D].南昌:江西师范大学,2009.

[168] 林如.建国以来高校思想政治理论课程政策研究[D].杭州:杭州师范大学,2011.

[169] 陈红.1949—1952年高校教学改革研究——以上海私立大同大学为例[D].上海:华东师范大学,2011.

[170] 李慧.建国初期大学生思想政治教育工作研究[D].北京:北方工业大学,2011.

[171] 许冰.建国初期高校马克思主义理论教育研究[D].长沙:湖南师范大学,2014.

[172]李琳佳.建国初期重庆地区高校学生马克思主义理论教育研究(1949—1956)[D].重庆:西南大学,2015.

后 记

呈现在读者面前的这本著作,是在我博士论文基础上扩展修改而成的,由于自身知识和能力有限,希望能够得到各位专家学者的批评、支持和帮助。

2013年9月,我考入北京师范大学马克思主义学院,有幸成为王树荫教授的博士生。王老师主张:中国共产党的思想政治教育工作,是实现中华民族伟大复兴中国梦的宝贵财富,要重视和加大对中国共产党思想政治教育史的研究,以此深化当前思想政治教育工作。在老师的点拨和引导下,我把1949年至1956年高校思想政治理论课建设作为博士论文的选题。

本选题的完成离不开导师王树荫教授的无私教诲。王老师要求做研究不能就事论事,要紧密结合历史背景,联系社会政治、经济、文化发展状况,把新中国成立初期高校思想政治理论课置于广阔视野中进行;平时积累材料,不能只局限于思想政治教育类书籍,还要涉猎国史、党史、教育史,也不可错过课程论、教学方法论等方面。老师深厚的学术功底、宽泛的眼界给我很多启发和感悟。我在框架设计和写作中感到茫然和不知所措之时,王老师总是给予点拨,因此本文从选题、研究思路、提纲拟定、内容深化到后期修改,无不凝结着王老师的悉心指导。但由于个人能力有限,成果离老师的期待和自己最初的设想还有一定差距。但我知道本论题的完成只是学术生涯的开始而不是终结,而王老师兢兢业业的治学态度、严谨求实的学术作风、不拘一格的研究思路、高尚的师德使我终身受益。

选题是在王老师的指导下完成的,同时也得到了其他老师的鼓励和支持。北京大学的陈占安教授、中央财经大学的冯秀军教授、北京师范大学的张润枝教授、马振清教授、张立成教授、应中正教授和温静副教授,作为我博士论文的评阅人或答辩委员会委员,在论文开题、评阅和答辩过程中给予了悉心指导,如果说这本著作在论文的基础上有所提高的话,则与诸位老师的帮助是分不开的,在此我表示衷心感谢。

同学情谊是我心中永远的宝藏。难忘师姐吴巧慧和高斐、师兄周翔的热心帮助;难忘同窗三年的石亚玲、陈艳飞、周江霞、王勇军、陈豪、张洁、朱纬霞、王嵩阳、孙成尧等同学,无论是学术讨论、图书馆苦读、暑期结伴外出,都已凝为永恒的友谊。

感谢我的家人。我的学业得以完成,本书能够出版,离不开丈夫刘万军和儿子刘奕鹤对我的理解和大力支持。在学习和工作中不停奔波,几乎没有为爱人和儿子精心准备过一顿饭菜,在我写作思路受阻时,爱人还要忍受我莫名的火气,默默承担着全部家务。儿子也是妈妈的坚定支持者,稳定的优异成绩从不用我操心,每次离家返校,儿子虽然内心不舍,但总希望我到校好好学习,盼着和他一起顺利毕业,几年时光让那个黏着妈妈的小男孩也长成了男子汉。

感谢安阳工学院校领导对科研的支持,也感谢思想政治理论课教学部的各位同事对我的关怀和帮助。

感谢郑州大学出版社张霞女士和陈思女士,在联系出版和后期修改中做了大量工作。

感谢河南省教育厅为本书出版提供资助。

感谢所有爱护我和关心我的人,我同样真诚地祝愿他们永远幸福!